KB194248

한국인의 신화

한국인의 신화

저 너머, 저 속, 저 심연으로

김열규 지음

일조각

책머리에

우리는 오늘날 눈에 보이는 것, 감촉되는 것만으로 살고 있다. 물리적인 것에 대한 감각적 반응, 자극하는 것에 대한 신경의 반응, 그것이 우리의 사고며 행위에서 차지하는 몫은 너무나 압도적이다. 세계는 물체로 화하고 인간 자아는 감각과 같은 것이 되고 만 것은 아닌지 모르겠다.

우리가 세계 안에 산다고 할 때, 우리가 세계며 사물과 더불어 산다고 할 때, 하고많은 좋은 뜻은 지워지고 없다. 세계에 갇히고 사물에 얽매이고 하는 비중이 엄청나게 커져 가고 있다.

우리에겐 저 너머가 없다시피 한다. 보이는 것 저 건너, 저 아스라한 너머에 관심을 두지 않는다. 초월이나 승화라는 말은 사전에나 박혀 있다시피 한다. 보이지 않는 것, 만져지지 않는 것에는 아랑곳도 하지 않는다.

그러면서 우리는 무엇인가의 저 안에 또는 속내에 파고드는 힘을 잃고 말았다. 보이지는 않지만 믿을 수는 있는 그 무슨 내면적인 것이 세계와 사물의 깊은 속내에 간직되어 있으리라는 생각을 별로 하지 않는 것 같다.

또한 오늘의 우리는 저 밑, 저 아래의 그 무엇, 이를테면 뿌리라 해도 좋고 심연이라 해도 좋을 심층에 그다지 마음 두지 않은 채 살고 있다.

그런 나머지 우리는 지금 당장, '저 너머, 저 속, 저 심연'—이들 세 가지 불가시不可視의 실재와 동떨어져 살고 있다.

나무는 그저 나무다. 돌은 그저 돌덩이고 강은 그냥 물이다. 꽃조차 눈을 스치고만 말 뿐이다. 별은 스모그에 가려져 있고 바람은 아파트 벽에서 부스러지고 만다. 길은 달리고 나면 고물이 되고 만다. 길을 걷는 것, 천천히 내 생각의 안을 밟듯이 길을 가는 버릇은 어디로 사라진 것일까?

이 책은 저 너머와 저 속과 저 심연으로 통하는 고샅이고 싶다. 메숲진 오솔길이고 싶다. 그러면서 날갯짓이고 싶다. 무한의 원시경遠視鏡이고 끝이 없을 내시경이고 싶다. 지층 깊이 파고드는 광부鑛夫의 삽이고 싶다.

'지금, 여기, 이것'만으로 안 된다고 다짐 두고 있는 사람들의 길벗이고 싶다.

그렇게 저 너머와 저 속과 저 심연으로 가는 산책과도 같은 여정旅程에서 우리의 신화, 한국의 신화가 도맡아 낼 수 있을 결정적인 구실—이를테면 한국인을 위한 길라잡이 구실이 무엇인가를 함께 생각하고 싶다.

빛은 낮에만, 밝음에만 있는 것이 아니다. 길은 고속도로에만 있는 것도 아니다. 짙은 어둠에 깊이 잠겨서야 비로소 열리던 마음의 시야를 한국신화가 어떻게 그려 내고 있는가를 다 함께 보아 낼 수만 있다면 이 책 한 권,『한국인의 신화』한 권은 더 바랄 데가 없을 것이다.

신화적인 사유, 신화창조적 발상, 신화 · 시詩적인 통찰로 비로소 우리가 보게 되고 소유하게 될 사물과 세계가 있다는 것을 한국신화와 함께 확인할 수 있기를 이 책은 바라고 있다.

일조각의 새로운 일꾼들의 도움에 의지해서 묵은 책을 크게 뜯어 고친 것은 바로 이 때문이다. 보충할 만큼 하고 고칠 만큼 고쳤다고 자부하는 한편으로, 여전히 아쉬움도 남아 있다. 그것은 이 책에서 소중하게 다루어진 한국신화가 직접 채워 주리라 믿는다.

2005년 매화꽃 피는 철에,
자란만 물빛 내다보며……
지은이 삼가

차례

책머리에 5

제1부 ◉ 한국신화의 여러 양상

신화적 사고방식 15
1. 내적 성찰과 외적 관찰 15
2. 죽음이 낳은 신화들 17
3. 세계가 만들어진 사연 19
4. 막힘으로 열리는 세계 20
5. 우주의 그림을 그린다 21
6. 고향의 또 고향 가는 길 22

한국신화의 밑그림 24
1. 영생으로 가는 길 24
2. 곰 신앙과 신화 32

한국신화의 동물론 50
1. 신화 속의 용들 50
2. 인간과 신의 중매꾼들 57

신화와 나무 66

1. 신화라는 수목원 66

2. 단수檀樹와 당堂나무 75

3. 단군신화를 거슬러 가면? 83

비극을 낳은 신화들 90

1. 왕자王者들의 숙명 90

2. 탐색의 주인공들─인생은 '찾기'다 98

3. 유리왕자와 수수께끼 106

4. 죽음과 삶의 쌍둥이 115

5. 알지와 그의 탄생 125

신화와 놀이와 굿 136

1. 단군신화가 살아 있는 현장 136

2. 신명판과 '별신굿' 140

신화와 한국인의 영혼관 145

1. 육체의 한계에 눈뜰 때 145

2. 검은 넋, 흰 넋 149

3. 날갯짓하는 넋들 153

4. 죽은 이의 넋은 살아 있다 157

신화와 물 161

한국문화의 신화의 초석 171

한국신화와 오늘의 우리 181

제2부 ◉ 원론적인 신화의 면모

신화와 그 리얼리티 193

현대인과 신화 203

신화와 생활과 문학 216

북구신화와 『에다』 223

제3부 ◉ 한국신화와 일본

왜곡과 진상, 한·일 두 신화론의 처지 241

일본신화의 한반도 회고 261

제1부 ◉ 한국신화의 여러 양상

신화적 사고방식

1. 내적 성찰과 외적 관찰

한국신화는 인본주의고 인간을 중심으로 삼고 있다. 한국의 신화에서 세계와 인간은 신에 앞서 존재하고 있기 때문이다. 이것은 한국신화의 커다란 특색이다. 세계가 있고 인간이 있은 연후에 신은 하늘에서 하강한다. 단군檀君의 아버지 환웅桓雄이 그렇고, 수로首露와 혁거세赫居世가 그렇고, 주몽朱蒙의 부신父神 해모수解慕漱 또한 예외는 아니다. 이것만으로도 한국신화가 인문주의적임을 헤아릴 수 있다.

따라서 한국의 문헌文獻신화에는 신이 인간을 창조한 얘기도 없고 세계를 만들었다는 얘기도 없다. 세계의 개벽開闢신화가 없으니까 그 짝인 종말終末신화도 없다. 인간의 삶의 기원에 관한 얘기가 없는 만큼 인간의 죽음의 기원에 관한 얘기도 있을 수가 없다. 물론 이것은 문헌신화에 한정된 얘기다. 입으로 전하여진 구전신화, 예컨대 무속巫俗신화는 이와 다르다.

인간의 삶과 죽음이 기정사실로서 있고 자연이 이미 주어져 있는 상태 속에서 신의 출현 또는 신성神聖인물의 출현이 얘기되고 있다. 그러나 신화학에서 우주기원신화와 인간의 생사生死신화는 가장 원천적이고 의의 있는 것으로 다루어진다. 이 점은 한국에서도 입으로 전하여진, 이른바 구전신화에서도 확인된다.

생사신화는 인간이 스스로의 존재의 근원을 두고 제기한 물음에 대한 회답이다. 그것은 가장 근원적인 존재론이다. 내 삶이 무엇이냐고 물었을 때 내 죽음이 무엇이냐 하는 물음은 의당 수반될 것이다. 인간에게 있어 삶이 무엇이고 죽음이 무엇이냐 하는 문제만큼 다급한 것도 없다. 삶의 시원始源과 그 종말을 물으면서 인간은 그의 존재의 전부에 대해 물을 수 있을 것이다.

인간이 눈길을 자신에게 던지면서 생사의 물음을 물어야 했다면, 눈길을 밖으로 돌리면서 자연과 세계의 존재에 대해 문제를 제기하여야 했다. 근원적인 물음에 대한 해답을 신화라고 본 것은 A. 욜레스Jolles의 탁견이다.

나를 향한 내적인 성찰과 세계를 향한 외적인 관찰은 인간 사고思考의 두 개의 극이다. 그러나 그것들은 아주 별개의 것은 아니다. 내가 내게 관심을 가질 때 나는 필경 세계에 대해 관심을 갖지 않을 수 없다. 인간이 주체적으로 실존한다 해도 그 실존은 언제나 세계와 더불어 있는 실존이기 때문이다. 따라서 인간이 인간에 관해 던지는 물음과 세계에 관해 던지는 물음은 짝 지어져 거의 동시에 이루어지는 것이다.

2. 죽음이 낳은 신화들

신화에서 흔히 우주의 개벽과 인간 생사의 기원이 더불어 얘기되는 것은 차라리 당연하다. 우리의 선인이라고 해서 그들이 생사 문제에 괴로워하지 않았을 턱이 없고, 세계의 창시에 관심이 없었을 까닭이 없다.

장례의 사례들은 우리의 선인들이 죽음의 극복을 위해 얼마나 고심하였는가에 대해 말해 주고 있다.

무덤 속 곽 내부에 곡식알을 넣은 항아리를 둔 것은 무엇을 말하고 있을까? 이른바 곡령穀靈의 힘으로 사자死者의 부활을 노렸던 것이 아닐까? 아니면 사후에도 있을 것으로 생각한 삶을 위한 양식을 마련해 둔 것이었을까? 또 경북의 고령 지방에서 발견된 가야시대의 무덤에 사슴뿔이 모셔져 있던 것은 뭘 말하는 걸까? 그것은 신라 왕관의 사슴뿔과 어떻게 연관될까? 또 오늘날에도 한국인이 선약으로 모시는 사슴뿔과는 어떤 관계가 있을까? 해마다 가을에 시들어서는 봄에 되살아나곤 하는 '영생하는 사슴뿔'에 부친 인간의 꿈과 신화가 여기에 고루 살아 있다.

고인돌의 예는 어떨까? 거석이 지닌 불변성, 거암의 영원성에 힘입어 사자가 누릴 사후세계의 안태安泰를 빈 것이 아니었을까?

혹은 이른바 옹관은 죽음을 어쩌자는 것이었을까? 시신을 항아리 속에 웅크리게 하여 지하에 묻은 그 매장법은 어디서 어떻게 발상된 것일까? 항아리 속의 웅크린 주검은 우리로 하여금 태중胎中의 생명을 연상케 한다. 주검을 태아 상태로 환원시킴으로써 그것을 재생케 하자는 의도가 있었을 법하다고 상상해 볼 수 있겠다. 하지만 이 상상은 모든 옹관에 고루 해당될 것은 아니다.

옛적 사람들도 조류의 알, 그것도 부화 직전의 새들의 알을 볼 수 있는 기회는 가질 수 있었을 것 같다. 아니면 사냥한 짐승 새끼가 그 모체의 아기주머니 속에 어떻게 들어 있는가는 보았음 직한 것이다. 옹관 속에 웅크린 시신이 새알 속의 아기 새나 짐승의 아기주머니 속의 배냇새끼를 모방한 것이라고 보면 거기서 추론될 결과는 뻔하다.

이렇게 본다면 사슴뿔과 알과 옹관에는 신화가 얽혀 있음을 알게 된다. 죽음이 더 이상 삶의 종말이 아닌 그런 인생관을 그들은 지니고 있었던 것이다. 죽음으로도 닫히지 않는 삶의 개방성을 생각하고 있었던 것이 아닐까.

죽음이라는 물리적 현상이 현상 그대로 보이는 데 그치지 않고, 그 뒤와 그 너머가 투시되어 있다. 그 속이 들여다보이고, 하나 더 저쪽이 넘겨다보이고 있다. 이처럼 현상의 속이 들여다보이는 것과 현상의 저쪽이 넘겨다보이는 것은 매우 중요한 일이다.

들여다보고 넘겨다보는 그 시선은 때로 시적인 직관일 때가 있고, 때로는 철학적 성찰일 때가 있으며, 혹은 신화적 통찰일 때도 있다.

독일 낭만파의 별 노발리스Novalis가 이 삼자를 통틀어 '철학하는 일'로 본 것은 매우 그럴싸하다. 그 시선이 줄거리를 지닌 얘기를 만들어 나갈 때, 그때 신화는 그 첫 울음소리를 울리게 된다.

우리 선인들도 죽음을 두고 신화를 꾸며 나갈 바탕은 십분 지니고 있었던 것이다. 현상의 속과 저쪽을 넘겨다보고 들여다보는 일을 '에피포epiphor'라 한다.

그것은 줄거리 있는 얘기로서의 신화를 위한 소재가 되고 전 단계가 된다는 뜻에서 '미토이드mythoid'라 부르기도 한다.

3. 세계가 만들어진 사연

우리 선인들은 죽음을 두고도 신화가 엮어질 '에피포'와 '미토이드'를 지니고 있었던 것이다. 다만 그만큼의 '미토이드'를 지니고도 왜 언어로 표현된 생사의 신화가 기록으로 남지 않았는지는 알 수 없다. 있었던 것이 전래되지 않았던 것인지 아니면 처음부터 없었던 것인지조차 알 수 없다. 그러나 무덤과 그 안의 유물이 신화소神話素, 곧 신화다운 요소를 갖추고 있음을 놓쳐서는 안 된다.

세계 창조의 신화를 두고는 얘기가 좀 달라질 것같이 보인다. 그것을 위한 '에피포'도 '미토이드'도 있을 것 같아 보이지 않는다. 그렇다면 우리 선인들은 세계에 대한 신화적 관심이 아주 없었던 것일까?

이것은 있을 수도 없는 생각이다. 구태여 형이상학적 관심의 대상으로서의 세계가 아니라 해도 생활 영역으로서의 세계에마저 전적으로 무관심할 수는 없기 때문이다.

실제로 우리 신화나 전설에서 바다 너머와 하늘 위는 똑같이 신들의 공간으로 의식되어 있다. 흔히 수직의 피안彼岸과 수평의 피안으로 나누나 반드시 그러한 구분이 온당하지만은 않다. '하늘로 가는 배'라는 관념이 있고, 또 그러한 배는 바다에 띄우기 때문이다. 바다를 항해하고 난 저 끝의 하늘, 수평선에 걸려 있는 저 하늘은 반드시 수직의 하늘이라는 관념으로만 표상될 것은 아니다.

4. 막힘으로 열리는 세계

산속도 신의 세계다. 단군은 길이 산속으로 되돌아갔다고 전하여지고 있다. 물 밑의 세계가 신적인 세계인 것과 같이 땅 밑의 세계도 신들의 세계로 생각되어 있다.

우리들의 시야에 들어오는 것 가운데 하늘이나 바다만큼 피안을 눈짓하는 대상은 없다. 그 높음과 넓음이, 그리고 그 멂과 넓음이 언제나 개방적이기 때문이다. 그것들은 다 같이 우리의 시선을 무한의 저 끝—적어도 우리가 볼 수 있는 한 가장 먼, 저 끝에서 막고 있다.

그러나 우리는 그 먼 끝으로 뻗어간 우리 시선의 여세餘勢로 곧잘 그 '막음'을 넘어서려 든다. '막힘'으로써 열리려 하는 것이다. 폐쇄의 개방성이라고 할까.

바다와 하늘은 그같이 우리 앞에 있고 우리 위에 있다. 그리고 그것은 언제나 투명하다.

영원이란 막힌 저 너머의 투명이 아닐까. 우리 가운데는 어둠 속에서 사로잡힌 무한의 영감 때문에 전신을 전율한 경험을 갖고 있는 사람이 적지 않을 것이다.

산의 골이 깊을 때 산은 좀처럼 그 품을 열어 보이지 않는다. 산이 우람하게 솟았을 때 산은 그 반대쪽을 우리로부터 차단하고 있다. 산의 골짜기가 우리를 막고 산의 봉우리가 또한 우리를 가로막는다. 그래서 우리는 산속 깊이 들어가고, 높이 오른다.

비 갠 뒤 산에는 곧잘 안개가 핀다. 골짜기를 묻고 등성이를 가리며 서려 있던 안개가 햇빛을 받아 천천히 피어오른다. 그것은 신비에 드리웠던 베일이 걷히는 것.

그것은 조금 전까지도 우리 눈앞에 훤히 그 모습을 드러내 보였던 건너편 골짜기며 맞은편 등성이를 한때나마 안개가 가렸기 때문이다. 우리의 시선이 막혔기 때문이다. 막혔기 때문에 아까까지 눈앞의 현상에 지나지 않았던 것이 신비를 머금게 되는 것이다. 그 뒤가 있게 되고, 그 속이, 그 너머가 있게 되는 것이다.

5. 우주의 그림을 그린다

그 때문에 우리 신화에서 신이 하늘에서 내려오고 바다 저 너머에서 오는 것은 매우 그럴듯하다. 환상적일 만큼의 아름다움을 지니고 있다. 또 상고대上古代에나 지금도 신맞이를 산에서 하는 것도 당연한 일이다.

무당들은 하늘을 다녀오고 지하세계의 여정을 거쳐오는 것으로 무당으로서의 자격을 갖춘다. 혹은 무교적巫教的 신화에서는 천상·지하계를 편력한 뒤 주인공은 신으로 화한다. 모두 '막혔기에 열려 있는 세계'를 다녀옴으로써 신이 되고 신의 대행자가 된다.

이처럼 우리 선인들은 그들의 세계를 주어져 있는 그대로의 현상으로서만 보지는 않았다. 그것은 그 속과 뒤, 그 너머를 지니고 있는 세계였다. 속과 뒤 그리고 그 너머는 피안의 공간이자 피안적인 영원이었다.

죽음으로 말미암아 삶은 오직 한 번뿐이다. 그같이 막혀 있기에 그 죽음으로도 다하지 않고 오히려 지속적인 차원으로 개방된 삶을 우리의 선인들은 마음에 두고 있었다.

그처럼 그들은 그들 주변을 막고 있고 가리고 있는 것들로 인해 공간적인 제한성에 부딪혔던 것이다. 시간적인 제한성을 뛰어넘어야 했던 것처럼 이 공간적인 제한성도 넘어서야 했다. 두 개의 이미 규정되고, 이미 굳어져 버린 생의 미시적 상황 속에 살면서도 그들은 그들이 처해 있는 시공의 저 너머에 그들의 삶을 내던져 본 것이다. 투영해 보고 원시적遠視的으로 그려 본 것이다.

세계가 원시적 투영의 대상이 될 때 세계도 '에피포'가 되고 거기서 세계를 두고 신화가 엮어질 바탕, 곧 '미토이드'는 이룩될 수 있었을 것이다.

눈앞에 있는 것만을 보는 시선은 소경의 시선일지도 모른다. 신화는 '불가시不可視의 가시화可視化', 곧 보이지 않는 것을 보게 하는 초능력을 갖추고 있다.

6. 고향의 또 고향 가는 길

한국의 문헌신화가 오늘날 세계의 개벽과 종말, 인간의 목숨의 기원과 죽음의 시작에 관한 신화를 갖지 못하고 있는 것은 사실이다.

그래서 불행히도 신화에서도 가장 원천적인 것이 결실되어 있다는 그런 허전함이 있는 것도 사실이다.

그러나 그러한 신화를 낳을 만한 터전인 신화적 사고를 지니고 있었음을 다행히 여기저기서 추리할 수가 있었다. 그것은 무엇보다도 인간의 제약성을 넘어서서 시공時空에 걸친 원시적 투영을 하는 것이었다.

그것은 인간이 그의 삶의 일회성을 초극하려는 몸짓이었다. 그것은 또 인간이 그의 존재의 공간적 제약을 초월하려는 몸부림이었다. 그것은 영원과 무한을 향해서 자기를 확연擴延하는 인간의 마음이다. 그것은 우리가 하늘을 우러러보고 바다를 바라다보는 마음 그대로이다. 깊이 산의 품에 들고, 높이 그 봉우리를 넘어서 가는 마음이다.

선인이 남긴 신화적 사고는 무엇보다 그 마음을 보여 주고 있다.

우리는 지금도 우리의 고향 마을에서 그 자취를 본다. 그것은 여간 요행스럽지 않다. 그것을 보는 것은 '고향의 또 고향'으로 돌아가 안기는 일이다. 그게 뭘까?

다름 아닌, 당산나무고 서낭나무다. 우람하게 솟고 또 치렁치렁 우거진 느티나무나 팽나무의 고목이다. 이들은 바로 단군신화의 신단수가 오늘에 남겨진 모습이다. 하늘의 신령은 이 나무를 타고 내려와서 이 나무 아래서 신시神市를 열었다. 서낭터를 닦은 것이다. 세계의 한가운데 가장 높이 솟은 '세계나무', 또는 '우주나무'는 하늘과 땅 사이의 계단이고 사닥다리다. 세계를 떠받드는 기둥이다.

우리가 우리 고향의 당산나무나 서낭나무 아래에 설 때, 단군신화의 신시에 참여하게 된다. 그리고 신라의 황금관을 머리에 쓴 것이나 다를 바 없게 된다. 이 찬란한 왕관에는 '출出' 자 무늬로 세계나무가 당당하게 또 거룩하게 솟아 있기 때문이다.

한국신화의 밑그림

1. 영생으로 가는 길

(1) 달에게 비는 것은?

달아 달아 밝은 달아
이태백이 놀던 달아
저기저기 저 달 속에
계수나무 박혔으니

더 계속할 필요도 없이 누구나 다 아는 우리의 노래. 달을 바라볼 때 우리의 정서는 이 노래 따라 가락지리라. 거기 가락을 맞추고 있으리라.

초가삼간 집을 짓고
양친 부모 모셔다가

천년만년 살고지고

시적인 환상이 기구祈求로 마무리되어 있다. '천년만년 살고지고.' 구원久遠을, 무한의 생을 빌고 있다.

달을 우러러 영원을 비는 우리의 심성은 어디서 어떻게 비롯된 것일까? 달이 아름답기 때문이었을까? 아니면 휘영청 높이 떠 있기 때문이었을까? 혹은 어둠을 밝히는 그 빛으로 말미암았던 것일까? 지나치게 밝지도 어둡지도 않은 그 은은함이 우리의 마음을 요람처럼 흔들었기 때문이었을까?

비슷한 이유들을 더 많이 나열할 수 있으리라. 그리고 그 어느 것이나 그럴싸하게 보이리라. 그러나 그것들만으로도 충분할 것 같지 않다. 그 같은 여러 속성을 지닌 것이 굳이 달만이 아닌 바에야 달을 두고만 딱히 구원을 비는 까닭─그것도 조금 더 속 깊은 까닭을 달리 좀 찾아보아야겠다.

누구나 알다시피 달은 기울고 또 찬다. 더없이 원만하게 둥근 달의 얼굴이 하루면 기울기 시작하는 것이다.

화무십일홍花無十日紅에 달도 차면 기우나니……

그렇다. 달은 분명히 차면 기운다. 기울기 위해 차는 것도 같다. 그러므로 민요에서, 민담에서 혹은 속담에서 기우는 달은 허무를 표상한다.

"이토록 허무를 표상하는 달에 어떻게 구원을 빌 수 있을까"─우리는 그렇게 묻지 않을 수 없다. 그리고 문제는 바로 여기서 비롯되어야 한다.

(2) 달빛으로 엮는 인생

달은 분명히 차면 기운다. 그러나 기울다가는 다시 찬다. 달의 결缺
과 영盈은 돌고 돈다. 완전한 원이었던 것이 조금씩 조각 지다가 상현
上弦의 반달이 되고 반달이 다시 조각 져 그믐달이 된다.

사라졌던 달이 초승달로 되살아나서는 조각에 조각이 붙어 차고
또 차다가 하현下弦의 반달을 거쳐 온달이 된다.

달은 점차적인 소멸과 점차적인 재생을 절로 되풀이하는 것이다.

이 달을 인간이 어떻게 보았을까? 태어나 한번 사라지면 오직 그
뿐, 영영 되살아날 길 없는 인간이 이 달을 어떤 마음으로 보았을까?
휘영청 쏟아지는 달빛을 받으며 우뚝 서서 그의 죽음의 생각에 잠겨
있는 인간. 그 앞에 뻗친 그의 그림자를 응시하며 그는 사신死神의 입
김을 느끼지 않았을까.

달은 완연히 그와는 다른 삶을 살고 있는 것이다. 소멸은 겪되 달은
다시 살아나는 것이다. 달에게 있어 소멸이란—그의 존재가 사라지
는 것, 그래서 그의 죽음이란—되살아나기 위한 전제에 지나지 않는
것이다. 그는 영생을 누리고 있는 것이다. 이것은 사라졌다가 되살아
나기를 반복하기에 '중단 있는 영생'이라 불러도 좋을 것이다.

생각이 여기에 미치면서 인간은 문득 달의 삶을 살고파졌을 것이
다. 달과 똑같이 살고 싶었을 것이다. 꼭 달같이는 아니라 해도 적어
도 달의 원리만은 지니고 그의 삶의 한계를 벗어나고 싶었을 것이다.

이 달을 두고 "천년만년 살고지고"라고 노래 부르고 그렇게 비는

것은 너무나 당연하다.

그리고는 달은 신앙의 대상이 된 것이다. 목숨을 달에 빌듯이 농사의 풍요를 또한 달에 빈다. 처녀가 정월 대보름날 다리밟기를 하면서 눈밝기를 비는 것도 또한 달을 향해서다. 그들은 달빛에 비추어서 바늘귀에 실을 꿰었다. 꿰고 나면 그야 호고 누비고 하는 바느질을 할 것이다. 인생도 그렇게 땀땀이 엮어 갈 것이다.

그 눈빛이 달을 닮기를 비는 처녀의 눈동자. 달이 오히려 그 앞에서 빛을 잃지나 않을까. 신앙은 늘 이처럼 시詩를 머금고 있다. 시심詩心 없는 신앙이 얼마나 있으며, 신앙 없는 시가 또 얼마나 있을 수 있을까. 달빛에 비추어 바늘귀에 실을 꿰던 처녀들은 시심을 꿴 것이다.

(3) 춤추는 신화, 강강술래

저 흥겨운 '강강술래'를 보자. 보름 달빛 속에 흰옷의 여인들이 손에 손을 잡고 돌아가는 원무圓舞. 백합이 무리 져 핀 교교한 달빛의 들판에 바람이 지나가며 남긴 꽃들의 파문일까. 꽃다운 젊음이 맴돌고 화사한 여정女情이 소용돌이친다.

그 군무群舞는 원을 그렸다 풀었다 하며 추어진다. 둥그레졌다가 풀리고, 풀리고는 다시 둥그레지는 춤이다. 그것을 찼다가 기울고 기울었다가는 차는 달을 그리는 것이라 보면 지나친 억측일까? 지상에서 벌어지는 '달의 춤'이 강강술래라면 어떨까? 달빛이 밝은 날, 달의 정精들이, 달의 선녀들이, 지상에 놀러 왔다가 한마당 신명을 푸는 것이라 볼 수는 없을까?

보름날 밤, '달의 춤'을 추며 그들의 생이 달처럼 영원하기를 빌고 그들이 살고 있는 마을과 이웃이 풍요롭기를 빌었을 법도 한 것이다.

기도를 춤으로 나타내고 신심을 춤춘 것이다. 그들은 신화를 춤추었다.

달이 차고 기우는 것을 생명의 소실과 재생으로 보고 그것을 신앙의 대상으로 삼는 사고방식이 바로 앞에서 언급한 '에피포'이다. 이때 달은 신비로운 생명력을 엿보게 하여 주는 대상이 되는 셈이다.

혁거세신화의 예를 들면서 이 신화의 바탕에 어떤 '에피포'가 있나 살펴보자.

혁거세는 그 탄생이 신비로웠던 것처럼 그 죽음 또한 신비하다. 그가 죽었을 때 그의 주검은 하늘 위로 올라갔다. 그러다가 다시 지상 위에 내려왔으되 다섯 토막이 되어 있었다.

『삼국유사』에서는 그것을 '오체산락五體散落'이라고 표현하고 있다. 아무리 신비롭고 신이神異하다지만 이것은 좀 도가 지나치다. 혁거세가 죄인이 아닌 바에야 능지처참할 일도 없으니 더욱 괴이쩍다.

(4) 재생再生굿을 치르는 사람들

혁거세는 불구내弗矩內라고 소리 내게 되어 있다. 'Palq'nai' 정도로 발음하게 되어 있는 셈이다. 이것은 동북아시아의 한 종족에서 점술占術하는 '샤먼', 곧 무당이 'Palq'si'로 불리고 있는 것을 연상시켜 준다. 그러나 이 두 단어를 같은 것이라고 단정할 근거는 없다. 'Palq'si'는 어원 자체도 문제가 되어 있다.

문제는 동북아시아 무당의 되살아나기의 굿판, 곧 '재생제의再生祭儀' 쪽에 있다. 그것도 입무식入巫式(성무식成巫式)의 핵심적 절차로서의 재생제의가 문제 된다. 재생제의는 죽은 자의 재생만이 아니라 살아 있는 자의 생명력의 갱신을 위해서도 베풀어진다. 후자의 경우일 때에는 살아 있는 자가 짐짓 죽은 것처럼 꾸며지고, 이어 되살아나는 과정을 나타내게 된다.

위에 언급한 무당의 재생제의 때는 그 시신이 우선 찢어진다. 그러고는 다시 합쳐진다. 그로써 그 무당은 재생된 것으로 믿어진다.

물론 이것은 상징적인 절차로 진행된다. 아니면 무당의 넋이 마치 꿈을 꾸듯이 자신의 몸이 조각조각 나뉘는 것을 목격하는 것으로 되어 있다.

여기에 바로 '달의 원리'가 비쳐져 있다. 무당의 재생제의는 달의 흉내를 내고 있는 것이다. 다 같이 '달의 원리'를 반영하고 있지만 '강강술래'는 시적詩的인 데 비해 이 재생제의는 주술적이다.

혁거세신화의 죽음의 모티브는 이 동북아시아에서 행해졌던 무당의 재생제의를 적어도 부분적으로 반영하고 있다. 부분적으로 공질성共質性이 있다는 뜻이다. 그것은 차이도 있음을 시사하고 있다.

혁거세신화에서도 흩뜨려져 떨어진 주검을 사람들이 하나로 합치려 들기는 한다. 그러나 그 뜻은 이루어지지 않는다. 뱀이 나타나서 사람들의 그러한 의도를 방해한다. 사람들은 하는 수 없이 조각난 주검을 따로따로 묻었다는 것이다.

합치려 들기는 했지만 결국에는 하나로 합쳐지지 않았다는 점에서 동북아시아 무당의 재생제의와는 다른 면모를 혁거세신화는 지니고 있다.

(5) 죽음과 삶의 화해

그러나 이러한 차이 때문에 혁거세신화 중의 죽음의 모티브와 동북아시아 무당의 재생제의가 지닌 공질성을 전적으로 무시해 버릴 수는 없다. 재생제의도 일단은 죽음이 예상되고 치러진다는 점에서 죽음의 제의를 포함하고 있다. 죽음의 제의라는 큰 테두리 속에서 혁거세나 동북아시아의 샤먼의 주검이 조각난 것이다. 그리고 혁거세신화의 경우 비록 이루어지지는 않았다 해도 일단은 조각난 것을 합치려는 노력은 베풀어졌던 것이다.

이렇듯 동북아시아 무당의 재생제의에 달의 '에피포'가 있었듯이 혁거세신화의 죽음의 모티브에 달의 '에피포'가 있었다 해도 지나친 억설은 아닐 것이다.

그렇다면 혁거세신화의 죽음의 모티브는 우리의 선인들이 어떻게 하여 죽음을 극복하고자 했는가를 보여주는 셈이 된다. 죽음과 삶의 화해만큼 심각하고도 원천적인 과제를 달리 신화나 종교에서 찾아보기 힘들다. 그것은 인간의 영원한 과제다. 혁거세신화의 죽음의 모티브는 우리 신화가 의도한 죽음의 극복의 한 보기에 지나지 않는다. 이 문제는 다음에 다시 언급될 것이다.

몇 개의 별개의 대상이나 현상이 '에피포'란 눈으로 해석되고 그것들이 서로 연관 지어지며 종합될 때 '디아포diaphor'가 형성된다.

여성에겐 이른바 '달의 것'이라는 생리적 현상이 있다. 그 '달의 것'에는 달이 차고 기울듯 달을 기준으로 하는 주기가 있다. 그래서 '달의 것'을 지닌 여성은 쉽사리 달과 같은 속성을 지닌 존재가 된다. 이때 여성이 생명을 창조한다는 사실도 함께 계산되어 있다. 그래서 종교 체계와 신화 체계 속에서 여성 원리와 달의 원리는 다 같이 생산력과 풍요, 생명과 그 경신이라는, 이른바 원형상징적인 의미를 갖게 된다.

(6) 달과 물과 여성

한편 물이 지닌 생산력, 그 풍요의 원리도 쉽사리 사람들의 눈에 띌 것이다. 물을 머금어 식물들이 자랄뿐더러 물 자체 속에서 끊임없이 생명체가 생겨나고 있는 것이다. 뿐만 아니라 바다에는 분명한 달의 원리가 있다. 달의 차고 기욺에 따라 바닷물이 밀리고 쓸리는 것이다. 바다가 차고 기우는 것이나 마찬가지다.

이렇게 해서 달과 여자와 물은 '생산력과 풍요의 삼위일체'가 된다. 서로 어울려 신앙의 대상이 되고 신화를 만들어 내는 바탕 노릇을 다하게 된다.

혁거세의 비妃 알영閼英은 우물에서 태어났다. 해모수의 아내, 즉 동명왕의 모비母妃는 강신江神의 딸일 뿐만 아니라 임신을 전후하여 물속을 드나들게 된다. 고려왕조의 할머니 신령인 용녀는 서해 바다가 고향이다.

『해동역사海東繹史』에 동해 중의 여인국 얘기가 보인다. 이 여인국에서는 어린아이의 탄생은 여인들이 우물 속을 들여다봄으로써 이루어진다.

동북아시아신화에서 인류가 살게 된 대지는 세계를 뒤덮었던 물속에서 생겨났다.

지금도 임부들은 그 태몽에서 물을 많이 본다. 아기를 갖게 되기를 바라는 여인들이 정월 대보름날 우물에 비쳐 있는 달 그림자를 바가지에 떠서 마시는 풍습이 우리에게 있었다. 그것을 용란, 곧 용의 알이라고 부른다.

이럴 때 신화 또는 신화적 사고는 세계와 자연 속의 사물 및 현상들을 연관 짓는다. 이로써 사람들은 유기적이고도 총체적인 세계관을 갖게 된다. 이 점에 바로 분석적이고도 메커니즘적인 세계관에 시달리고 있는 현대인을 위해서 신화가 도맡을 구실이 있다.

2. 곰 신앙과 신화

(1) 신화는 동물 공화국

신화 · 전설 · 동화 등에는 워낙 많은 동물들이 등장하고 있다.

우리나라의 민담民譚도 세계 여러 나라의 민담과 마찬가지로 이른바 민담 형식에 관한 '안정의 법칙'을 지니고 있다.

"옛날도 옛날, 아주 옛날에 아무 곳에 누가 살고 있었단다……"로 시작해서 "……그는 그래서 잘 먹고 잘 살았단다"로 끝막음하게 되어 있는 것이 바로 안정의 법칙이다. 그 옛날 옛날이 더러는 "옛날도 아주 옛날 호랑이 담배 피우던 시절에……"로 표현되는 경우가 있다.

이로 보아 호랑이의 시절은 민담의 시절이다. 그만큼 동물은 민담적이고 또 동화적이라 해도 좋을 것이다.

••• 사람과 짐승의 동질성

신화를 비롯한 각종 민담은 신과 인간이 같은 모습으로 같은 말을 주고받음으로써 성립된다. 그렇듯이 사람과 짐승이 동질성을 나누어 갖고 있다는 전제도 민담의 전승을 가능케 하는 데 절대적으로 필요하다.

암벽화나 동굴화 등 원시예술이 주로 동물화란 것은 익히 알려진 사실이다. 이 동물화가動物畵家 속에서 샤먼(무巫)의 기원을 찾으려는 움직임이 있기도 했다.

암벽화나 동굴화가 수렵의 효능과 짐승의 번식 등을 노리는 주술적인 기능을 가지고 있음은 의심할 여지가 없다.

울주蔚州 반구대盤龜臺 그림에서 양물陽物로 더불어 묘사된 사람의 모습이 교미 중인 듯 보이는 두 마리의 짐승, 새끼를 가진 고래 등과 함께 묘사되고 있음은 그 좋은 예라고 할 것이다. 대전에서 발견된 농경문청동기農耕文靑銅器에 남성 상징이 과장되게 묘사된 밭 가는 사람의 모습이 보이고 있는 것도 같은 눈으로 볼 수 있다.

반구대 동물화들은 아틀라스 산맥 속의 한 오아시스 가까이에서 발견된 암석화를 연상시켜 준다.

후기 빙하기를 배경으로 한 이 그림은 교접 중인 남녀 한 쌍과 동물들을 그리고 있다. 이런 그림의 예는 이 밖에도 리비아, 웨일스, 러시아 등에서 발견되고 있다. 이 교접 중인 남성은 수렵 행위를 아울러 하고 있음도 흥미롭다.

반구대 암벽화에는 고래와 거북무리 바로 옆에 덫같이 보이는 형상 하나와 목책木柵처럼 보이는 형상이 있다. 이 두 형상이 굳이 덫과 목책인지는 쉽게 단정 지을 수 없다.

••• 동물에서 비롯된 종교

유명한 알타미라의 바위그림 이외에 카스티요, 그리고 라무트 등의 그림에도 종래에 흔히 덫이나 막暮집쯤으로 해석된 선상線狀의 형체가 있다.

그러나 근래에 와서 이것이 동물을 나타내는 추상화라는 의견 쪽으로 기울어지고도 있다. 그림 자체가 주술적이라면 그림을 그리는 사람도 주술적인 인간임이 바람직할 것이다. 그런 점으로 볼 때 동물화가 그려 내고 있는 동물과 인간의 관계 속에서 주술의 탄생이 마련되었다고 생각할 수 있을 것이다.

따라서 샤먼의 탄생 또한 바위그림에서 유래되었다고 볼 수도 있을 것이다. 일부 학계에서 샤머니즘 자체를 아예 토테미즘의 2차적 변형으로 보려는 것도 무리는 아닐 것이다.

이처럼 인간의 원시종교는 동물에서도 비롯되었다. 원시인들에게 있어 동물은 결코 사냥 기법만으로 잡히는 것이 아니다. 샤먼 또는 무당이 지닌 초자연적인 힘으로도 동물은 잡히는 것이다. 사냥 자체가 이미 주술을 겸하고 있다.

사냥이 주술이라는 이유 하나만으로 동물에서 원시종교가 비롯된 것은 아니다. 가끔 신과 동물이 동화同化되면서도 동물이 원시종교의 기틀이 된 것이다.

가령 이집트의 파라오는 독수리, 부토 여신은 코브라, 천신天神이자 대모신大母神이기도 한 '누트Nut'는 소 등과 동일시된 것이 그 보기들이다.

몽골족의 시조가 푸른 늑대와 흰 사슴으로 그려져 있는 것은 신화 특유의 환상적인 아름다움마저 지니고 있다. 한국의 민간전승 중의 이른바 '오낭구五囊狗' 설화는 개를 조상으로 모시는 씨족담氏族談으로 알려져 있다.

(2) 곰과 함께, 사람과 함께

한국신화에도 동물은 심심치 않게 등장하고 있고 각기 주어진 문맥 속에서 중요한 구실을 다하고 있다. 그것들로써 한국신화 속의 '동물론zoology'이 형성될 만도 한 것이다(우리 신화의 '동물론'은 다음 장에서 논하기로 하겠다).

단군신화에서 곰의 얘기는 매우 중요하다. 최근 들어 단군신화가 지닌 문화사적인 의의가 곰을 둘러싸고 논란되고 있다는 이유에서뿐만이 아니라 얘기로서 단군신화가 지니는 재미의 비중이 곰에 걸려 있다는 이유에서도 그것은 중요한 것이다.

곰의 형상에 관한 원시예술은 구석기시대에 속하는 몽테스팡 동굴에서 이미 보이고 있다. 실물대實物大의 곰이 점토로 빚어져 있었고 한때는 거기 얹혀 있었을 곰의 진짜 두개골이 그 앞에 굴러 떨어져 있었다.

이 점토곰은 곰 사냥의 주술 때문에 만든 것이라 보고 있다. 그 밖에 '트르와 프레르'의 석면화石面畵는 창에 찔린 곰을 보여 주고 있다.

이 사례들은 이미 구석기시대부터 인간들이 곰 사냥을 위한 주술을 지니고 있었음을 말해 주고 있고, 그만큼 곰이 인간 생활과 밀접한 관계를 가지고 있었음도 말해 주고 있는 셈이다.

뿐만 아니다. 북유럽에서부터 동북아시아를 거쳐 미국에 이르기까지의 광막한 지대에 걸쳐 존재한 이른바 '곰의 제의'(곰에 바치는 굿)가 곰 사냥의 제의였다는 사실과도 관계가 있을 듯하다.

••• 북반구는 거의 '곰 문화대'

미국의 인류학자 홀로웰Hollowell의 조사에 의하면 곰의 제의는 그 분포가 가히 범세계적이다.

서쪽에 있는 스칸디나비아 반도의 랩족과 그 이웃의 우랄족에서 비롯하여 동유럽 및 서유럽의 일부, 나아가 러시아 내륙, 동북아시아 일대를 거쳐 에스키모와 북미 인디언에 이르기까지 광범위하게 펼쳐져 있다. 따라서 북극해를 연한 지역과 그 아래의 삼림대인 이른바 아북극대를 통틀어 동서의 구별 없이 지구의 북반구를 거의 '곰 제의'의 문화대文化帶라고 불러도 좋을 것이다.

물론 지역이 워낙 광활하고 민족적으로 매우 변화가 많은 만큼 그 곰의 제의가 똑같은 것은 아니다. 때로는 상당한 지역적인 차이도 보여 주고 있다.

그러나 대체적으로 크게 두 가지의 공통성을 추출할 수가 있다.

첫째, 곰을 동물로서 지칭하는 명사 이외에 다른 명사를 많이 쓰고 있는 것. 이것이 둘러 말하기, 곧 우원법적迂遠法的인 표현, 아니면 비유적인 표현이란 점은 특기할 만하다.

곰을 아저씨, 사촌형제, 할아버지(할머니) 등 친족명사로 부르기도 하고 혹은 '네 발의 사람', '추장의 아들', '영감' 등 완곡하게 의인화擬人化하여 부르기도 한다. 혹은 '넓은 발', '숲 속의 자랑', '털옷 입은 노인' 아니면 '꿀먹이' 등으로 부르는 지역도 있다. 이러한 호칭은 곰을 눈앞에서 보았을 때라든지 또는 곰 사냥을 떠날 때 엄격하게 지켜진다. 이것은 곰을 경칭으로 부름으로써 곰을 화나게 하지 않겠다는 의도를 가지고 행하여지는 것이다.

물론 어떤 동물을 그 동물의 속명屬名으로 부르지 않고 다른 명사로 호칭하는 것은 곰만이 아니다. 우리나라에서 쥐를 '샌님' 혹은 호랑이를 '산신령님' 등으로 부르는 것이 그 예라고 할 수 있다. 그러나 다른 동물의 경우에는 지역에 따라 큰 차이를 보인다. 같은 대상을 두고 호칭의 종류가 다를 뿐만 아니라 한 대상이 지역에 따라 우원법적 호칭을 지니기도 하고 지니지 않기도 한다. 그러나 곰의 경우에는 초지역적인 공질성을 보여 주고 있다.

둘째, 곰의 제의 절차와 제의의 효용에 대한 의식.

① 사냥한 곰을 위해 제의를 베풀되 곰의 사령死靈, 또는 곰의 주재신主宰神을 위안하려고 한다. 이때 곰에 대해 경의가 표해짐은 말할 것도 없다(현재 러시아에 속해 있는 소수민족들의 경우, 실제로 곰을 잡은 사람은 러시아인이니 자기들에 대해선 노엽게 생각하지 말라고 간청하기도 한다).

② 제의 후에 곰의 살은 제의 참가자들에 의해 먹힌다. 그러나 곰의 머리, 가죽 등에게는 따로 제사가 바쳐진다.

③ 곰에게 제수然需가 바쳐진다.

④ 사람들의 남녀 성별에 따라 곰을 먹는 데 일정한 금기가 가해진다.

⑤ 제의는 보통 집단적인 규모로 행하여진다.

••• 아이누족의 '이오만테'

이러한 곰의 제의 가운데 우리에게 비교적 잘 알려진 것은 아이누족의 '이오만테'다. 이것이 바로 아이누족의 곰의 제의다.

아이누족들의 신앙에 의하면 곰은 신의 나라에서 아이누족과 더불어 살뿐더러 생활하는 모습도 아이누족과 같다고 한다.

그러던 곰이 아이누족의 땅에 놀러 올 때는 모피를 뒤집어쓰고 강한 손톱과 발톱으로 치장하게 된다. 놀러 온 곰은 선량한 아이누족에게 모피와 살을 선물한다고 믿고 있다. 그 자신의 혼이 무사히 신의 나라로 되돌아가기 위해 일부러 아이누족에게 잡혀 준다고도 믿고 있다.

곰의 제의를 가리키는 '이오만테'란 말이 '되돌려 보낸다' 또는 '가게 한다'라는 뜻을 가지고 있는 것도 이 이유 때문이다. 곰을 그 본래의 상태로 되돌려 보내는 것이 곰의 제의인 것이다. 일종의 배송拜送의 굿이 되는 셈이다.

곰은 곰 스스로의 뜻에 의해 사람들에게 잡혀 주는 것이다. 따라서 곰 사냥을 하게 되는 아이누족은 그들의 마음이 착하고 깨끗하여야 비로소 곰이 그들의 화살을 받아 주게 된다고 믿고 있다. 곰은 신의 나라로 되돌아가기 위해 일부러 사람에게 잡히는 것이고, 그러면 사람들은 그의 뜻을 따라 제의를 베풀어 그를 신의 나라로 배송하는 것이다.

(3) 이승과 저승 사이의 곰

곰은 그것에 대한 보답으로 모피와 살을 사람에게 남긴다. 사람과 곰 사이에 일종의 거래 관계가 형성되는 것이다. 서로 주고받고 하는 것이다.

곰을 신의 나라로 되돌려 보낼 때 아이누족들은 극진하게 제사를 모신다. 술을 빚고 떡을 만들어 곰이 그것들을 신에게도 전해 주기를 빈다. 그러면 신들은 또 신들끼리 그 음식으로 잔치를 벌이면서 아이누족에게 은혜를 내린다는 것이다.

그래서 아이누족은 그 제사 때 "신에게 제사 드리는 아이누가 없으면 신들을 모셔 받들 사람이 없지 않겠습니까. 그러면 신들인들 오죽 적적하겠습니까. 하기에 저희들 소원을 들어주십시오. 그리고 크게 은혜를 내리소서" 하고 빈다.

이처럼 아이누족은 곰이 인간과 더불어 신의 나라에다 그 고향을 두고 있는 것으로 믿고 있다. 그러면서 인간의 뜻을 신에게 전하는 심부름꾼 구실도 하고 있는 셈이다.

사모예드Samoyed족에게도 비슷한 신앙이 있다. 무당이 저승을 여행할 때 그들은 곰을 타고 가는 것으로 믿고 있다. 이때 곰은 무당의 수호짐승 구실을 하는 동시에 이승과 저승을 잇는 영매체靈媒體 노릇도 하고 있는 것이다.

단군신화를 낳은 고조선은 그 영역이 앞서 말한 '곰 문화대'에 접하고 있다. 따라서 단군신화의 곰을 검토할 때 이러한 광역의 '곰 문화대'와의 연관을 염두에 두어야 할 것이다.

(4) 곰과 단군신화

"미련하기가 곰이야!" 흔하게 쓰는 말이다. 그런가 하면 웅진熊津,

웅천熊川과 같이 마을 이름에 떳떳이 '곰 웅' 자를 붙이기도 했다. 곰과 한국인의 관계는 이처럼 미묘하다. 마을 이름에 곰 웅 자 붙인 것에서 한 걸음 더 나아가서는 곰을 조상 할머니로 모셨기에 우리 문화 속에서 곰은 정말 미묘한 존재다.

••• 웅녀의 다양한 해석

단군신화에 의하면 웅녀熊女는 고조선의 시조로 일컬어지는 단군의 어머니다. 웅녀는 천신과 결혼하여 고조선의 시조모始祖母가 된 것이다.

웅녀는 워낙 곰이었다. 그는 범과 같은 동혈洞穴 속에 살면서 사람이 되고자 했다. 하강한 천신에게 빌어 굳이 사람이 되기를 소원했다. 천신은 그들에게 쑥 한 줄과 마늘 스무 개를 주며 이것을 먹되 백일 동안 햇빛을 보지 않으면 소원을 이룰 것이라고 했다. 곰은 3·7일, 곧 스무하루 동안 금기를 지켜 사람이 되었으나 그렇지 못한 범은 끝내 뜻을 이루지 못하고 말았다.

다행스럽게도 사람, 그것도 여성이 되긴 했으나 곰은 알맞은 결혼 상대자를 구할 수가 없었다. 기다리다 못한 웅녀는 늘 단수檀樹 아래에서 아기를 갖게 해 달라고 빌었다. 이에 천신이 사람 모습으로 나타나 웅녀와 결혼하여 한 아기를 낳았으니 그가 곧 단군인 것이다.

단군신화가 워낙 짧은 만큼 웅녀 얘기도 이것으로 그만이다. 얘기로서는 그 이상도 그 이하도 아니다.

그러나 이 짧은 얘기가 지닌 문제마저 간단한 것은 아니다. 얘기가 짧은 것과 반비례하여 문제는 오히려 복잡할 듯하다. 가지가지 추리를 낳고 다양한 해석을 낳았으나 아직 정설이 없음이 그 복잡성을 말해 주고 있다.

이 얘기에서 문제가 될 것은

① 곰이 사람으로 화하여 여성이 되었다는 것은 무엇을 의미할까?

② 곰을 왜 시조모로 생각했을까?

③ 백 일 또는 3·7일간 쑥과 마늘을 먹으면서 햇빛을 보지 말라는 금기가 왜 곰을 사람이 되게 하였을까?

④ 아기를 갖게 해 달라고 단수에게 빌었다는 것은 무엇을 나타내는 것일까?

⑤ 곰과 천신의 결혼은 무슨 각별한 의미가 있을까?

등이다.

••• 원시 사고방식의 특징

첫째 문제가 가장 어려워 보인다. 현실적으로 그런 일은 있을 수 없기 때문에 일단 그것을 비유적인 것으로 생각하거나 특정한 사고방식의 표현으로 볼 수밖에 없다. 사람과 짐승을 동일시하고 나아가 그 어느 하나가 다른 하나로 전신轉身(둔갑)하게 된다는 생각은 원시적 사고방식이 지닌 특징 중 하나다. 인간과 동물 사이의 육체적·생리적 공질성으로 말미암은 양자의 동화와 상호전신은 신화가 가장 즐겨 나타내는 주제의 하나다. 동북아시아에서 샤먼은 이 상호전신을 하는 능력을 가진 사람으로 믿어지고 있다. 보통 사람과는 달리 샤먼은 둔갑할 힘을 가진 것으로 믿어졌다.

단군신화에서 곰이 사람으로 전신했다는 것도 따라서 보편적인 신화적 주제의 하나로 간주할 수 있다.

앞에서 세계의 북반구 거의 각처에서 곰이 사람의 친족 이름으로 불리고 있는 것을 우리도 보았다. 뿐만 아니라 아이누족이 곰은 인간과 함께 인간과 같은 모양으로 신의 나라에서 생활하고 있다고 믿고 있음도 보았다. 아이누족에게 먹을 식량인 고기와 입을 옷인 모피를 선사하기 위해 지상에 나타날 때 일시적으로 곰의 형상을 하는 것뿐이라고 믿고 있다. 곰과 인간은 본시 같은 모양을 하고 있다고 믿는 것이다.

그러나 짐승과 사람이 동일시되고 또 상호전신할 수 있다고 믿어지고 있음에도 불구하고, 왜 범은 사람이 못 되고 곰만 사람이 된 것일까 하는 문제가 남아 있다. 이 문제는 셋째 문제와 관계가 있으므로 셋째 문제를 다룰 때 함께 살피기로 하겠다.

••• 신 또는 조물주로 간주

둘째 문제도 신화적 주제의 하나인 수조獸祖의 모티브, 곧 조상짐승의 모티브로 다루어 해결할 수가 있다.

동물은 단순히 인간과 동화되기만 할 뿐 아니라 동물 자체가 신격화되거나 아니면 신령이 깃들이는 그릇으로 간주되거나 혹은 신성시되거나 한다. 때로는 신을 위한 사자使者가 되기도 하고 때로는 인간을 위한 수호령守護靈이 되고 더러는 이른바 '문화적 영웅'이 되거나 조물주로 간주되는 경우도 있다.

그런가 하면 동물은 인간을 낳은 조상으로 섬겨지기도 한다. 이 특수한 보기로서 동물이 한 종족이나 지역 또는 시대가 갖는 이름의 기원이 되는 점을 지적할 수 있다. 말하자면 동물에게서 사람과 마을의 이름이 비롯하는 것이다. 이 모든 경우 성스러운 영혼이나 신령이 동물 안에 깃드는 것으로 볼 수 있다.

시베리아 일부 종족은 실제로 곰을 숲 속에 사는 자신들의 조상이라고 믿고 있다. 그 가운데 가령 '케트'족은 곰을 지상의 동물의 왕이라 믿을 뿐만 아니라 지신地神 그 자체라고도 생각하고 있다. 곰은 다만 사람과 다른 모피를 뒤집어쓰고 있을 뿐 그 껍질 아래에는 사람과 똑같은 형체와 심혼이 있는 것으로 믿고 있다. 따라서 케트족은 곰을 그릴 때 거의 완벽하게 사람 모습으로 그려 낸다.

이 수인동형獸人同形 내지 동질관同質觀 위에 서서 곰을 조부·조모 등으로 부를 때 곰은 쉽사리 인간의 조상으로 간주될 수 있을 것이다.

바로 이 점에서 단군신화는 곰을 사람들의 할머니라고 생각한 것이다.

(5) 격리되는 처녀들

셋째 문제는 곰이 어떻게 사람으로 전신할 수 있었던가에 대해 말하고 있다.

북미의 인디언들은 곰이 둔갑해서 자신들이 되었다고 믿고 있다. 단군신화는 한술 더 떠서 동물이 사람이 되는 그 구체적인 방법까지 제시하고 있는 것이다.

쑥과 마늘은 각기 주술적인 식물이다. 쑥은 마귀를 쫓고 부정不淨을 맑히는 풀로서 믿어지고 있고 마늘과 같은 종류인 부추 또한 그렇게 믿어지고 있다. 이를테면 액막이 풀이고 부정쫓기 풀이 곧 쑥과 마늘이다. 일부에서 주장하듯이 쑥과 마늘이 단군신화에서 정력제 구실을 한 것은 절대로 아니다. 단군신화에서 웅녀는 처녀였다. 처녀였기에 까다로운 절차를 밟아야 했다. 웅녀는 초경, 곧 첫 월경을 경험했을 것이다. 그렇다면 몸을 맑혀야 하고 부정을 씻어야 한다. 그래서 깨끗해진 몸으로 신부가 될 수 있었다. 쑥과 마늘은 그래서 필요했던 것이다. 하지만, 이 무렵에 이미 월경 때문에 여성을 부정한 것으로 보는 생각이 있었다는 것은 어째 좀 씁쓸하다.

그 독특한 강한 냄새 때문에 부정을 멀리하고 금기禁忌를 지키는 기간 동안에 쓰이는 식물다운 속성을 쑥과 마늘은 지니고 있는 셈이다. 백 일 또는 3·7일 동안 햇빛을 보지 않았음은 무엇을 의미하는 것일까? 그것은 어느 은밀한 곳에 격리隔離되어 일정 기간을 보냄을 뜻할 수 있을 것이다. 원시인들은 인간생人間生의 단계적 변화에 따라 이른바 '통과제의'를 베풀었다.

미성년이 성년이 되는 성년식은 그 대표적인 것의 하나다. 이 통과제의를 거쳐 사람은 묵은 상태를 버리고 새 상태를 얻게 되는 것이다. 이같이 묵은 상태에서 새 상태에 옮겨지는 중간 과정이 폐쇄된 곳에 격리되는 것으로 표현되었다. 이 부분은 통과제의 중에서도 '격리의 제의'라고 불리고 있다.

곰이 사람이 되는 것도 묵은 곰의 상태를 벗어나 사람이라는 새 상태에 드는 일이다. 따라서 거기에는 이 '격리의 제의'에 대응될 절차가 필요하다고 생각될 수 있다.

이것이 곧 곰이 햇빛을 보지 않고 칩거하는 의의다.

하지만 이 대목에서 또 다른 흥미로운 사실을 지적할 수 있다. 그것은 백 일 및 3·7일이다. 오늘날에도 갓난아기는 세 번 이레를 치른다. 그게 3·7일이다. 그리고는 100날을 치른다. 그제서야 온전히 자라 갈 기틀을 잡고 삶의 첫 위기를 벗어난 것으로 믿었다. 3·7일과 백 일의 유래는 그렇게 오래고 또 오래다. 이레를 세 번 치르는 오늘

의 아기와 웅녀는 다를 것이 없다. 아기들은 여전히 신화 속에 살고
있다.

••• 변신이 곧 생의 리듬

그런데 왜 다 같이 사람 되기를 소원했는데도 곰은 그 뜻을 이루고
범은 이루지 못했을까?

물론 이 신화의 주어진 문맥으로 보아서는 곰은 신이 내린 금기를
지켰기 때문이요, 범은 그렇지 않았기 때문이다라는 해답이 나올 수
있다.

그러나 문제는 왜 곰은 금기를 지킬 수 있다고 보고, 범은 그렇지
않다고 생각하였느냐에 있다. 그것은 무엇보다도 곰이 두발서기를
하는 사람 모양의 동물이란 점에서 범보다 훨씬 유리한 처지에 있기
때문이다.

곰과 범은 다 같이 짐승으로서 사람과 대립해 있다. 그러나 곰은 앞
에서 본 것처럼 모피를 뒤집어쓴 숲 속 혹은 산속의 사람이다. 도르도
뉴 지방의 '레콩바렐' 암벽화는 마치 사람처럼 두 발로 걷는 곰의 보
행 상태를 영화의 몽타주 장면처럼 연속화로 그려 내고 있다. 앞에서
말한 케트족의 각종 곰 그림은 두 발로 직립하고 있는 특색을 지니고
있다.

두 발로 직립하는 곰은 네 발로 기는 범과는 달리 훨씬 사람답다.

이런 점으로 볼 때 곰은 사람과 짝이 되어 범과 대립하고 있다. 곰
은 영혼을 지니고 있고 사람들처럼 두 발로 서는 것이다.

한편 곰은 겨울 동안 완전히 그 모습을 감춘다. 칩거하는 것이다.
그러다 봄이 되면 다시 그 모습을 나타낸다. 죽음과 멸실滅失의 계절

인 겨울이 가고 생명의 계절인 봄이 찾아드는 자연의 리듬을 곰은 지니고 있는 것이다. 곰은 사계절의 질서를 그 자체 속에 갖추고 있는 영물이다. 묵은 것에서 새것으로의 변신을 행하는 생명체인 것이다. 변신이 바로 곰의 생의 리듬이다. 이럴 때 곰은 통과제의로 자신의 갱신을 추구하는 인간 욕구의 구체적 표현으로 보여질 것이다. 이래서 곰은 다시 또 한번 인간과 짝이 되어 범과 대립하게 된다.

곰은 범처럼 짐승이되 사람인 것이다. 곰은 사람과 같되 범처럼 짐승인 것이다. 바로 여기에 곰은 사람이 될 수 있었고 범은 그럴 수 없었던 비결이 있는 것이다.

이렇게 해서 사람이 될 수 있었던 곰은 스스로 여성이었기 때문에 아기 갖기를 바랐던 것은 차라리 당연하다 할 것이다.

••• 여성으로서의 원리

여기 이르러 우리는 단군신화에 여성의 성숙의 의례儀禮, 곧 어른 되는 의식儀式의 원리가 투영되어 있을 가능성을 헤아릴 수 있게 된다. 즉 여성으로서 첫 성숙의 징조를 나타낸 소녀는 일정 기간 동안 외계와의 접촉이 금지되고 독특한 금기와 단련 기간을 보내게 되는 것이다. 이 기간 동안 성숙의 징후로 간주되기도 했으나 동시에 부정한 것으로 간주되기도 한 이른바 '몸의 것'을 맑히는 정화의 제의가 치러진 것이다.

그런 연후에 소녀는 비로소 성년으로서 사회로 복귀하고 결혼 상대자를 구할 수 있게 되는 것이다.

단수 또는 신단수神檀樹는 지금도 시행되는 마을굿의 대상인 신목神木의 원형이다. 현재에도 시골 여성은 아기 갖기를 이들 당산나무

또는 서낭나무에다 빌고 있다. 알타이족의 경우 지상과 천상을 잇는
이른바 세계수世界樹라는 신성목神聖木에다 기자祈子하는 풍습을 가지
고 있거니와 이웃 일본신화에서는 그 같은 성질의 나무를 에워싸서
남녀 두 신이 결혼을 하고 있다.

　『삼국유사』이외에 동안거사動安居士 이승휴李承休의 소작所作인『제
왕운기帝王韻紀』에도 단군신화는 기록되어 있다. 이 이승휴 판의 신화
에는 곰의 얘기가 전혀 보이지 않고 있으나 단군의 탄생 유래에 대해
서는『삼국유사』와는 다른 재미있는 기록을 전하고 있다. 즉 하늘에
서 내려온 천신이 그의 손녀에게 약을 마시게 하여 사람의 몸을 갖게
한 뒤 단수신檀樹神과 더불어 결혼하게 하였다는 것이다. 이 약이『삼
국유사』의 쑥과 마늘을 가리키고 있을 가능성이 있다. 단군이 이들
부부의 소생임은 말할 나위 없다.

　이에 의하면 천신녀天神女와 목신木神의 결혼이 있었던 셈이 된다.
당연히 나무신령도 신령인 이상, 인간 영혼과 통할 것이고 서로 사귈
수도 있을 것이다. 그런 끝에 결혼도 할 수 있을 것이다.

(6) 신과 인간과 동물 사이의 결혼

　이러한 신끼리의 결혼을 신성혼神聖婚이라고 한다. 한 종족의 조상
들의 결혼담으로서는 매우 흔한 보기의 하나다.

　이 부분은 제의─그것도 제천祭天의 의미가 있는 제의가 베풀어지
는 성역의 주체인 신목과 그 신목에게 제사 드리는 주재자인 신녀神女
(신에게 제사 드리는 여사제자女司祭者란 뜻)의 의사擬似 결혼행위로 간주될
가능성도 갖고 있다.

무속신앙에서 여성 성직자인 여무당은 그녀가 섬기고 있는 신령의 내림을 받아서, 혹은 그 신지핌을 받아서, 그것도 무녀의 몸속에 받아서 서로 하나가 된다. 이것이 더러는 결혼한 것으로 표현된다.

신녀와 신성 대상 사이의 의사혼擬似婚도 흔히 신성혼으로 일컬어진다. 이 의사 행위로 이루어지는 신성혼으로써 신녀의 신성이 더욱 강화되고 아울러 그 신녀가 지배하는 공동사회의 신성과 번영을 더한층 보강할 수 있다고 믿었던 것이다.

『삼국유사』의 단군신화처럼 단군의 어머니를 곰으로 보았다 해도 이 신성혼의 의의에 훼손이 생기지는 않는다. 앞에서 보아 온 여러 사례처럼 곰이 신성수神聖獸라면 신성끼리의 결합이란 점에는 변화가 없기 때문이다.

단군신화의 곰은 무엇보다도 그 신화가 북반구 '곰 제의의 문화대' 속에서 생겨났다는 것을 말하고 있고, 따라서 우리 상고대의 생활이나 문화가 그 지대와 연관성을 갖고 있었다는 것을 말하고 있다. 곰은 인간의 문화와 생활에 대해 말하고 있는 인간적 존재인 것이다.

••• 굴의 의미

한국신화 여러 곳에서 굴 또는 땅밑 길은 신화를 위한 중요한 무대 노릇을 다하고 있다. 고구려 동명왕은 말을 타고 굴을 드나들었고 고려의 왕건의 할머니는 서해 용궁으로 뚫린 땅밑 길을 통행할 수 있었다. 그런가 하면 웅녀는 굴속에 들었다가 나와서는 성년 처녀가 되었다. 좀 먼 곳이긴 하지만 그리스신화의 영웅들은 지하세계 모험을 과시하고 있다. 뿐만 아니다. 스필버그 감독의 신나는 영화 〈인디애나 존스〉에서도 주인공들은 땅밑 굴속과 굴길에서 위험에 찬, 그러나 용감한 모험을 감행하고 있다.

이게 다 뭘까? 왜 굴은 신화·전설 그리고 현대의 영화에서마저 크게 부각되고 있을까?

이 경우 C.G. 융이라면 굴은 어머니의 태胎로, 그리고 땅밑 길은 모태를 떠난 아기가 세상 밖으로 나올 때 통과한 그 좁다란 질膣로 설명할 것이다. 그래서 하고많은 신화는 우리가 어디서 잉태되고 어떻게 태어나서 세상으로 나타났는가를 회고하고 있는 것으로 풀이될 수 있다. 신화와 인간 생리 그리고 인간 생태는 이렇게 줄줄이 엮여 있다.

한국신화의 동물론

1. 신화 속의 용들

앞에서 우리는 단군신화와 곰의 관계를 살펴보았다. 아울러 북반구 전역에 걸쳐 곰이 어떻게 신성시되고, 어떻게 숭앙의 대상이 되었는가도 보았다.

한국신화의 중요한 모티브의 하나는 건국시조의 탄생이다. 단군신화에 그 모티브가 있음은 확실하다. 이 모티브 속에서 곰은 결정적으로 중요한 구실을 다하고 있다. 곰이 단군의 어머니의 '전신前身'으로 간주되어 있기 때문이다. 따라서 곰은 단군신화 가운데서 결정적인 의미를 갖는 신화소神話素의 하나다.

단군신화에서 곰이 매우 중요한 자리를 차지하고 있듯이 신화에서 동물이 갖는 의의는 크다. 북반구 대부분의 지역에 있어서의 곰, 불교가 생겨난 지역에 있어서의 사자, 북미 인디언에 있어서의 독수리, 유럽과 아시아에 걸친 용, 이들은 각 지역의 종교와 신화에 있어서 가히 왕자王者 구실을 다하고 있다.

사자가 백수의 왕이고 독수리가 천금의 왕이고, 용이 제왕의 상징이듯이……. 따라서 신화에 있어서 '동물론'이 갖는 의의는 매우 커진다.

잘 알려져 있듯이 C.G. 융은 아홉 살에 죽은 한 소녀가 죽기 한 해 전에 스스로 '무서운 짐승의 꿈'이라고 이름 지어서 얘기한 꿈을 분석한 적이 있다. 이때 융은 소녀의 꿈속에 묘사되어 있는 동물의 의미를 신화 속의 동물들과 연관지으면서 간접적으로나마 신화의 동물론을 전개하였다.

언젠가 옛적에 나는 많은 뿔을 가진 한 동물을 꿈속에서 보았다. 그 짐승은 뿔들로 다른 작은 동물들을 들이받고 있었다. 그 짐승은 뱀처럼 몸을 뒤틀고 있었는데 언제나 그런 모양을 하고 살고 있었다. 때마침 푸른 안개가 네 구석에서 피어오르자 그 동물은 먹기를 그만두었다. 그 뒤를 이어 신이 나타났는데, 실제로는 네 구석에 네 신이 있었다. 그러자 그 동물은 죽고 그놈이 삼켰던 작은 동물들이 산 채로 다시 나타났다.

(1) '무서운 짐승의 꿈'

이 소녀의 꿈속에는 인간이 등장하지 않고 있다. 그것은 동물과 신이 대결한 무시무시한, 그러면서 어마어마한 한 찰나에 대해서 말하고 있다. 그 꿈은 '신이 물 표면으로 나타난……' 저 「창세기」편의 한 순간처럼 인간이 있기 이전의 시간, 원초적인 시간의 일들을 묘사하고 있는 듯이 보인다. 인간의 시간은 신과 동물이 결전을 벌이기엔 어울리지 않는 시간이다. 절대로 지상에 있지 않은 기이한 상상적인 괴수와 신들이 푸른 안개 속에서 맞서고 있는 장면은 아무래도 인간적인 세기 이전의 사건 같아 보인다. 그것은 도리 없이 신화적인 사건이다. 소녀는 꿈속에서 신화를 상연上演하고 있었던 것이다.

꿈 자체의 겉모습이 이미 신화적이지만 융은 이 꿈속의 동물들에 대해 분석을 가하면서 그것들이 어떻게 신화 속 동물의 이미지와 겹쳐져 있는가를 보여 주고 있다.

가령 꿈속의 '뿔이 돋은 뱀 같은 동물'의 예를 보기로 하자.

똬리를 틀고 있는 뱀의 모습이 음습하고 냉혹한 느낌을 주는 데 비해 뿔이 돋은 모습은 무엇인가를 들이받고 꿰뚫어 버리는 사납고도 작열하는 격정을 일깨워 준다. 전자의 이미지에 의해 어두운 흙의 세계, 무엇이나 받아들이는 대지의 상징, 여성적이고도 수동적인 원리들을 나타내고 있는 이 동물은 동시에 후자의 이미지에 의해 공격적이고도 적극적인 남성원리를 지니고도 있다.

이 점에서 이 동물은 신화 속에 나타나는 세계 또는 우주창성創成의 동물을 연상시켜 준다. 왜냐하면 신화에서 적잖은 괴물이 남성과 여성을 겸한 존재―말하자면 양성兩性 구유具有이기 때문이다.

••• 암수 겸한 동물

성경에 보이는 괴수 '레비아단Leviathan'은 물과 여성의 주재자主宰者로 일컬어지는 데 반해, 또 하나의 동물 '베헤못Behemoth'은 사막과 남성의 주재자로 불리고 있다. 전자는 때론 악어, 때론 고래 또는 용을 암시하고 있고 후자는 하마로 생각되기도 한다. 이 두 동물은 더 오래 된 얘기 속에서는 암수를 겸한 한 마리의 짐승이었다가 후대의 얘기 속에서 암수 따로따로인 별개의 동물로 갈라지게 된 것이다.

비록 동물이 아니라 해도 세계의 창시자가 암수를 겸한 예가 있다. 즉 이집트 신화에서 '누'로 불리고 있는, 세계가 생기기 이전의 원초적인 존재는 남녀 양성을 다 갖추고 있다. 이 '누'는 '아몬'과 동일시되기도 했는데 '아몬'이란 다름 아닌, 세계가 있기 이전의 물, 즉 원초적 물로서 '아버지의 아버지'로, 또 '어머니의 어머니'로도 불린 것이다.

바빌로니아의 창조신 '티아마트Tiamat'는 최초의 어머니로 불리기는 하나, 때로 암수를 갖추고 있는 것으로 묘사되기도 한다.

융에 의하면, 이러한 사례들로 우리는 태초의 존재, 곧 원초적 실체가 암수를 한 몸에 갖추고 있었다고 말할 수 있게 될 것이지만, 이러한 생각은 매우 보편적인 것이었다고 헤아릴 수 있게 된다.

이처럼 우주창성과 관계있는 동물이나 존재가 양성을 구유한다는 사고방식은 매우 신화적이다. 그것은 양성을 구유함으로써 스스로의 힘에 의해 세계를 창생할 수 있는 힘을 지니게 되기 때문이다. 태초에 아버지와 어머니를 겸한 한 사람의 어버이가 있었고, 그가 곧 세계를 빚고 사물을 낳고 인간을 탄생시킨 것이다.

이러한 우주가 생기기 이전의 동물 또는 우주창조에 관여한 원초적 동물의 한 전형典型이 용이다. '무서운 짐승의 꿈' 속에 등장하고 있는 뿔 가진 뱀 같은 짐승이 용을 연상시켜 주고 있음에 유의하자.

고대 이집트에서 용은 나일강의 흐름을 상징할 뿐만 아니라 남신 오시리스Osiris 및 여신 하토르Hathor로 간주되기도 했다.

연금술사 파라셀수스Paracelsus에 의하면 이 지상에 최초로 나타난 원초적 실재는 양성 구유의 뱀 내지 용이다.

(2) 백 가지 용의 얼굴

원초적인 실재인 만큼 용은 세계의 시초와 맺어져 있다. 바빌로니아 신화에 의하면 세계의 원초를 감싸고 있었던 어둠을 상징하는 용인 '티아마트'는 동시에 노발대발하고 있는 뱀이기도 하다. 이 티아마트는 태양신인 '마르두크'에 의해 다스려진다. 가장 오래된 '수메르인'의 여신 또한 용이었다.

실재하지 않는 짐승이긴 했으나 용은 이처럼 사람들의 상상력 속에서 인간과 세계가 있기 이전부터 존재하였고 사람의 역사와 함께 숨쉬며 살아온 것이다. 실재하지 않는 짐승인 용은 인간의 역사보다 더 오래 살면서 인간이 살고 있는 세계의 원초에 대해서 말하고 있는 것이다. 신화에 있어서의 동물은 이처럼 세계창성의 동기로서 그 의의가 인간을 능가하기도 하는 것이다.

인간세계 이전부터 존재하면서 인간과 더불어 살아온 용은 한편으로는 무서운 파괴력을 가진 것으로 생각되면서 다른 한편으로는 물이 지닌 생명력의 원천으로 생각되기도 했다. 앞에서 들어 보인 격노한 뱀으로서의 용의 모습은 전자의 경우이거니와 여성원리·대지·지하세계 등을 의미했던 우수偶數, 곧 짝수의 상징성이 용으로 표상화된 사례는 후자의 경우인 것이다.

신화는 수數에도 신기한 의미를 부여한다. 앞에서 단군신화의 3·7일과 백 일을 얘기한 바 있지만, 이때, 3과 7 그리고 1(00)은 모두 기수, 곧 홀수다. 홀수는 신화나 민간신앙에서는 대체로 거룩한 수다. 이에 비하면 우수, 곧 짝수는 속된 수가 되는 셈이다. 한편, 중국의 음양이론에서는 홀수는 양(남)이고 짝수는 음(여)이다. 서구에서 여성의 것으로 짝수가 규정된 것은 이와 무관하지 않을 것이다. 이로 보면 서구의 용은 그 괴물스런 외모에도 불구하고 여성적인 속성을 갖추고 있다고 생각된 것을 알 수 있다.

한국의 민간전승에서도 용의 이미지는 물과 풍요와 맺어져 있다. 현재에도 농촌에서는 '용왕龍王 먹이기'는 곧 풍요의 제의다. 벼가 한창 자랄 무렵 논둑에다 떡이며 밥, 약간의 제수를 차려 놓고 주부들이 풍년 들기를 비는 것이다.

가뭄은 용의 노여움 때문이라는 생각에서 호랑이 머리를 잘라 용이 산다고 생각되는 강물 혹은 용 그 자체를 상징하는 것으로 보이는 물속에다 바치기도 했다. 서울에서는 현재 원효로 끝쯤에서 이처럼 용을 위해 호랑이 머리를 바쳤던 것이다.

••• 이중적인 용의 상징성

옛날 풍속으로는 기우祈雨의 방법으로 도마뱀에게 위협을 가하기도 했다. 경복궁 안 경회루 연못가에 열두 명의 청의동자靑衣童子를 둘러앉히고, 그들 각자에게 도마뱀이 든 항아리를 흔들면서 '만일 비를 내리지 않으면 더 혼내 주겠다'는 요지의 주사呪詞를 외게 하였다. 그런 뒤에야 항아리 속의 도마뱀을 물속에다 놓아 주었다. 이때 청의가 비, 그것이 머금고 있는 생명의 빛을 상징함은 말할 것도 없겠거니와 도마뱀은 용의 미니어처, 곧 축소판이다.

한편 심술궂은 사람 보고 '깡철이'라 부를 때가 있다. 지방에 따라 '깡철', '이무기', '이심' 등으로 불리는 이 짐승을 두고 흔히 시골 사람들은 용으로 승천하지 못한 큰 구렁이의 모습을 그려 보인다. 이것은 지상의 악룡惡龍인 셈이다.

이놈은 소를 잡아먹고 사람을 익사시키고 혹은 가뭄이 들게 하여 농사를 망쳐 놓기 일쑤다. 그만큼 심술 사납고 무서운 짐승이다. 지방에 따라서는 이 이무기를 실제로 보았다는 사람조차 있게 된다. 한 지역에 살다가 비 오는 틈을 타서 번개와 더불어 다른 지역으로 날아갔다는 목격담이 그럴듯하게 전해지고도 있다.

한국 민간전승에서도 용의 상징성은 이중적이다. 물과 맺어져 생명력의 원천이 되고 농사의 풍요를 다지는 힘이 되기도 한다. 따라서 그 용이 인간 생명의 창조에 관여하였다고 해서 괴이할 것은 없다. 혁거세신화에서 혁거세의 아내 알영은 우물가에 나타난 계룡雞龍의 왼쪽 겨드랑이 밑에서 태어났다고 전해지고 있다. 혹은 용은 나타나자 이내 죽었기 때문에 용의 배를 갈라 태어난 것이 알영이라고도 전해지고 있다.

용이 물(우물)과 맺어져 인간 생명, 그것도 여성을 창조한 것으로 되어 있다. 특히 죽은 용의 배 속에서 알영이 태어났다는 것은 흥미롭다. 그 이유는 알영 탄생의 이 모티브가 앞에서 설명한 '무서운 짐승의 꿈'의 일부와 매우 흡사하기 때문이다. 즉 죽은 용 같은 짐승 속에서 작은 짐승들이 되살아 나오는 부분과 비슷한 것이다.

물론 알영의 얘기에는 먼저 용의 배 속에 삼켜진다는 모티브가 없기 때문에 양자를 전적으로 동일시할 수는 없다. 그러나 '무서운 짐승의 꿈'이 C.G. 융에 의해서 우리들 개개 존재가 재생에 부치는 꿈으로 해석되었음을 간과할 수가 없다. 생명의 새로운 재생과 생명의 새 탄생이 그렇게 영 동떨어진 별개의 현상일 수는 없겠기 때문이다. 여기서 거듭 일반적으로 용이 생명을 준비하는 생명 이전의 태초의 모태로 간주되었다는 융의 주장을 상기할 필요가 있다.

••• 고려 왕건의 조모도 용녀

심청이 물에 몸을 던졌으되 용궁에 다다라 비로소 인간세상으로 재생되어 나왔음도 함께 고려에 넣을 만하다.

고려왕조의 전설에서 왕건의 조모祖母는 서해 속에 그 고향을 가진 용녀다. 그녀는 고향으로 돌아갈 때 으레 용으로 화신하곤 하였다. 급기야 그녀가 길이 이 세상을 떠날 때도 용의 모습으로 그의 고향으로 되돌아가게 된다. 그녀는 물속에 원천源泉을 둔 왕가王家의 선조모先祖母라는 점에서 주몽의 어머니 유화柳花를 연상시켜 주고 있다.

한 소녀의 꿈속에 등장하는 용을 닮은 동물은 우주창성의 비밀과 아울러 끊임없는 재생을 바라는 가장 속 깊은 인간 욕구를 보여 주고 있다. C.G. 융의 분석심리학은 용에다 우주론과 인간존재론을 담은 것이다. 신화에 있어서 용이 다하는 구실도 마찬가지다. 태초에 세상이 생겨난 비밀, 원초의 어느 시간에 우주를 창성하고 생명을 창조하던 초월적인 힘이 구체적인 형상으로 그 자신을 드러내 보인 이른바 '신성현시神聖顯示'가 곧 용인 것이다.

2. 인간과 신의 중매꾼들

지금까지 우리는 주로 곰과 용이 신화 속에서 갖는 의미를 보아 왔다. 한국신화에는 이 두 동물 이외에 제법 많은 종류의 동물들이 등장하여 각기 신화의 주인공다운 구실을 다하고 있다.

말·사슴·범 등 네발짐승 외에 비둘기·까치·닭 등의 날짐승, 그리고 거북·개구리·물고기 등 물과 인연이 있는 동물들이 보이고 있다.

이들은 신화 속에서 인간과 더불어 살고, 사람과 어울려 얘기하고 있다. 때로 인간들은 그들의 욕구를 이들 동물에 담아 표현하였고, 더러는 동물을 신성의 구체적 나타남이라고 하여 그 앞에 엎드리기도 했다.

뿐만 아니다. 동물들은 사람들의 뜻과 신의 뜻을 서로 오가게 하는 중매꾼 노릇을 하는가 하면, 인간들의 영혼을 인도하여 피안의 세계에 이르게도 하였다. 우주창성과 우주구조에 참여하였던 동물들은 신들의 세기에 누렸던 영광을 오랜 시일을 두고서 간직하고 있었다.

하지만 언제나 동물들이 겉보기가 좋은 영광을 누리고 있었던 것만은 아니다. 이른바 희생의 짐승으로서 무참하게 피를 흘리기도 하였다. 그러나 이 경우에도 신에게 바쳐져서 마땅할 만큼 거룩한 것으로 섬겨졌다. 『삼국사기』에 보이는 흰 돼지는 그 보기의 하나다.

이런 대부분의 경우, 짐승들이 영혼을 가지고 있거나 신비로운 힘의 소유자라고 믿어진 것은 말할 나위도 없다.

극히 최근에 샤머니즘과 미술의 기원 문제를 다루면서 인류학자 로멜Lommel은 이른바 'X-레이 투시법'으로 그려진 동물화에 대해 재미있는 관찰을 하였다.

그는 이 X-레이 투시법은 동물의 외형과 그 내면성을 동시에 묘사하고자 하는 기법이라고 우선 지적한 뒤에 이 기법의 종극적인 목적은 바로 동물의 '생명력' 또는 영혼을 그려 내는 데 있었다고 주장하고 있다. X-레이 투시법이란 동물의 속을 알알이 표현하는 기법이기 때문이다.

시비가 없는 것은 아니나 로멜의 이 명제가 매우 시사적임은 틀림

없을 것이다. 이 명제에 따르자면 X-레이 투시법으로 그려진 동물은 '영혼동물'이 되는 셈이다. X-레이 투시법은 동물의 내장이 아니고 영혼을 찍어 낸 것이다.

(1) X-레이로 찍어 낸 영혼

주술은 주술이 걸리는 대상에 작용할 영적 효능에 기대는 바가 크다. 스페인과 프랑스의 경우를 비롯해 시베리아·오스트레일리아·미대륙 등에 걸쳐 산재해 있는 석기시대의 이 X-레이 동물화가 주술적인 의의를 가진다는 것이 사실이라면 그것은 주술의 영적 효능을 위해 동물을 영화靈化한 상태로 찍어 낸 셈이다.

앞에서 잠깐 언급한 바 있는 반구대 동물화에도 X-레이 양식으로 보이는 그림이 있다.

이 그림이 X-레이 양식인 것이 틀림없다면 우리도 로멜의 주장을 따라 그것을 '영혼동물'이라 부를 수 있게 될 것이다. 반구대 그림 속에 주술적 효능을 위해 추상적으로 그린 듯이 보이는 그림, 곧 속이 들여다보이는 것처럼 그려진 그림이 있었음을 강조하고 싶다.

반구대 그림이 아니더라도 신화 속의 동물들은 충분히 영혼동물이다.

한국 상고대 북방계 사회에서 이미 범은 숭앙의 대상이었거니와 후대 민속에서 범이 때로는 '산신山神의 말'로 간주되고 때로는 산신령의 현신現身으로 간주되었음은 그 예증의 하나가 될 것이다. 후자의 경우, 범은 바로 '신성현시', 곧 '거룩함의 나타남'이 되는 셈이다.

혁거세신화에서 말은 혁거세라는 하늘의 '신성의 현시'와 때를 같이 하여 나타난다. 혁거세의 출현은 전광電光과 같은 이기異氣가 하늘에서 지상으로 뻗치는 것과 백마가 엎드려 절하고 있는 것에 의해 비로소 육부六部의 사람들에게 알려졌기 때문이다. 백마의 모습은 전광과 같은 이기와 더불어서 신성한 것이 출현할 전조前兆 노릇을 다하고 있다.

그 전조를 따라 사람들이 알을 찾아내었을 때 백마는 길게 울고 난 뒤 하늘로 올라가 버린다. 이 상천上天하는 말이라는 표현에 의지해 보면 백마는 나는 하늘의 말이다. 이른바, 우주동물의 대표다.

••• 백마는 나는 천마

한국신화에는 말, 닭, 사슴, 곰 그리고 일부의 물고기들이 우주동물 구실을 하고 있다. 신라의 황금왕관에 얹힌 새 날개 그리고 사슴뿔은 모두 우주동물의 것이다. 이들은 신들의 우주여행의 길동무가 된다.

혁거세신화의 백마는 나는 천마로서 신성의 강림을 인도하였고, 그 소임을 마치자 다시 하늘로 되돌아간 것으로 되어 있다.

아시아 지역의 샤머니즘에서 말은 사람들의 영혼을 천상계나 영혼의 세계로 태우고 가는 것으로 생각되고 있다. 고구려 동명왕東明王을 두고 생긴 한 전설에서 동명왕은 인마麟馬를 타고 땅밑세계를 드나들었을 뿐만 아니라 하늘에 오르기도 하였다. 이 동명왕의 인마는 아시아 샤머니즘의 말의 이미지를 농후하게 지니고 있다.

영혼이 타는 짐승인 말이 신들의 탈것이 되는 것은 자연스러운 일일 것이다. 실제로 말을 타고 하늘을 오르내리는 신들의 모습을 우리는 신화에서 적잖이 발견하게 되는 것이다. 혁거세신화의 천마도 이러한 일련의 천마들의 하나라고 보아도 무방할 것이다.

이러한 천마사상은 『세종실록』에까지 그 여파를 끼치고 있다. 즉 동해 가운데 천마가 사는 섬이 있는 것으로 소문이 전하여지자 그 천마와 보통 말을 교배하여 양마良馬를 얻도록 해 보자는 논의가 조정에서까지 그럴싸하게 대두된 것이다. 말이 신이나 영혼이 타는 짐승이라는 관념은 쉽사리 말을 신들에게 바치는 희생물이 되게 하였다. 유라시아 양 대륙의 유목민들 사이에서 말은 대표적인 희생의 짐승이었다.

천신에게는 백마가 바쳐지되 때로는 산 채로 풀어 놓음으로써 신의 탈것으로 삼는 방식을 취하는 수도 있었다. 하늘에서 내리는 혁거세를 선도한 말이 흰빛이었음도 우연은 아닐 것이다. 학계 일부의 관측에 의하면 말은 사슴붙이와 더불어 인류가 최초로 사육한 짐승의 하나라고 하며, 그 사육의 목적이 희생의 짐승을 확보하는 데 있었다고 한다.

(2) 짐승이 길러 낸 종교

이러한 견해가 옳다면 동물 사육의 목적이 반드시 직접 경제적 실리에만 맺어져 있었던 것은 아니다. 따로 격리하여 기름으로써 제사에 맞추어 제때 제때 알맞게 쓸 수 있었을 뿐만 아니라 제사의 목적에 맞게 말을 깨끗하고 신성하게 해 둘 수 있었던 것이다.

『삼국사기』는 고구려가 제수로 쓰일 짐승을 각별히 기르고 있었음을 전해 주고 있어 한국의 자료에 의해서도 짐승 사육과 종교의 관계를 얘기할 수 있을 듯하다.

동명왕은 이웃나라를 정복하기 위해서 하늘에 빌 때 사슴을 희생물로 삼았다. 사슴이 하늘에 바치는 제물로서 값지게 섬겨졌음을 알 수 있다.

질주하는 말이 천마로서 생각되었을 때 신의 탈것이 될 수 있었던 것처럼 새들은 하늘을 나는 능력으로 쉽사리 신의 심부름꾼이 될 수 있었다. 뿐만 아니라 천상으로 가는 인간 영혼의 모습이 되거나 아니면 그 영혼의 안내자가 될 수 있었다.

북방아시아 샤머니즘에는 '샤먼의 대'라고 부를 만한 것이 있다. 그것은 샤먼이 천계를 내왕하는 원리를 반영하고 있는 기다란 장대다. 이 장대는 이 세상의 중심부─때로는 지구의 배꼽이라 생각되는 부분에 서 있다고 믿어졌기에 '우주의 장대' 또는 '우주의 축'이라 불리기도 한다. 이 축을 따라 샤먼의 영혼은 하늘을 오르내린다고 믿어졌던 것이다. 오늘날 인공위성을 발사하는 탑과 같은 것이라 생각하면 좋을 것이다.

이 '샤먼의 대' 끝에 흔히 새가 앉아 있다. 샤먼의 영혼은 이 새를 따라 또는 새가 되어 천계를 가는 것이다. 오늘날 우리나라 일부 지역에 남아 있는 '수살水殺대'는 그 모양이 이 '샤먼의 대'와 흡사하다. 따라서 그 끝에 앉아 있는 새들의 의미도 워낙 '샤먼의 대'에 앉아 있는 새의 것과 같았으리라고 짐작된다.

강릉시 교외에 있는 수살대와 전남의 운봉마을 어귀에 선 솟대는 샤먼의 대와 어깨를 겨루고는 스스로 '우주적 존재'가 되고 싶어 한 인간의 소망, '하늘의 뜻을 담는 마음 그릇'이 되고자 한 인간의 꿈을 소상하게 알알이 들여다보게 한다.

••• 곡모신穀母神의 심부름꾼, 비둘기

샤먼은 새에 의해 인도되거나 새의 모습으로 천계로 가서 신을 만난다. 그렇듯이 신은 새에다 그의 뜻을 부쳐서 샤먼과 인간에게 전한다. 비둘기나 독수리는 우주의 우편배달부다.

동명왕이 부여국 왕자들의 박해를 피해서 남하하였을 때 그의 모신母神 유화柳花는 비둘기로 하여금 그 목에다 보리의 씨알을 간직하게 하여 아들 뒤를 쫓게 한다. 기록은 이 비둘기를 분명히 '신모사神母使'라고 표현하고 있다. 신이신 어머니의 심부름꾼이란 뜻이다.

동명왕은 자기 뒤를 쫓아 날아오는 비둘기를 화살로 쏘아 잡는다. 비둘기 목을 따서 보리 씨알을 꺼낸 뒤 동명왕은 비둘기 목에다 물을 뿜어 되살아나게 하여 신모에게 되돌아가게 한다.

이 얘기에서 비둘기는 신의 심부름꾼이지만, 그 성격이 단일하지는 않다. 얘기 속의 유화는 곡종穀種을 맡고 있는 곡모신의 성격을 지니고 있어서 비둘기는 단순한 '신의 사자'이기에 앞서 '곡모신'의 사자다. 이런 점에서 비둘기는 농사의 풍요와 관계를 맺고 있음에 유의함 직한 것이다.

한 세대 전만 해도 우리들 시골의 가정집에는 신처럼 섬기는 단지가 있었다. 뒤란에 따로 모셔진 옹기인데 그 안에는 곡식 낟알이 들어 있었다. 이것은 곡식 낟알을 아예 신주처럼 섬기고자 든 우리 조상들의 신앙에 대해서 말해 준다. 이 단지에 신이 섬겨졌다면 그와 유화는 크게 다르지 않을 것이다.

동명왕신화의 비둘기 얘기에는 혹 농사주술이 비쳐 있지나 않을까 생각된다. 비둘기나 새 부리에 의해 일단 삼켜졌다가 다시 꺼내어진 곡식 씨알이 풍요를 뒷받침한다는 속신俗信이 이 신화의 비둘기 밑에 깔려 있지나 않은가 생각해 보고 싶은 것이다. 혹은 새의 피로 씻긴 씨알에 대해 같은 속신이 있지나 않았는지 궁리해 보고 싶은 것이다.

여기서 대전 근교에서 발견된 이른바 '농경문청동기農耕文靑銅器'에 그려진 새를 생각해 보자. 이 청동기의 용도는 그것이 파편으로 남아 있기에 확실치는 않다. 다만 그 전면에 남성 상징을 드러낸 알몸의 사나이가 밭갈이를 하고 있는 것으로 보아 농사 주술과 관련이 있는 것만은 헤아려 볼 수 있을 듯하다. 그리고 거기 새겨진 새도 이와 아주 무관하지는 않을 것 같다.

조선시대 일부 지역에 있었던 이른 봄의 나경裸耕, 곧 알몸 밭갈이가 제의적인 의의를 갖고 있었음이 참고가 될 것이다.

그것은 조선판 스트리킹streaking이겠으나, 농사 주술의 스트리킹이었던 것이다.

(3) 알몸으로 밭갈이하는 사내들

사내가 고추를 크게 드러내 놓고는 알몸으로 밭갈이를 하다니! 해괴망측하게! 그러나 그렇게만 생각해선 안 된다. 대지며 땅은 흔히 여성으로 간주된다. 대지모大地母, Earth Mother는 그래서 생긴 말이다. 알몸 사내는 여성인 대지에게 사정射精을 하듯이 남근을 드러내 놓고는 밭을 갈고 있다. 사내의 씨를 대지에 뿌리는 것이다. 한국민속에서는 여성을 밭이라고 했다. 남자의 정액은 씨라고 했다. 그런 생각이 이 청동기에 그려져 있다.

반구대 그림 속에도 남성 상징을 드러낸 나상이 있었다. 그것으로 동물들의 번식이 잘될 것이라고 믿은 것이다. 그처럼 알몸갈이하는 사내는 대지의 풍요와 그 생산력을 증대시키는 힘을 발휘한다.

이러한 의의를 가진 농경문청동기의 배면背面에 새가 그려져 있다. 두 가닥이 난 나뭇가지 모양 끝에 각기 새가 한 마리씩 앉아 있다.

이 새의 모양에서 '수살대' 의 새를 연상하는 것은 지극히 자연스럽다.

그러나 동시에 이 새가 농사 주술을 그린 다른 한쪽에 그려져 있음에도 유의하여야 할 듯하다. 물론 이 유념에서 우리는 이 새가 농사 주술의 새였으리라고 추측하는 근거를 얻고자 하는 것이다.

이 경우 새가 앉은 두 가닥의 가지와 그 밑의 줄기가 통틀어 '우주축' 에 대비될 가능성은 적을 듯하다. '우주축' 은 그것이 우주구조론을 반영하고 아울러 샤먼의 천계 여정을 나타내는 만큼 축이나 기둥 그 자체가 매우 중요하다. 이 기둥은 일부 지역에서 '절대로 넘어지지 않는 기둥' 으로도 불리고 있다. 그것은 요지부동하게 우주를 지탱하는 기둥을 의미한다. 그러한 기둥이 가녀리게, 그것도 일부만이 그려진다는 것은 좀 석연치 않다. 그러나 최소한 작은 수살대 또는 솟대라고 읽힐 가능성마저 부인하고 싶지는 않다.

이 그림에선 새가 크게 강조되어 있다. 이것은 중요한 것을 크게 그리는 원시미술의 원근법에서 유래된 것이라 보인다. 여기서 새가 갖는 중요성이란 다름 아닌 '풍요의 원리' 였으리라는 추정을 해 보고자 한다.

위에서 보아 온 바에 의하면 한국신화 속에서 동물들은 신성이나 주력呪力의 구체적인 표현으로서, 그들과 인간, 그들과 우주 사이에서 거룩한 중매꾼으로서 혹은 날고 혹은 뛰고 있었다. 도약하는 백마와 비상하는 새가 무엇보다도 그 좋은 본보기다.

신화와 나무

1. 신화라는 수목원

홀로 서 있는 정자나무. 그것은 당당함이다. 의젓함이다. 그리고 풍성함이고, 후덕함이다. 그는 혼자로도 외로움을 모른다. 높이 솟아 있어도 사뭇 겸손하다. 숱한 가지를 뻗어서 던지는 그늘로는 무엇이든 끌어안고 또 보호한다.

서낭나무, 당나무, 당산나무를 겸하기도 하는 정자나무는 사람이 갖추기를 바라는 온갖 미덕의 결정結晶이다.

뿌리로는 대지를 지탱해 주고 가지 끝 봉우리로는 하늘을 떠받들고 있는 나무를 신화가 나 몰라라 할 턱이 없다. 신화의 산에서, 신화의 들에서 나무는 사뭇 소슬하고 푸르다.

(1) 나무 타고 하늘로 간 오누이

「햇님과 달님」으로 알려진 이 동화는 해와 달이 있기 이전의 얘기,

머나먼 태초쯤에나 있었을 법한 우리의 얘기다. 해도 달도 생기기 이전, 깜깜한 어둠 속에서 꿈꾸듯 엮어진 얘기다.

범에게 쫓기던 오누이가 하늘로 피해 가서 누이는 해가 되고 오빠는 달이 되었다는 그 가슴 아프고도 아름다운 사연에 마음을 흠씬 적시며 어린 철의 한때를 보낸 우리의 기억은 늘 눈부실 만큼 황홀하다. 하마터면 범에게 잡힐 뻔했던 오누이를 살린 것은 한 그루의 나무와 한 오라기의 줄이다. 지방에 따라 나무를 타고 하늘에 오르는가 하면, 줄 끝에 매달려 하늘에 다다르기도 한다.

아스라하게 솟은 나무. 그 꼭대기에 오를 수만 있다면 손끝이 금세 하늘에 닿을 만큼 우람한 나무. 그 나무는 늘 하늘을 향해 발돋움하고 있다. 그리고 소년들의 마음도 그처럼 발돋움하기를 그는 손짓하고 있다. 그 풍요한 가지를 흔들며······.

나무에 올라가 하늘을 보면서 가지를 흔들면 정작 흔들리고 있는 것은 푸른 하늘이다. 소년이 나무를 타는 것은 하늘을 타는 것이다. 나무 타는 소년에게 나무는 늘 '하늘나무'.

나무는 하늘 속에서 자라고 있다. 소년들은 하늘 속에서 자라고 싶어 나무에 오른다.

오누이의 동화는 소년들의 환상 속에 자리 잡은 나무가 낳은 얘기. 선연한 잎을 가꾸고 꽃을 피우듯 나무가 움트게 한 얘기다. 하늘이 신들의 나라라고 생각했던 어른들도 하늘에 오를 길을 찾았다. 해와 달이 되고 싶었던 소년과 소녀의 꿈이 나무를 하늘 가는 길로 삼았듯이 이 어른들도 나무를 타고 하늘로 가기를 마음하였다.

이른바 '우주의 나무'가 하늘 가는 나무다. 그것은 '세계의 나무'라고도 한다. 혹은 '샤먼의 나무'라 부르는 곳도 있다. 이 나무는 통칭 우랄 알타이족 사이에서 매우 보편적이다.

그러나 유럽과 아시아대륙의 나머지 지역이라고 해서 이 나무가 없는 것은 아니다. 넓은 의미의 지중해문화를 이룩한 여러 민족들—즉 이란·셈·그리스·로마, 그리고 튜턴족의 땅에도 이 나무가 자라고 있었다. 불교에서도 이 나무는 남 못지않게 한때 무성했다.

(2) 불교의 보리수

부처의 신성스런 나무인 보리수는 워낙 이 세계의 나무였다. 석가가 깨달음을 얻은 부다가야에서 발견된 기원전 2세기경의 한 석비石碑는 보리수가 숭앙의 대상이었음을 보여 주고 있으나, 석비에 따라서는 석가좌상이 보리수와 한자리를 차지하고 있거나 혹은 보리수가 솟아 있는 자리에 석가만이 앉아 있는 경우 등을 볼 수 있게 된다.

대영박물관의 학예관(큐레이터) 존 어윈은 이들 석비를 비롯한 고고학적인 자료들에 의해서 보리수가 원천적으로 '세계수世界樹'였을 뿐만 아니라, 석가가 거기 앉아 명상하였다는 '바즈라사나', 즉 '왕좌'는 세계수가 그렇듯, 세계의 한가운데 자리 잡은 '대지의 배꼽'이었고, 아소카의 '다르마스탐바', 즉 '법의 탑'이 다름 아닌 '세계의 기둥'이었음을 소상하게 밝혀 주었다. 필자는 근 반년, 그의 연속강의를 보스턴박물관에서 듣는 요행을 누렸기에 이 대목은 힘주어 말하고 싶다.

석가의 불교가 세계수나 세계주世界柱를 믿는 신앙과 한때 공존하고 있었음을 어윈은 시사한 셈이다. 이 같은 불교 속의 세계수가 베다속에서 묘사되고 있는 아스바타수樹의 이미지를 지니고 있음은 말할 나위 없다. 그 나무는 낙원이자 최고천最高天인 제삼천第三天에 솟아 있었는데, 신들의 나무이면서 생명의 물의 원천이기도 했던 것이다.

시베리아 여러 민족에서 세계를 떠받들고 있는 지주 몫을 다하는 나무로는 대체로 자작나무나 낙엽송 아니면 참나무 등을 들 수 있다. 이 나무는 천·지상·지하 3계를 이어 주고 있을 뿐만 아니라 대지의 중심부, 곧 대지의 배꼽에서 솟아나 하늘의 배꼽인 북극성에 닿아 있다는 것이다.

따라서 이 나무의 가지는 천상 높이 퍼져 있어서 세계의 지붕 노릇을 하고 있고 그 뿌리는 지하계의 바닥에까지 뻗쳐서는 세계의 주춧돌, 아니 주추뿌리 구실을 하고 있는 것이라 생각되었다. 대지의 여신이 이 나무 속이나 혹은 뿌리에 살고 있고, 장차 인간들의 아기가 될 영혼들이 새들처럼 거기 깃들어 있으며, 해와 달 또한 그 보금자리를 이 나무에 틀고 있다는 것이다.

요컨대, 나무는 온 우주의 구조의 중심이자, 온갖 생명체의 둥지이고, 해와 달 그리고 별의 안방이기도 했던 것이다.

(3) 우주 구성의 추측

여기 비하면, 오늘날 우리가 나무를 보는 눈은 너무나 초라하다. 신화와 멀어지면, 사람의 마음이 사막이 된다.

알타이족의 샤먼들이 지닌 북[鼓]에는 이 세계수가 그려져 있는 경우가 많다. 그 한 예를 보면 언덕 또는 산이라고 생각되는 바닥 위에 가지를 편 나무가 솟아 있고, 그 좌우 양쪽에 해와 달이 떠 있는 것을 볼 수 있다. 나무 밑동 대지 아래에는 '우주동물'이자 '세계짐승'인 사슴류가 그려져 있다. 이 그림에는 산이 네모꼴로 그려져 있어 기이한 느낌을 주기는 하나, 몽골족의 한 전설은 뾰족한 끝이 없는 피라미드형의 세계산世界山 위에 세계수가 있음을 말해 주고 있다. '천원지방天圓地方'이라고 중국인이 말할 때 대지는 네모난 탁자 같은 것이지만, 대지가 네모라면 산도 네모꼴일 수 있을 것이다.

더러 세계산 위의 세계수가 일곱 가지를 가진 나무로 묘사되는 경우가 있다. 이 일곱 가지는 7층의 하늘을 나타내고 있다. 하늘에도 층계가 있다고 생각한 자취가 거기 끼쳐 있다. 시베리아 원주민들이나 알타이족에게서는 하늘은 5·7·9층으로 이루어져 있다고 인식되는 것이 통례다. 알타이 샤먼들의 최고신 '울간'에 이르는 '울간의 길'이 아홉 단계를 거쳐야 한다고 할 때 이 아홉 단계가 바로 하늘의 9층이다.

이러한 세계수 관념에 따르면 우주는 수직의 축을 따라 구성되어 있다. 이 우주론은 알타이족에게서 더욱 현저하다. 이 같은 수직의 우주구조론이 반드시 나무를 축으로 하여 이루어지는 것만은 아니다. 가령 예니세이강변의 종족들에게서 그러한 것처럼 강을 따라 수직으로 우주가 구성되기도 한다.

그것은 강물이 그 으뜸을 천상에서 비롯해서 그 흐름을 지하계에서 끝내게 된다고 믿고 있기 때문이다. 실제로 예니세이강변의 주민들은 강의 상류를 높은 곳, 강의 하류를 낮은 곳이라 부르고 있으며, 이때의 고저관념이 천상과 지상에 대응되고 있음은 말할 나위도 없다. 동시에 이 고저의 대립은 선신과 악신, 나아가 선과 악의 대립을 낳고 삶과 죽음의 대립을 낳기까지 한다. 그것은 다시 세계창조에 있어서의 쌍분제雙分制와 관련되어 있기도 하다. 세계의 창조가 최고신

혼자만의 힘으로써가 아니라 그의 적대자의 힘과 더불어서 이루어지는 것이라고 보는 것이 세계창조의 쌍분제다.

이 쌍분제는 참 흥미 있다. 세계를 또는 세계의 갖가지 현상이며 제도를 만들 때 착한 신만이 구실을 다한 것이라고는 보지 않는다. 악한 신도 한몫 거들었다고 보는 것이다.

이것은 기독교의 세계창조의 신화와는 사뭇 다르다. 그만큼 쌍분제신화는 개성이 강하다. 한국의 제주신화에도 그것이 자국을 남기고 있다. 형과 아우의 두 형제신이 다투다가 형을 속인 아우가 이승을 맡고 속임당한 형은 저승을 맡게 되는데, 이승에 죄며 악, 불행과 고통이 있게 된 것은 바로 그 때문이란 것이다.

(4) 악신도 세계를 만들었다

시베리아 원주민의 한 최고신은 막막한 '태초의 물', 오직 물뿐이었던 세계를 내려다보며 인류들이 살아갈 수 있는 땅을 만들 궁리를 하고 있었다. 그때 마침 물 위에 무엇인가 떠돌고 있는 것을 보았다. 그것은 악신이 작은 흙조각을 타고 물놀이를 하고 있는 것이었다. 최고신은 옳거니 했다. 그 방석만 한 크기의 흙조각을 빼앗으려 들었다. 힘껏 잡아당겼으나 악신도 그것을 쉽사리 놓지는 않았다. 당기고 끌고 하는 사이에 그 흙방석은 차츰 늘어났다. 늘고 또 늘어 드디어 이 세상 가득 퍼지게 되었다. 그것이 오늘날의 대지가 된 것이다.

이 신화는 악이 세계의 시작과 더불어 인간에게 주어졌음을 통찰하고 있다. 악은 인간에게 근원적임을 말하고 있다. 신이 만든 악에서 인간의 죄와 고난이 예견되면서 인간은 '불가피하게 고난과 재변災變을 감당해야 하는 존재'가 된 것이다.

세계수는 세계를 떠받드는 기둥이다. 하늘이 내려앉지 않게 버티고 있는 나무. 땅이 가라앉지 않게 지탱해 주고 있는 나무. 이 나무가 있었기에 하늘과 땅, 세계와 우주는 잘 짜인 조직체로서 의식된 것이다. 우주공간을 역학적力學的으로 잘 조직된, 한 거대한 구조물로 보려 한 노력이 세계수를 자라게 한 것이다.

세계수는 우주공간을 분할하고 그것들을 질서화하는 원리다. 그 가지로써 하늘을 하늘이게 하고 세계의 지붕이 되게 한다고 생각된 것이다. 그 뿌리는 땅속의 세계, 지하의 세계를 단단하게 만들고 있다고 믿어졌다. 그러면서 세계수는 공간을 분할한다. 분할과 구획에 의해 인간의 공간의식이 구체화된다. 아니 분할에 의해 비로소 공간은 공간으로서 존립할 수 있게 된다.

••• 민족의식에 이바지

선신과 선, 그리고 삶이 배정된 상천上天과, 악신과 악, 그리고 죽음이 할당된 지하를 대립시키는 쌍분제의 기준이 되었을 때 세계수는 종교적·윤리적 이데올로기의 원리가 되기도 했다. 위로 솟아 선에 이르는 나무와 밑으로 뻗어 악에 이르는 나무는 인간의 생과 윤리의 의지를 표상하기도 했던 것이다.

세계수가 대지의 중심, 즉 대지의 배꼽에서 움텄다고 생각되었을 때, 그리고 그 끝이 하늘의 배꼽에 닿아 있다고 믿어졌을 때 그것은 우주의 중추였던 것이다. 각 민족마다 그들이야말로 세계의 심장부에 살고 있다고 믿었던 이른바 중심민족주의는 이 세계수가 길러 준 것이다. 중국민족만이 굳이 중화사상에 취해 있었던 것은 아니다. 배타적이라는 부작용을 낳기는 하였으나 세계수가 민족의 결속과 민족의 긍지에 이바지하기도 하였던 것이다.

때로는 뿌리 밑에 지하의 샘이나 바다가 있고, 가지 위에 하늘의 샘이 있어서 세계수는 그 풍요한 물의 힘을 혹은 길어 올리고 혹은 길어 내린다고 믿어짐으로써 생명력의 원천으로 신앙되기도 했다. 세계수를 생명의 나무라고 부르는 까닭이 바로 여기에 있다.

장쾌한 저 북구의 신화에서 세계수의 예를 하나 더 들어 보기로 하자. 그 나무 이름은 '이그드라실', 수종樹種은 '양물푸레나무'다.

세계 한복판에 버티고 선 이그드라실은 하도 거대하여 그 가지들은 하늘을 떠받들고 또 땅을 덮고 있었다. 태초에 빙하가 쌓이고 또 쌓여서 된 거인 중의 거인인 '이미르'의 푸른 얼음으로 된 두개골의 정상頂上인 하늘을 받치고 있었던 것도 이 나무의 가지다.

얼음의 거인 '이미르'가 탄생하자 그를 젖먹이기 위해 암소 '아우둠라'도 함께 태어난다. 이 암소가 얼음을 핥자 '에시르' 신족神族이 얼음 속에서 출현하거니와 이들이 심은 나무가 바로 '이그드라실'이라는 설이 있다.

그 세 가닥의 뿌리는 각각 '에시르 신'들의 영토와 '이미르 신'의 후손인 무서운 '서리의 거인'들이 사는 땅과 사자死者들의 땅에 뻗어 있었다. 그리고 거인들의 땅 밑의 뿌리 아래에는 지혜와 오성悟性의 물이 가득 괸 '미미르'의 샘이 솟고 있었다. 최고신 '오딘'조차도 그 물을 많이는 못 마셨다. 오직 한 방울의 물을 얻어 마실 수 있었을 뿐이다.

••• 인간 의지가 심은 나무

한편 '에시르 신'들의 영토 아래로 뻗은 그 뿌리에는 운명의 샘이 솟고 있어 신들은 곧잘 거기 모여 회동하곤 하였다. 이 운명의 샘 곁엔 다시 숙명과 존재와 필연이란 이름의 인간 운명을 맡은 세 여신이 살고 있어 이 나무를 가꾸고 있었다. 그들이 이 나무에 물을 주면 그것이 사람 사는 세상에 이슬이 되어 맺히곤 하였다.

그리고 이 나무 꼭대기에는 날개를 펄럭여서 세계의 바람을 일으키는 독수리가 살고 있었고, 그 뿌리 가까이에는 한 마리의 큰 뱀과 그에 딸린 작은 뱀들이 얽혀 또아리를 감고 있었다.

북구를 여행하는 사람의 눈에 양물푸레나무의 줄기는 유달리 희다. 푸른 6월 북국의 신록 때면, 그 흰빛은 오히려 눈이 부시다. 긴긴 밤만의 겨울이 가고 이제 낮만의 여름이 비롯하려는 북국에서 햇빛은 한층 더 찬연하다. 그 찬연한 햇빛은 오직 이 양물푸레나무의 흰빛 하나만을 위해 빛나는 듯하다.

운명의 세 여신이 운명의 샘에서 백토白土를 건져 날마다 미끈한 그 줄기를 허옇게 닦고 또 닦았다는 신화의 사연을 머금고 양물푸레들은 오늘날도 신들의 세기를 지켜 낸 영광을 구가하고 있다.

오슬로 교외의 공원에 가면 지금도 크나큰 기둥으로 서 있는 이그드라실을 보게 된다.

이제 우리는 길고 긴 세계수의 순례를 끝마쳤다. 이제 그 의의를 알아보자.

세계수는 통일적인 우주상, 하나로 짜인 세계상을 형성하려 한 인간 의지가 심고 기른 나무다. 저 피안의 것을 여기 있게 하고 여기를 저 너머에 머물게 하는 연관의 나무가 세계수다.

물론 그것은 논리가 소박하고 관념의 체계가 소설疏洩하다. 하지만 그 발상과 동기에 있어서는 근대 초에, 물리학이나 천문학이 야기했던 우주와 인간의 단절, 자연과 신과의 괴리를 초극하려고 했던 낭만주의자들의 자연철학의 선례가 될 수 있을 것이다.

2. 단수檀樹와 당堂나무

멀리 지중해 연안에서부터 이란문화권을 거치고 인도를 포괄하면서 아시아대륙 북부를 총망라하다시피 하여 우거지고 솟고 하던 저 세계수가 한국신화에는 없는 것일까. 그 넓은 지역에 걸쳐 세계수림대世界樹林帶라고 할 만한 특성 있는 분포를 보이고 있는 세계수이지만 이른바 우랄 알타이족의 영역에 들면 그 분포도가 한결 더 빽빽해진다. 동북아시아와 긴밀한 유대를 지니고 있는 한국 상고대문화에서 일단은 세계수의 존재를 예상하는 것이 좋을 것이다.

한국 민속문화에 존재하고 있는 그 숱한 수목 숭배의 사례가 그 예상이 들어맞으리라는 느낌을 갖게 해 준다.

수목 숭배 사례의 으뜸은 뭐니 뭐니 해도 '당堂나무'들일 것이다. 그것은 농촌 마을의 성역의 중심이다. 때로는 군소 나무들의 호위를 받으면서 한결 왕자답게 솟아 있기도 하고 때로는 혼자 고고하게 버티고 서 있기도 한다. 마을에 따라서는 입석立石과 함께 신좌神座를 공유하는 경우도 있다.

그것은 마을의 수호신이기에 '골매기나무'라고 불리기에 알맞은 나무다.

마을에 서낭제 혹은 당산굿이 베풀어질 때면 이 '당나무'에 내리는 신을 맞아 마을엔 신성함이 넘치게 된다. 이 '당나무'가 신이 내리고 신이 깃드는 나무라는 데에 무엇보다 더 크게 유념하여야겠다. 이때 의 '당나무'라는 성수聖樹는 단군신화 속의 '단나무'와 그 성격을 같이 한다.

(1) 십자로 그려진 '달나무'

인류 전체를 통틀어서, 성수의 보기를 찾을 때 가장 두드러지게 눈에 띄는 것의 하나가 이른바 '달나무[月樹]'다.

바빌로니아 · 아시리아 · 로마 · 그리스 등 광역에 걸쳐서 달의 신으로 표상되는 나무가 있다. 그리스인들은 그 달나무를 반월半月 위에 서 있는 십자형으로 그려 놓고 있다. 예수의 십자가가 세계수적인 의미를 지니고 있다는 견해를 고려한다면, 기독교의 '십자'의 기원을 그리스의 달나무에서 구할 수 있는 가능성이 아주 없는 것은 아닐 것 같다.

더욱이 이 '달나무'의 그림에서 나무가 불빛이나 매듭 장식 등으로 꾸며져 있어 '크리스마스트리'를 연상시켜 주고 있음도 흥미롭다 할 것이다.

달이 풍요와 생명의 원천으로 숭앙된 사례는 혁거세의 장송葬送과 관련하여 이미 언급한 바 있다. 그리고 달이 여성 원리와 맺어져 있는 것도 함께 살폈다. 이 '달나무'도 때로 달의 여신과 맺어져 풍요의 나무 및 생명의 나무로 숭앙된 것이다.

『구약성서』에서 예언자들이 비난하고 있는 '아세라Asherah' 신앙이 그 예의 하나다. '아세라'는 달(새 만월滿月)과 함께 숭앙되었거니와 그 '아세라'란 다름 아닌 여신 '아스타르테'로 간주된 나무로 표상되었던 것이다.

이 달나무는 왕자王者들, 혹은 신들의 죽음의 제의와 그에 짝 지어진 재생의 제의에서 중요한 몫을 다한다. 즉 이집트의 '오시리스' 신의 시신을 담은 관은 달나무로 만들어졌고, 그 나무의 가지들로 왕궁이 장식되기도 했다.

'아티스' 신의 제례도 이와 비슷했다. 그는 죽어서 그 시신이 나무에 매어졌던 것인데, 이것은 주검이 생명의 원천 속에 수용되는 것을 상징하는 절차였다.

예수의 십자가가 원천적으로 세계수와 아주 무관하지도 않음이 시사되었다면 나무십자가에서 숨진 끝에 예수가 부활한 사례를 '아티스' 신의 보기와 비교하는 것이 반드시 견강부회의 혐嫌만을 지니고 있는 것은 아닐 것이다.

이 달나무는 때로 성역이나 신사神祠 속에 서 있어서 전체로 작은 뜰을 이루고 있는 경우가 있다. 즉 '동산 속의 나무'로 서 있는 셈이다. 많은 시나 경전에서는 "위대한 나무가 동산 속에서 자라고 있다"고 언급되어 있다. 이 나무의 열매는 영원한 생명과 밝은 지혜와 영감의 결실이어서 신들에 의해서 엄하게 지켜지기도 했다.

이 사례가 「창세기」편의 '동산 한가운데 서 있는 나무'보다 훨씬 앞서 있음은 말할 나위도 없다. 에덴 동산에서는 지혜의 나무와 영생의 나무가 별개임이 사실이다. 그러나 고대의 찬송가가 보여 주고 있듯이 지혜와 영생은 대지의 중심에 자라고 있는 한 그루 나무가 지닌 두 가지의 이상理想의 열매였던 것이다. 물론 우리의 서낭목木이 달나무란 뜻은 아니다. 생명의 원리나 풍요의 원리와 맺어져 신격화된 나무란 점에서 두 나무는 같은 의의를 지니고 있음을 지적할 수 있을 뿐이다.

한국의 일부 지방에서 죽은 젖먹이를 상록수 줄기에 매단 것은 무엇을 의미했던 것일까? 미처 철도 들기 전에 너무나 원통스럽게 목숨을 다한 어린 영혼을 영생의 품에 안겨 준 것이 아니었을까. 수유須臾로 끝난 지난번의 삶과는 달리 새로운 삶이 영원하기를 빌어 영원한 어머니의 젖가슴에 안겨 주는 듯, 푸른 상록수의 줄기에 입양해 준 것이 아니었을까. 달나무에 매달린 '아티스' 신의 주검 그대로가 아닐까.

지리산 쌍계사 계곡을 비롯한 산록山麓 주민들에게는 이른 여름 그 수액을 받아 마시면 장생하고 무병해진다는 나무가 있다. 더 따질 것 없이 생명의 나무다. 그 뿌리에서 현신한 여신이 짜서 먹이는 젖을 먹고 자란 '흰 젊은이'의 전설 속에 나오는 '야쿠트' 족의 나무처럼 그것은 생명의 나무이다.

세계수사상은 이러한 나무 숭배의 일단으로 간주될 수 있다. 생명과 풍요의 나무인 달나무가 대지의 가운데 솟은 나무로 표현될 때 그것이 세계수적임은 의심할 나위 없다.

한국에서 숭앙의 대상이 되었던 나무 가운데 연대적으로 최초의 것이 단군신화의 신단수神檀(壇)樹다. 이 단수檀(壇)樹가 세계수임을 말해 주는 구체적이고 직접적인 묘사는 보이지 않고 있다. 그러나 좀 더 내면적인 검토에 의해 원천적으로 세계수였거나 적잖이 세계수적인 특성을 갖추고 있었으리라고 추정은 해 볼 수 있다.

그것은 저 유명한 소도蘇塗가 '무당의 대'이므로 동북아시아 일원의 '샤먼의 대', 나아가서는 '우주의 대'와 유사한 것이리라는 추정을 낳을 수 있는 것과 같다.

기록대로 하면 단군의 부신父神이자 천신인 환웅은 천상에서 하강하되 태백산정의 신단수 아래에 하강한 것이다. 그리고 그 자리에 신시神市를 베풀었다.

물론 이 기록을 충실히 따르자면 천신은 단수壇(檀)樹 아래에 내린 것이다. 그러나 하늘에서 단수壇樹 아래에 내렸다는 것이 단수를 의지해 그 나무 아래에 내렸음을 전적으로 배제할 수는 없을 것이다. 태백산정에 높이 서 있는 나무라면 하늘을 향해 유다르게 솟아 있는 나무다. 높은 산정 자체가 이미 하늘에 닿은 곳이다. 높은 산이 세계수처럼 세계의 가운데 자리 잡아 천상계와 지상계를 이어 주는 것으로 생각되었을 때 그것은 세계산이라는 성격을 지니게 된다. 물론 태백산이 세계산이 아닌지 어떤지는 주어진 문맥만으로 단정할 수가 없다. 다만 그것이 높은 산, 하늘에 잇닿은 산이기에 천상계와 지상계의 매듭으로서 매유 유용한 산인 것만은 틀림없을 듯하다.

골령성鶻嶺城은 고구려의 성지聖地였다. 그것은 하늘이 직접 동명왕을 위해 산정에다 축조한 하늘의 성城이다. 산정은 하늘의 성이 있을 만한 곳이다.

높은 산정에 솟아 있는 나무라면 천신이 그에 의지해서 이 지상에 내려올 만한 나무다. 신이 내리는 나무가 되기에 족한 것이다.

(2) 신이 내리는 나무

신단수는 천신이 내리기에 신성한 나무다. 우리 민속에서 '신이 내린다'라고 할 때 그 '내림'은 신이 하늘 높은 곳에서 하강하는 것만을 의미하지는 않는다. 그것은 신이 지상세계나 사람에게 깃들게 되는 것도 아울러 의미한다. 따라서 신이 내리는 나무라면 신이 깃드는 나무이다. 신단수는 오늘날의 서낭나무에 그 자취를 남기고 있다.

신단수라 할 때 '단檀'은 박달나무요, '단壇'으로 표기할 때 그것은 '제터' 단이다. 제사 지내는 터, 곧 제단이란 뜻이다. 발음은 다 같이 '단'이나 두 글자는 의미가 사뭇 다르다. 여기서 단檀과 단壇은 다 같이 '단'이란 우리나라 말을 표기하기 위한 가차문자假借文字(음만을 빌려 한자로써 표기한 문자)일 가능성을 헤아릴 수 있게 된다.

단수檀樹나 단수壇樹는 다 같이 "'단'의 나무", "'단' 나무"를 표기한 것이 아닐까 하는 것이다. 이러한 '단'은 수종樹種을 가리키는 것 외에 나무에 깃드는 신격神格을 의미할 수도 있지 않았을까 생각된다. 단수檀樹나 단수壇樹는 '단'이라 불리는 신격이 거기 내리고 그곳에 깃드는 나무를 의미하지 않았을까. 그것을 굳이 단檀으로 표기한 것은 그 나무의 수종이 박달나무였기 때문이고, 단壇으로 한 것은 '단 나무'가 신시의 핵, 곧 제의의 장소여서 제단으로 의식됐기 때문이 아니었을까 한다.

이승휴의 『제왕운기』에서 환인桓因의 서자庶子 웅雄이 태백산정 신단수 아래에 하강하였기 때문에 단웅천왕檀雄天王이라 한다고 적혀 있다. 신 웅도 '단나무'에 깃든 신인 셈이다. 그가 다시 그 손녀에게 약을 먹여 사람 몸을 갖게 한 뒤 단수신과 결혼시켜 아이를 낳게 하고 이를 단군이라 이름 지은 것이다. '단나무'에 깃든 신이라 단웅이 된 것처럼 '단나무'의 아들이라 그 이름이 역시 단군이 된 것이다.

여기에서 성수聖樹와 신격神格 사이에 상호작용이 있게 되는 셈이다. '단'으로 불리는 신격이 깃들었기 때문에 '단나무'가 되는 일방

성수 '단나무'에 깃들었기 때문에 신격이 또 '단'으로 불리는 것이다. 한 신격과 그 신격이 깃드는 대상이 동일시되는 사례는 종교 현상에서는 흔하게 볼 수 있을 것이다.

여기서 우리들은 소도별읍蘇塗別邑＝신시, 소도대목蘇塗大木＝신단수, 천군＝단군의 정식定式을 추출할 수 있게 된다. 천신을 주제主祭하는 사람이 천군이고, 그 제사는 소도대목이 있는 소도별읍에서 이루어지기 때문이다. 단군신화의 나무 부분에서 우리들은 '단'으로 불리는 특정 나무가 신이 내리는 나무로 신격화되고, 그것이 신화적인 시조始祖와 맺어져 있음을 알게 된다. 단군의 탄생에 관한 여러 언급을 두고 『삼국유사』와 『제왕운기』 사이에 상당한 혼선이 있음에도 불구하고 한 가지 중요한 점에서는 두 기록이 서로 일치하고 있다.

『삼국유사』에서는 웅녀가 단수 아래에서 아기 갖기를 빌다가 인신으로 가화假化한 신 웅과 혼인해서 단군을 낳게 된다. 이에 비해 『제왕운기』에서는 단웅천왕, 곧 신 웅에 의해 인신을 갖게 된 그의 손녀가 단수신과 맺어져서 낳은 아기가 곧 단군이다.

전자에서는 웅녀가 단수 아래에서 빌다가 단수에 내린 신과 맺어져 아기를 낳은 셈이고, 후자에서는 단수에 내린 신인 단웅의 손녀가 단수신과 맺어져 아기를 낳은 셈이 된다. 전자의 기록에서 단수 아래에 비는 것을 단수 자체에 비는 것으로 해석하게 된다면 전후 양자에 있어 단군의 탄생과 '단나무'의 관계는 결정적인 것이 된다. 단군은 단나무의 아들이다.

『삼국유사』에서 이미 '단나무'에 깃드는 신과 '단나무'를 동일시하였음을 추정할 수 있다. 즉 단수에 아기 갖기를 빈 결과가 단수에 내린 신과의 결합에 의한 산아産兒이기 때문이다. 이 추정은 단군 탄생에 있어서 단수의 구실을 더 한층 부각시키게 될 것이다.

세계수 또는 샤먼의 나무일 법한 단나무를 따라서 천신이 지상에 내리고, 그 나무를 에워 시조가 탄생됨을 위에서 보았으며, 그 시조 탄생은 곰과 맺어져 있기도 한 것이다.

(3) 신과 곰과 나무

여기서 필자는 시베리아 '에벤키Evenki'족의 신화에서 그들의 최초의 시조인 '만기'가 '샤먼 나무'인 '투루'와 맺어져 있고, 그가 아울러 곰이기도 했다는 사실을 지적하고 싶다. 그리고 전술한 '달나무'의 사례들에서 달나무가 표상하는 달의 신이 짐승으로도 관념되어 그것이 곰일 경우가 있음도 지적하고 싶다. 이때 달의 신격이 원래는 곰으로 표상되었다가 그 신격이 인격화되면서 차츰 반인반수半人半獸, 곧 사람 반 동물 반의 존재로 바뀐 것이다. 그리스신화의 '아르테미스' 신은 이 보기의 하나다. 물론 '에벤키' 신화와 그리스신화가 단군신화에 대해서 갖는 직접적인 관계는 상정될 수가 없다. 그러나 이 세 신화에는 신·곰·나무가 짝 지어져 있다는 공통성이, 그리고 '에벤키'와 한국신화 사이에는 이 3자의 짝에서 최초의 시조가 태어났다는 관념의 공통성이 있음을 굳이 부각시키고 싶다. 이때 '단나무'가 '무당의 나무'이리라는 추정에도 유념하여야 할 것이다.

신이 나무를 타고 지상에 내린다는 단군신화의 관념에는 북방아시아 샤머니즘의 이른바 '나무 오르기' 주지主旨가 투영되어 있을 듯하다.

입무식入巫式(무당이 그 자격을 갖추게 되는 식)을 치를 후보자가 나무 위에 일정 기간 동안 몸을 숨겼다가 다시 지상으로 하강하면 그것으로써 천상계를 다녀온 것으로 삼고 스스로 무당으로 성화聖化하는 것이 '나무 오르기' 주지다.

군이 육체로써 연출하지 않은 경우일지라도 무당은 그의 천상계 여행을 나무를 타고 수행한다고 받아들여져 있다. 이 나무들이 '무당의 나무', 곧 '샤먼의 나무'다. 이 사례들과 대비시키면서 우리는 '단나무'가 '샤먼의 나무'라는 성격도 겸유兼有하고 있음을 추정할 수 있게 된다.

단군은 세계수 내지 '샤먼의 나무'였을 법한 '단나무'와 그 '단나무'에 깃드는 신이 맺어져서 탄생한 신화적 시조임을 군이 강조하고 싶다.

3. 단군신화를 거슬러 가면?

단군신화는 가장 오래된 신화다. 한국 상고대문화의 원형을 가장 진하게 간직하고 있는 신화다. 그것의 으뜸 또는 기틀이 어디서 어떻게 비롯하였는가를 묻는 일은 한국문화와 한국인의 첫 원형으로 돌아가는 일이다. 그래서 우리는 단군신화를 거슬러 올라가서 원류로 돌아가야 한다.

(1) 신화와 굿은 하나다

오늘날의 신화학에서 신화는 한 인간 집단의 신앙 체계 및 제의祭儀

가 구술된, 즉 입으로 표현된 것으로 다루어지고 있다. 신화도 인간 현실과 맺어서 다루어야 한다. 신화는 단순한 허구일 수는 없다. 하물며 불합리한 상상력의 소산이라고는 더욱 보기 어렵다. 그렇다고 신화의 전 문맥이 곧 역사적 현실의 반영이라는 단정이 성립되는 것도 아니다. 신화는 먼저 신화로서 존중되어야 한다. 그것은 신화를 신앙 체계와 제의 현실의 구술 표현으로 보아 나가야 할 것을 전제로 한다.

제사 또는 굿이라고 불러도 좋을 종교적 의례는 한 사회집단의 지도적 이념과 사회제도 그리고 규범을 지켜 왔다. 신화는 그 같은 종교적 의례가 말로 표현된 것이기에 흔히 '사회의 헌법'이라고도 일컬어진다.

이 점을 간과하면 신화를 순연한 상상이고 허구라고만 보게 된다. 단순히 역사적 현실의 반영 또는 인간의 내면적 심리의 추출을 위한 방편으로 끝을 보게 될 것이 신화는 아니다. 이것은 신화가 역사적 현실을 반영하고 있지 않다거나 인간의 심층 심리를 설명하는 데 이용되어서는 안 된다는 것을 의미하지는 않는다. 신화의 신화로서의 본체가 존중되어야 한다는 것을 의미하고 있는 것이다. 제의가 언어화할 때 신화가 되고, 신화가 행동화할 때 제의가 되는 것이라면 신화와 제의는 동일한 것의 양면이란 사실을 알게 된다.

단군신화가 다루어질 때도 이 점이 고려되어야 한다. 현전하는 단군신화가 역사의식을 수반하고 있는 것은 사실이다. 그런 점에서 그것은 역사적 전설이란 일면을 아울러 지니고 있는 셈이다. 이러한 신화 · 전설적인 복합성이 단군 전승의 신화성을 부인하는 것일 수는 없다.

단군 이야기가 신화로서 다루어질 때 무엇보다도 그것은 두 가지의 제의 현실을 구술화하고 있음을 알게 된다.

하나는 신의 강림이요, 다른 하나는 여성의 성인식이다. 환웅의 천상에서의 하강 '모티브'가 전자이고, 웅녀의 결혼에 관한 '모티브'가 후자이다.

성인식은 성숙의 의례儀禮라고 하는데 소년·소녀가 성인이 될 때 치르는 사회·종교적인 절차다. 그것은 통과의례의 일부다.

환웅이 하늘에서 내려와 신단수에서 신시를 베풀었다는 얘기 구조는 아시아 일부 종족의 성무식成巫式(샤먼 이니시에이션initiation) 절차에 대응된다. 그 성무식에 의하면, 곧 한 후보자가 무당이 되는 식에 의하면 '샤먼' 후보자는 천상에서 하강한 사람으로서 신격화된다. 천계에의 상승과 지상에의 하강이 각기 나무 위로 오르는 과정과 나무에서 내려오는 과정을 통해 상징된다. 뿐만 아니라 가령 몽골의 '오보'가 그렇듯이 '샤먼'은 신간神竿에 의지해서 천상과 지상세계를 내왕하는 것으로 믿어지고 있다.

우리 민간신앙의 '수살대'와 같은 모양을 지닌 그 신간은 '샤먼'이 겪게 되는 신열神悅 상태(엑스터시ecstasy)에 함축된 천계 내왕 '모티브'를 반영하고 있는 것이다. 무당은 굿을 올리는 동안, 신이 오르면 넋을 잃다시피 하는 황홀한 경지, 또는 무아지경에 빠진다. 이것을 엑스터시라고 하지만, 그것은 그의 넋이 몸을 빠져나가서 하늘로 날아오르기 때문이라고 설명되기도 한다. 이때 신간을 타고 오르내리기도 한다는 것을 고려에 넣어야 할 것이다.

환웅의 천상에서의 하강 '모티브'는 무엇보다도 이처럼 신 내지 신격적 존재가 이 지상에 어떻게 내림來臨하였는가에 대해 말해 주고 있는 것이다. 이 '모티브'는 오늘날의 민간신앙의 핵인 동제洞祭의 구조에도 비쳐 있다. 동제는 서낭제라는 명칭으로 전승되어 온 민속신앙인바, 현전하는 문헌만으로도 그 유래는 고려를 거쳐 상고대에까지 소급할 수 있다. 동제의 주신主神은 신목神木에 의지해서 지상에 내림하는 것이다. 그 신을 맞고 즐기게 하고 배송하는 절차가 다름 아닌 동제인 것이다. 단군신화의 신시가 이때 베풀어진다.

오늘날의 동제에서 신목에 의지해서 내림하는 신의 존재가 확호確乎하게 신앙되고 있는 것처럼, 적어도 단군신화를 전승으로서 간직한 상고대의 한 공동체는 그처럼 천상에서 하강한 환웅의 존재를 깊이 신앙하고 있었던 것이다.

단군은 바로 이 환웅의 아들이다. 또한 한 집단의 영수領首였다. 그는 제사를 주관하는 성직자이자 나라를 다스리는 왕이었다.

(2) 처녀가 어른 되는 길

따라서 그가 영수로서 취임할 때 그의 부신의 하강 '모티브'를 신성神聖 모형으로 삼아 재현함으로써 신의 아들로서의 그의 신격을 내보였으리라는 추정이 있을 수 있게 된다. 그것은 마치 유리琉璃가 태자로서 책봉될 때 천상 내왕의 '모티브'를 연출함으로써 그 역시 천상에서 하계한 해모수解慕漱의 후예임을 증명한 것이나 같은 것이다.

하늘에서 내린 신령이 사람의 모습으로 나타나서 나라의 기틀을 잡는다는 이야기 또는 생각은 고구려와 신라의 신화에서도 확인할 수 있다. 이웃나라 일본의 소위 천황天皇도 마찬가지다.

단군신화 가운데 웅녀와 단군의 혼사 '모티브'는 가장 많은 논란의 대상이 되어 왔다. 웅녀가 이른바 곰 '토템'이리라는 추정 등이 그 일례일 것이다. 그러나 우리는 인류학 일반에서 '토테미즘'의 존재를 인정한다고 하여도 단군신화의 곰이 곧 '토템'이리라는 단정을 내릴 근거를 확실하게는 갖고 있지 않다.

단군신화의 경우 웅녀는 혼전의 여성이다. 그는 쑥과 마늘을 먹고 백 일을 은거한 뒤에야 비로소 신랑을 맞게 된다. 미성년이던 한 여성이 성년을 맞아 결혼하게 된 과정을 암시하고 있는 얘기 줄거리인 것이다.

여기서 필자는 다시 한 번 웅녀의 은거가 성년식에 임한 여성의 격리라는 추정을 하게 된다. 곤충은 허물을 벗으면서 보다 더 성장한 새 몸을 갖게 된다. 묵은 것을 벗고 새 것을 얻는 것이다. 사람도 태아에서 아기, 아기에서 성년이 되는 절차에서 묵은 상태를 벗어던져야 했다. 허물을 벗고 새로운 신분을 얻는 것이다. 이것을 다지는 절차가 통과의례지만, 성년식은 그 일부다. 격리는 통과제의의 한 절차다. 어머니의 태를 상징하는 굴속에 격리된 다음, 다시 태어나듯이, 웅녀는 성년이 된 것이다. 미성년에서 성년으로 '전생轉生'하는 과정을 상징하는 것이다. '전생'이란 새로운 삶, 즉 새로운 탄생을 의미한다. 그것은 재생인 것이다. 이 절차가 지켜져야 미성년이던 한 소녀가 한 사람의 여성이 되는 것이다. 지키지 못하면 성년이 못 되고 따라서 결혼도 허락되지 않는다.

그는 그가 속해 있는 공동사회에서 여성으로서는 버려진 존재가 된다. 범이 그 지경을 당했다. 쑥과 마늘 먹기는 이 격리의 제의 동안에 지켜야 할 적극적이고 능동적인 금기이다. 다른 것은 먹지 말고 쑥과 마늘을 먹으라고 명령된 것이다. 금기는 그 자체가 이미 제의의 일면이다. 그것은 백 일 동안 햇빛을 보지 말라는 금기와 함께 그 의의가 포착되어야 한다. 격리의 제의에 임한 여성에게는 일정한 음식물 이외에는 먹지 말라는 금기가 과해지는 것이 인류학적인 통례다. 이 사실을 떠나서 마늘과 쑥이 정력제니 보혈제니 아니면 고난의 상징이니 하는 것은 의미가 없다.

M. 엘리아데Eliade는 일찍이 통과제의 중 재생 모티브와 곰의 존재의 상관성을, 그리고 그 양자가 지닌 여성 원리와의 상관성을 지적하였다. 즉 곰과 여성과 재생 모티브는 일체로 포착될 수 있다는 것이다. 필자는 단군신화의 웅녀를 이 이론의 테두리 안에서 보고자 한다. 웅녀는 이른바 '신화적 은유 원리'와 관련되어 있다. 곰이 여자가 되었다는 표현에는 '여성 즉 곰', '곰 즉 여성'이라는 은유적 사고방식이 포함된 것이다. 이에 덧붙여 필자는 아시아의 여러 종족 사이에 곰 숭배가 널리 분포되어 있고 아울러 그들에게 있어 곰이 여성조상으로서도 신앙되고 있다는 것을 덧붙이고 싶다.

이처럼 단군신화는 두 가지 제의적 내지 신앙 요소의 융합으로 이루어져 있는 것이다. 그 속에서 우리는 상고대의 한 공동체가 천상신을 맞이한 제의와 그 제의를 재현함으로써 수장에 취임한 한 의례를 볼 것이다. 아울러 미성년의 여성이 성년이 되어 혼례하기까지의 과정에 수반되었던 의례 절차를 보아 낼 수 있을 것이다.

이 두 제의 모티브의 융합은 단군이라는 한 공동체의 수령의 혈통과 가계家系를 얘기하는 신화 속에서 당연히 이루어져야 했던 것이다. 단군신화만이 아니고 우리의 상고대신화가 하나같이 이른바 건국시조의 탄생 유래에 관한 전기적 요소를 지닌 신화임을 덧붙여 지적하고 싶다.

오늘날에도 소녀 · 소년들은 혹독한 시련을 겪고는 어른이 되고 혼사를 치른다. 몇 차례 치르는 입학시험, 각종 자격시험에 합격하는 데는 여간한 고통이 따르는 게 아니다. 남성이라면 군대를 겪어야 한다. 그때 남자들은 옛적 신라의 화랑도와 다를 것 없다.

성년이 되어서 일정한 사회적 소임을 맡게 되는 것은 그러니까 '상처투성이의 영광'이다. 청춘은 신화시대 이래로 줄곧 아픔이다. 그들은 여전히 신화가 겹친 성년식을 치러 내어야 한다. 겉모습만 달라진 것뿐이다. 신화와 신화의 연극인 성년식은 지금도 살아 있다. 사람은 영원히 '신화인神話人'이다.

비극을 낳은 신화들

1. 왕자王者들의 숙명

신화를 보는 눈을 기르는 데는 이른바 제의학파祭儀學派적 방법이
도움이 된다.

이 학파의 이론에 의하면 신화는 굿이나 제의와 밀접한 연관을 가
지고 있다. 제의가 먼저냐 신화가 먼저냐 하는 시비는 닭과 달걀 가운
데 어느 것이 먼저냐 하는 논란과 비슷한 데가 있기에 논외로 하는 것
이 좋다. 그러나 신화가 제의를 그 본으로 삼아서 형성되어 있음은 이
학파에 의해 소상하게 밝혀진 바 있다. 말하자면 신화의 줄거리가 곧
제의의 절차라는 것이다. 행위로 치르는 제의가 언어로 표현될 때 다
름 아닌 신화가 생겨난다고 해도 좋을 만큼의 상관성을 양자는 지니
고 있다.

굿이나 제의는 말할 것도 없이 종교적 행사다. 종교적 의례는 세속
적인 것, 현실적인 것을 성화聖化하여 그것들의 존립을 확고하도록 보
호하여 주는 규범이기도 하였다는 점에서 인간 생生의 한 중핵이었

다. 따라서 제의가 신화의 구조적 기저를 이루고 있다는 것은 그만큼 신화가 생의 현실과 밀착되어 있었음을 뜻하게 된다. 신화는 흔히 생각하듯이 기적스러운 일이나 허구 같은 일만을 기술하고 있는 것은 아니다. "철권왕鐵拳王 알리의 신화—KO왕을 누인 KO 펀치"라는 신문기사에서 신화는 이적異蹟을 뜻하고 있다. 신화에 이적이나 허구의 요소가 있는 것은 사실이다. 그러나 그것이 신화에서 요긴한 몫을 다하고 있는 것은 아니다. 신화는 제의를 통해 현실성과 밀착하면서 현실 인생의 헌법 노릇을 다하여 왔다.

(1) 희생양의 비극

일례를 오이디푸스신화에서 들어 보자. 신탁神託으로 밝혀진 잔혹한 그의 숙명을 회피하려고 했던 노력 때문에 오히려 숙명 속에 말려들어 간 이 박행薄幸한 주인공의 얘기는 비극의 가장 좋은 소재가 되기에 족할 만큼 비장한 것이었다.

자신이 그 아비를 죽이고 그 어미를 아내로 맞게 되리라는 신탁에 접한 오이디푸스는 그가 친부모로만 알고 있는 양부모인 코린트의 왕과 왕비 곁을 떠나 테베로 간다. 거기서 그는 마침 실종 중이었던 그의 아버지왕 라이오스를 그런 줄도 모르고 사소한 시비거리로 죽이고 만다. 이어 스핑크스의 수수께끼를 풀고 그로써 왕위에 오르면서 자신도 모르게 친모인 왕비를 아내로 맞게 된다.

그러나 급기야는 스스로 살부殺父한 대죄인이요, 어머니를 욕되게 한 패륜아임이 드러나자 스스로 눈을 찔러 실명한 그도 그의 부왕처럼 왕궁을 떠나 표랑漂浪의 길에 오르고 만다.

모골이 송연해지는 얘기다.

인류학자들은 이 얘기의 오이디푸스에서 '스케이프고트scapegoat' 의 모습을 보고 있다. 스케이프고트는 그 말이 부분적으로 시사하듯 이 희생양이다. 또는 속죄양이라고 보아도 좋을 것이다. 희생양은 사 람들의 죄를 대신 뒤집어쓰고 박해당한 끝에 광야로 쫓겨 가게 강요 되었던 양이다. 히브리 민족에 의해 시행되었던 제전에서 머리에 인 간의 죄를 상징하는 것을 붙들어 매인 양은 황야로 쫓겨났다. 자기가 지은 죄를 남에게 뒤집어씌우는 고약한 버릇을 '스케이프고티즘'이 라 부르는 것은 이에서 연유되었다. 재변을 당할 사람의 '액땜'으로 내다 버려지던 짚으로 만든 인형—즉 '제웅'은 우리 민속의 스케이 프고트인 셈이다. 제주민속에서는 도깨비에 액과 부정을 뒤집어씌워 서는 바다로 내쫓는다.

••• 왕국을 위한 희생양

오이디푸스가 왜 희생양이었을까?

이 문제를 위해서 다시 오이디푸스의 줄거리를 생각해 보자.

오이디푸스가 그의 고향 테베로 돌아왔을 때 테베는 질병과 기근 등의 재난으로 시달리고 있었다. 이와 때를 같이 하여 왕은 궁중을 떠 났고 오이디푸스는 되돌아왔다. 왕국의 불행이나 위기를 가늠자로 삼아 왕의 교체가 있었던 셈이란 데 주목할 필요가 있다. 늙은 왕 라 이오스로는 왕국의 위기를 극복할 만한 힘을 발휘할 수 없었던 것이 다. 그것은 그의 실질적인 몰락이었다. 왕국의 피폐함이 제거되어 마 땅하듯 피폐한 왕도 폐출廢黜되어야 했던 것이다. 아니 왕국의 갱신 을 위해 늙은 왕은 물러나야 했던 것이다(이 점은 오늘의 대통령, 정치인도

배워야 한다).

떠나감이 마땅한 왕, 그것은 영광에 넘친 왕권이 가졌던 가혹한 숙명을 말해 주고 있다. 왕의 시해弑害가 왕국의 회춘을 위해 바람직하다고 생각되었을 때 왕을 죽이는 짓이 제의를 통해 실행되었다. 왕은 그의 생명으로 그의 왕국의 생명력을 지켜야 했던 것이다.

이것이 제의에 있어서 드러나는 이른바 '시왕弑王의 모티브'다. 한국사의 자료는 부여의 왕들이 이 가혹한 숙명을 지니고 있었음을 말해 주고 있다. 가뭄이 오래 계속되거나 장마가 길어져서 농사를 망치게 되면 왕은 마땅히 죽음을 당하거나 쫓겨나게 되어 있었다.

왕국의 위기를 맞아 종자從者 하나만을 데리고 스스로 유적流謫의 길을 택했던 라이오스 왕에게 이미 왕국을 위한 희생양의 모습이 있다. 그에 때를 맞추어 돌아온 오이디푸스는, 왕국에 새 힘을 불어넣고 왕국을 재생시킬 새로운 활력이었던 것이다. 그에게는 그러한 과업이 기다리고 있었던 것이다.

그 과업은 스핑크스의 수수께끼 풀이로써 마무리 지어진다. 스핑크스가 던지는 난제難題는 이 왕국이 극복해야 할 위기를 의미하고 있었던 것이다. 수수께끼(미언迷言) 풀이나 미로 돌파가 입사식·취임식 등의 통과제의에 임하는 사람들이 딛고 넘어서야 하는 시련의 하나였음을 부기하고 싶다(여기에 오늘날 우리가 재미있는 것으로만 여기고 있는 수수께끼의 원천적인 기능의 하나가 있다).

(2) 왕들의 가시관

왕국의 위기를 이겨 냈을 때 젊은 오이디푸스는 왕자가 되기에 알맞은 사람임을 보여 준 것이다. 왕으로 취임하는 적격자로서 갖추어야 할 조건을 갖춘 사람임을 보여 준 것이다. 그가 마침 빈자리로 남아 있는 왕위에 오르고 왕후를 아내로 맞은 것은 그 당연한 귀결이다. 그것은 위기의 왕국이 필요로 했던 신구왕권의 당연한 교체였던 것이다.

왕국의 풍요와 힘을 보장할 수 있는 동안은 왕위가 영광의 자리, 그야말로 권좌權座일 수 있었다. 그러나 일단 왕국에 위기가 엄습하자 왕은 그 모든 책임을 지고 유적이나 죽음을 결연히 택해야 했던 것이다. 그때 왕위는 형극荊棘의 자리였다. 그야말로 왕관은 형관荊冠, 곧 가시관이었던 것이다. 이처럼 권좌에 앉되 형관을 쓰고 있는 왕의 모습 자체가 이미 비극인 것이다. 소포클레스Sophocles도 아이스킬로스Aeschylos도 에우리피데스Euripides도 모두 이 왕위의 비극상을 그들의 작품에 담은 것이다.

형관을 쓰고 앉은 권좌는 라이오스 왕의 것만은 아니다. 그것은 오이디푸스 자신의 것이기도 한 것이다.

이제 재생한 새 왕국에서 왕비를 맞이하여 신민臣民들의 환호에 미소 짓던 오이디푸스의 영광은 이미 형관의 그림자를 길게 드리우고 있었던 것이다.

'왕위王位의 아이러니'를 지닌 그도 역시 비극의 왕이었던 것이다. 실제로 그가 딸 안티고네를 앞세워 유적의 길에 오르게 된 것은 그의 부왕이 그러했던 것처럼 테베가 다시금 질병과 재화의 와중에 빠졌을 때였다. 그의 왕국이 또다시 직면하게 된 위기의 원인, 곧 살부와 간모姦母의 대죄를 규명하려고 한 것이 바로 오이디푸스의 유적을 결과 지었던 것이다.

왕국이 당면한 위기의 원인이 그가 저지른 죄에 있음을 알았을 때 오이디푸스는 스스로 맹세를 지켜 왕국을 떠난다. 그는 그의 죄를 등에 지고 터벅터벅 황야로 걸어 나갔다. 더러운 패륜의 자식, 저주당해 마땅한 살부의 아들—이 무서운 누명을 쓰고 그는 길이 왕국을 떠나간 것이다. 그의 부왕의 모습 그대로, 왕국의 새로운 번영과 갱신을 위해…….

오이디푸스는 비록 아비를 죽이고 어미를 아내로 삼았다지만, 스스로 알고, 의식해서 저지른 것은 아니다. 피하려고 무진 애를 쓴다고 쓴 것이 잘못이라면 잘못이다. 피하려고 든 노력으로 그는 바로 그 흉악한 죄 속에 말려들었다. 악은 모르고 또 모르는 새에 저질러져 있었다. 한데도 그는 그 죄의 갚음을 의식적으로, 의도적으로 스스로 결행했다. 죄를 밝히는 데 조금도 머뭇대지 않았다. 그는 멸망하는 순간에 인간의 선의善意의 빛을 더 크게 발했다. 비극의 장엄한 아름다움이 여기서 빛나고 있다.

••• 비극의 기능

오이디푸스신화나 비극이 주인공의 처절한 종말과 더불어 우리에게 감동을 주는 것은 바로 왕자王者의 희생 때문이고 또 그 장엄미莊嚴美 때문이다. 아리스토텔레스는 비극의 기능을 '카타르시스', 즉 정화에 두었다. 정화가 제의에서 자기 희생과 속죄로 이루어졌음을 고려한다면 오이디푸스의 종말에서 우리들은 극적인 카타르시스와 함께 제의적인 그것도 경험하게 되는 것이다.

오이디푸스가 희생양의 모습을 지니고 있을 때 오이디푸스신화가 그러한 희생양의 모티브를 지닌 제의와 맺어져 있으리라는 것은 쉽게 짐작할 수 있다. 희생양을 멀리 쫓아 보낸 것은 한 집단이 1년을 보내면서 피치 못하게 때 묻었을 죄와 악을 멀리 몰아내고, 그로써 그 집단과 사회를 정화하며, 나아가 새로운 풍요와 번영을 초래하려고 한 제의의 절차였다.

그러나 중근동中近東의 왕이나 고대 지중해 연안의 왕들은 직접 이 희생양 노릇을 한 것이다. 왕국의 갱신을 위해 묵은 왕의 시해와 새 왕의 등극이 필요했던 것이다. 지역에 따라서는 동일인인 왕이 치르는 죽음의 제의와 재생의 제의로써 표현되기도 했다. 짐짓 죽은 양 꾸미는 모의적인 죽음의 과정을 엮고 나서 재생한 양 꾸미는 모의적인 탄생의 과정을 베풀어 보인 것이다.

『요사遼史』에는 이 같은 제의가 재생의再生儀란 이름 아래 국가의 대례大禮로서 기재되어 있다. 이 재생의가 신년제의의 일환으로서 혹은 등극식登極式의 일환으로서 베풀어진 데에는 그럴싸한 까닭이 있다. 신년제의나 등극식은 어느 것이나 새로운 시작이다. 신구의 교체다. 계절의 신구교체와 왕국의 신구교체에 즈음해서 새로운 통치자인 왕의 신구교체도 요구되었던 것이다. 이에서 왕은 묵은 상태를 버려야 하고 그로써 왕은 새로운 생명으로 갱생되어야 하는 것이다. 일부 인류학자들은 예수의 부활에 이 왕들의 재생 모티브가 투영되어 있는 것으로 생각하고 있다. 이 생각이 옳다면 기독교 신앙이 그만큼 더 크게 인류사적인 보편성과 현실성을 얻게 되리라 믿는다.

오이디푸스 왕은 공동사회의 갱신을 기도하는 풍요제의 때 죄를 쓰고 쫓겨나던 한 마리 희생양의 모습을 지니고 있었다.

왕국의 갱신을 위해 짐짓 기약 없는 유적을 택한 그는 처참하면서도 고귀한 희생이었다.

(3) 인간의 영원한 비원悲願

오이디푸스 왕의 희생양다운 모습은 다른 데에서도 찾아볼 수 있다. 그 방면 학자들의 고증에 의하면 그 모습은 '햄릿'의 것이기도 하고, '햄릿' 얘기의 원류인 '오레스테스Orestes' 비극 속에도 비쳐져 있다는 것이다.

이 사례들로 보아 제의는 신화만이 아니고 비극의 구조적 기저를 이루고도 있음을 알게 된다. 일찍이 G. 마리 교수와 해리슨 여사 등으로 이루어졌던 케임브리지 학파는 비단 신화에만 한정되지 않고 비극·민담·시 작품 그리고 철학에까지 진하게 잔영殘影을 던지고 있는 제의를 밝혀 보였다. 그들에 의하면 제의는 범문화적인 하층구조를 이루고 있는 셈이다.

하지만 오이디푸스 왕의 신화 밑에 깔려서 그 구조적 기저 노릇을 다하던 제의도 따지고 보면 자연의 율동의 주술적 모방이었다. 위기를 고비로 하여 번갈아 드는 신구 왕자의 교체, 묵은 왕자가 축출당하고 새 왕자가 번영과 풍요를 더불어 새로이 왕위에 오르는 이 제의는 죽음과 조락凋落의 계절인 겨울이 가고 재생과 갱신의 계절인 봄이 번갈아 드는 자연의 순환을 인간들의 삶 속에 깃들게 하려는 노력이었던 것이다. 인간과 인간들의 왕국의 숙명 그것은 몰락과 멸망을 회피할 수가 없다는 통찰이 들어서 자연을 모방하려고 한 것이다. 구원久遠으로 되풀이되는 자연의 갱신에 편승함으로써 인간들과 그 왕국마저 영원히 갱신을 거듭해 가고자 하던 비원悲願이 이 모방에 담겨 있고 그 제의에 깃들어 있는 것이다. 이때 제의는 자연을 해석하는 자연철학이 될 수 있다.

따라서 신화가 제의를 그 구조적 기저로 삼고 있다는 얘기는 이 구원의 갱신을 원하는 인간 비원을 그 구조적 기저로 삼고 있다는 얘기가 될 것이다. 인간은 이 비원을 영원히 버리지 않을 것이다. 그리고 그 비원은 영원히 이루어지지 않을 것이다. 영원히 이루어지지 않을 것이면서도 영원히 지속될 이 비원을 따라 오이디푸스 얘기를 낳은 신화 또한 영원히 인간의 마음에 살아 있을 것이다. 그리고 영원히 감동을 줄 것이다.

2. 탐색의 주인공들—인생은 '찾기'다

••• 전해 오는 이야기

유리琉璃(類利)는 고구려 제2대 왕이다. 그에 관해서는 다음과 같은 신화적 전설이 전해지고 있다. 유리의 부왕, 곧 주몽은 부여의 7왕자들이 가하는 박해를 피해 남하한다. 어머니와 함께 남겨진 유리는 짓궂게 자라게 된다. 어린 유리에게 기이한 일들이 일어났다.

어릴 때부터 새 쏘기를 업으로 삼았던 유리는 물을 이고 오는 한 아주머니의 물동이를 쏘아 깨뜨리고 만다. 그 여인은 노하여 아비 없는 애라고 사뭇 욕하는 것이었다. 이를 부끄럽게 여긴 유리는 진흙을 둥글게 빚어 깨어진 물동이 구멍에다 대고 쏘았다. 물동이는 감쪽같이 구멍이 메워지는 것이었다.

집에 돌아온 유리는 어머니에게 내 아버지가 누구냐고 따지고 들었다. 어머니는 장난삼아 아버지가 없다고 했다. 아비 없는 자식이 무슨 꼴로 남들을 보겠느냐고 유리는 울면서 스스로 목숨을 끊으려고 했다. 놀란 어머니는 장난을 거두고 정색하며 이르는 것이었다. 너의 아버지는 천제天帝의 후손이고 하백河伯(물의 신)의 손자인즉 이제 남쪽에서 나라마저 세웠다 하니 마땅히 가서 뵙도록 하라고…….

그의 어머니는 말을 이어 주몽이 남기고 간 말을 전하였다. 주몽이 떠나면서 남긴 말은 칠령칠곡석상지송七嶺七谷石上之松—일곱 고개와 일곱 골짜기의 돌 위에 선 소나무—에 물건을 감추었으니 능히 이를 찾아내는 자가 내 아들일 것이라는 사연이었다.

기뻐한 유리는 그 물건을 찾고자 이 봉우리와 저 골짜기, 두루 산을 헤매었으나 허사였다. 지쳐서 돌아온 그는 집기둥이 슬프게 소리 내어 우는 것을 들었다. 자세히 살펴보니 이게 웬일인가. 그 기둥이야 말로 일곱 모가 난 돌받침 위에 세워진 소나무가 아닌가. 그는 그 돌 밑에서 절반으로 잘린 검을 얻었다.

유리는 이내 새 왕국으로 그의 아버지를 찾아갔다. 아들이 내민 반쪽의 검은 부왕이 스스로 보관하고 있던 다른 한쪽의 검과 꼭 들어맞았다.

하지만 주몽은 아들에게 또다시 난제를 과하였다. 신표信表인 검으로 그의 아들임은 드러났으나 그의 아들인 이상 천제의 후손답게 무엇인가 신이神異함을 보여야 한다고 했다.

아버지의 말이 떨어지자 즉석에서 아들은 그에 응하였다. 그는 나무로 짠 창틀을 타고 하늘 높이 치솟았다.

치솟되 아주 높이, 해가 맞닿기까지 까마득히 몸을 날렸다.

참으로 신이한 일이었다.

그제야 주몽도 더 이상 난제를 과하지 않았다. 오히려 기꺼이 유리를 태자로 삼았다. 그 자리에서 유리는 태자로 책봉된 것이다.

(1) 찾기와 방랑

얘기는 이것으로 끝난다. 하지만 문제는 이제부터다. 우리의 난제는 이제 시작되는 것이다.

이 얘기는 박행했던 한 왕자가 시련을 딛고 일어나 드디어 행운을 차지한 얘기, 그래서 누구나 많이 들었던 동화 같다는 생각을 할 법한 얘기, 그저 그런 정도로만 듣고 말아도 무방할 듯하다.

그러나 이 얘기의 숨은 의미에 관심을 둔 사람은 그렇게 무심히 얘기 곁을 스쳐 갈 수 없다.

동화나 전설 속의 주인공들은 무엇인가 찾으러 떠난다.

그것이 악마에게 유괴된 공주일 때도 있고 혹은 잃어버린 보물일 때도 있다. 아니면 본 적이 없는 귀물일 수도 있다. 이런 것을 찾아 나서는 주인공을 '탐색quest의 주인공'이라 한다. 이 탐색의 주인공들은 간난艱難 끝에 찾던 것을 구하게 됨으로써 왕위에 오르거나 왕의 사위가 된다. 온 세계의 대부분의 동화가 이러한 탐색 얘기임에 유념할 만하다.

아울러 유리도 탐색의 주인공임에 주목함 직하다.

포수였던 아버지가 사냥길에서 돌아오지 않자, 누룽지를 지고 아버지를 찾아 나서는 소년 주인공 얘기. 어릴 때 듣던 그 동화를 어른이 되었다고 해서 쉽게 잊을 수 없으리라. 병든 왕이나 부모를 살리고자 생명수를 구해 모험길에 오르는 어린 주인공 얘기는 들은 지 10년이 지나고 20년이 지나도 삽상하기가 생명수에 못지않다.

신비의 성배聖杯를 찾아 탐험에 목숨을 거는 기사騎士들 얘기는 지금도 들릴 것 같은 말굽소리와 더불어 늘 쟁쟁할 것이다.

이 탐색의 얘기들이 어린이들에게 준 감동은 무엇이었을까? 인생의 가장 큰 보람은 '찾음'에 있다는 것을 눈치챘기 때문에 그 얘기들은 그토록 감동적인 것이 아니었을까.

••• 인간적 방랑의 참모습

프랑스의 실존주의 철학자, G. 마르셀은 방랑 속에서 삶의 본래적인 모습을 보았다. '호모 비아토르'. 방랑함으로써 비로소 인간인 것.

'방랑인'을 그는 '호모 비아토르'라 불렀다. 방랑은 덧없다거나 정처 없다는 뜻에 머무를 수 없다. 구하며 방랑하고, 방랑하며 구할 때 인간적 방랑의 참모습이 있다. 구하는 한, 그리고 애쓰는 한, 인간이야 잘못을 저지르게 마련이란 것은 괴테의 명제다. 잘못에 잘못을 거듭하며 구하고 방랑하는 것이 인간이다. 탐색의 동화들은 이 구하며 방랑하는 인간의 모습을 얘기하고 있는 것이다. 인간은 너나없이 '크눌프'(헤르만 헤세의 작품의 주인공)란 것을 그 동화는 일러 주고 있는 것이다.

유리는 무엇보다 탐색의 주인공이다. 그의 얘기의 절정인 태자太子 책봉이 '찾음'에서 비롯하였기에 그도 삶의 보람이 찾음에 있음을 얘기하고 있다. 이것만 가지고도 유리 얘기는 만만찮은 의의를 가지고 우리 속에 스며든다.

그러나 의의는 이것만이 아니다.

(2) 생의 전환점에서

탐색 모티브를 지닌 얘기들은 일반적으로 통과제의의 절차를 그 구조적 기저로 삼고 있는 것으로 생각되고 있다. 이 경우 통과제의는 입사식이나 성년식 또는 취임식 등을 포함하고 있다.

통과제의는 삶의 새 고비, 삶의 새 관문, 인생의 새 문턱에서 치르는 제의를 의미한다. 성년이 되는 것, 결혼하는 것, 일정한 사회적 소임을 맡는 것, 죽음 등이 삶의 문턱이고 고비임은 뻔한 일이다.

고비나 문턱이란 비유가 암시하고 있듯이 이 생의 전환점들은 지금껏 한 인간이 거기 속해 있었던 상황이나 그가 누리고 있었던 상황들이 묵어서 사라져 가고 아직도 경험하지 못한 미지의 것, 새롭기는 하나 본 적이 없는 것이 번갈아 들 찰나다. 그것은 분명히 기대에 넘쳐 있으나 동시에 불안에 찬 순간이기도 한 것이다. 묵고 친숙했던 것을 버리고 새것이나 낯선 것을 향해 굽이져 도는 삶의 고비이고 그것을 향해 넘어서 들어가는 삶의 문턱이기에 기대와 불안이 교차된 마음을 누를 수가 없을 것이다.

통과제의는 이 기대와 불안의 갈등을 화해시키는 데 그 기능이 있다. 다가올 미지의 것, 낯선 새 상황을 향해 한 인간으로 하여금 충분히 준비된 존재, 새 상황을 맞아들일 자격을 갖춘 존재가 되게 하는 데에 이 제의의 효능이 있다.

그러기 위해서는 새 상황을 위해 이롭지 못한 묵고 낡은 것을 소멸시키는 절차를 겪어야 한다. 이 절차를 위해 상징적으로 죽음에 드는 과정을 거치거나 오랫동안 그가 속해 있던 집단에서 격리된다. 그다음에는 갖가지 시련의 절차가 있게 된다. 육체적인 고난, 정신적인 위난 등이 가하여진다. 심신 양면에 걸친 단련이 요구되는 셈이다. 수수께끼를 풀고 숨겨진 물건을 찾는가 하면 교량 대신 칼날이 걸려 있는 강이나 계곡을 건너고 불길을 뚫거나 아니면 순간적으로 붙었다

벌어졌다 하는 빽빽한 가시덤불 사이를 헤치고 나아가기도 한다. 이렇게 갖가지 시련을 감당하는 한편으로는 조상신에 관한 얘기를 듣고, 공동사회의 비의秘儀에 접하며, 우주·자연에 관한 지식을 전수받게 된다.

이 기간은 청산해야 할 묵은 것에서 아직도 오지 않은 새로운 것으로 이행하는 과도기이다. 화랑도라는 제도는 바로 과도기를 겪는 제도다.

과도기의 고비가 끝나면 이제 미지의 새것을 향해 충분히 준비된 것이라고 간주되어 본시 속했던 사회나 집단으로 되돌아간다. 결혼을 할 수도 있고 소임을 맡을 수도 있게 된다. 그 사회에 되돌아는 가되 옛날 속했던 묵은 상황으로 되돌아가는 것은 아니다.

기대하고 있던 새 상황으로 되돌아가는 것이다. 이 부분은 '재편입의 절차'라고 불린다. 그것은 새로운 상황 속으로 다시 태어난 재생이라는 상징적 의미를 갖고 있다.

(3) 미지의 것을 구하라

이같이 격리와 시련과 재편입의 과정으로 이루어지는 통과제의를 거치면서 한 인간은 미지의 것을 향해 준비되고, 그로써 그는 미지에 대한 불안을 씻고 오직 기대만이 기다릴 새것을 향해 다가서게 된다.

얘기 속의 탐색의 주인공들이 ① 집을 떠나서, ② 모험과 간난 끝에 무엇인가를 찾고, ③ 드디어는 돌아와, 어떤 자리나 명예를 얻게 되는 것을 연상해 보자.

이 ①과 ②와 ③은 각기 통과제의가 지닌 격리-시련-재편입이라는 세 가지 절차에 대응되고 있음을 알 수 있을 것이다.

이처럼 탐색 모티브를 지닌 얘기들의 줄거리가 통과제의와 대응하고 있을 때 우리는 이들 얘기가 삶의 리얼리티를 속 깊이 간직하고 있음을 알게 된다. 동화가 환상적인 현란한 아름다움에 넘쳐 있음을 아무도 부인할 수는 없다. 그러나 그 환상이 끝까지 허구의 소산이기만 한 것은 아니다. 그 환상은 삶의 리얼리티가 꽃피운 미학인 것이다.

불안과 기대, 그것은 어제를 버리고 새로운 내일을 끝없이 맞으려 하는 인간 의지가 지닌 갈등이다. 삶을 혁신시키려 하는 한 이 갈등은 생의 기본적인 리듬을 이룰 것이다. 이 갈등의 리듬을 타고 삶은 전진해 간다. 그것은 변전變轉을 자신의 운명으로 삼으려 하는 창조적 인간의 숨결이다. 통과제의가 이 리듬의 행동화라면 탐색의 주인공이 등장하는 동화나 옛 얘기는 이 리듬의 이야기이다.

우리가 잘 아는 얘기에서 예를 들어 보자.

「콩쥐 팥쥐」 얘기는 단순히 우리 한국 사람에게만 친숙한 동화가 아니다.

그것은 「신데렐라」 얘기로서 온 세계의 소년·소녀가 가장 즐겨 하는 동화의 하나다. 왜 같은 줄거리의 얘기가 온 세계에 널려 있게 되었을까? 인종이 다르고, 지역이 사뭇 떨어져 있고, 문화적으로 별개의 단위에 속한 나라 사이에 똑같은 얘기가 큰 감동과 더불어 퍼져 있는 것은 무엇 때문일까?

••• 「콩쥐 팥쥐」 얘기의 세계성

이 문제의 해결을 위해선 이른바 전파론傳播論이 도움이 된다. 어느 특정 지역에서 먼저 생겨난 얘기가 문화·인종적인 접촉으로 말미암아 전파되어 나갔다고 설명하는 전파론이 우선 왜 「콩쥐 팥쥐」 얘기가 온 세계에 널리 퍼져 있는가에 대해서 도움이 될 것이다. 그러나 여기에도 문제가 있다. 우선 한 얘기의 근원지를 추적하기 힘들고, 다음으로 전파의 과정을 실증하기 힘들다는 결점을 전파론은 지니고 있다. 그래서 다른 방법이 필요해진다. 그것은 어떤 생활 현실의 동일성 또는 사고방식의 동일성—인류의 제1차적 동질성이라 부르는—때문에 비슷한 얘기가 세계에 흩어져 있다고 설명한다.

이런 제1차적 동질성의 이론에 따르면, 「콩쥐 팥쥐」 얘기의 세계적 분포도 설명하기 쉽게 된다.

신부 후보자가 행방불명이 됨으로써 생긴 이른바 혼사장애는 실제 결혼식에 수반되었던 절차의 하나다. 이 혼사장애로 말미암은 시련은 신부 후보자가 놓고 간 신발 찾기로 집약되어 있다. 신발은 여기서 '신물信物'이다. 통과제의에 참가한 사람—신참자 또는 후보자라 부르는—은 그의 시련을 거친 끝에 자신의 신원身元이나 자질 또는 자격을 밝히기 위한 신물을 제시하는 사례가 고려된다면 「콩쥐 팥쥐」 얘기가 결혼식이라는 통과제의를 그 구조적 기저로 삼고 있음을 헤아릴 수 있을 것이다.

우리의 유리왕자 얘기는 어머니 곁을 멀리 떠난 소년이 난제를 두 번씩이나 극복하고 신물을 제시함으로써 왕자가 된 얘기다. 그것은 취임식—왕자책봉식—이라는 통과제의를 치른 왕자의 얘기이기도 한 것이다. 그것도 천신의 후예로서 왕자의 자리에 오른 얘기다. 장차 그 부왕처럼 신성왕神聖王이 될 첫 단계를 밟은 얘기인 것이다.

3. 유리왕자와 수수께끼

••• 암시와 수수께끼 풀이

유리 얘기는 그가 실제로 왕자의 자리에 오른 책봉식을 바탕으로 하여 생겨난 얘기다.

그가 왕자로 책봉되기까지는 첫째, 단검斷劒 찾기, 둘째, 태양을 향한 비상이라는 난관을 거쳐야 했다. 잃어버린 물건 찾기도 통과제의에 참가한 후보자들에게 가하여지는 대표적인 난제의 하나다.

그러나 유리의 경우에는 그 이전에 수수께끼를 풀어야 하는 어려움을 감당하여야 했기에 그야말로 설상가상이었던 것이다.

앞에서 오이디푸스가 왕위에 오르기 전에 '스핑크스'의 수수께끼를 풀었음을 언급하였다. 이 경우에도 수수께끼 풀이는 즉위即位의 전제였다는 점에서 그것이 지닌 통과제의적 의의는 크다고 할 것이다.

수수께끼 풀이로써 후보자가 장차 얻게 될 사회적 지위나 신분에 알맞은 지능을 개발하고 신장시켰던 것이다. 남녀가 사랑을 주고받을 때 수수께끼로써 하였다는 얘기들은 결혼식이라는 통과제의에 수반되었던 수수께끼 풀이를 투영하고 있다고 생각해도 좋을 것이다. 왕이 되거나 왕자의 자리에 오르거나 결혼을 할 때 수수께끼 풀이가 다한 구실을 생각하면 고대사회에서 수수께끼가 차지했던 요긴한 기능을 헤아릴 수 있을 것이다. 얘기 속의 주인공들이 그들의 과제를 수행하기에 앞서서, 먼저 어떤 계시啓示나 동물들이 보이는 어떤 징후 혹은 꿈속에서 얻은 암시 또는 신비한 점괘 등을 풀이하게 되는 것들도 넓은 의미의 수수께끼 풀이라 보아도 무방하다.

그 점은 사제자나 무녀 또는 예언자가 신의 소리를 풀이하는 사람임을 생각해 보면 알 수 있을 것이다. 신의 소리는 대개 그러한 사람들에게만 주어지되, 고도의 암시, 신비한 기호, 상징적 언어를 통해 전달되는 것이다. 따라서 사제자·예언자·무녀 등이 지닌 남다른 중요한 기능의 하나는 신과의 수수께끼 풀이에 있다고 할 것이다.

(1) 미궁 통과와 그 재난

수수께끼 풀이가 지적인 시련이라는 의미를 가지고 있듯이 미궁迷宮 또는 미로迷路 통과도 지적인 재난을 의미한다. 미궁 통과의 일례를 보자.

조카인 탈로스의 재능을 시기하여 그를 살해한 죄 때문에 쫓겨나서 크레타로 옮겨 살게 된 다이달로스Daidalos는 미노스 왕을 위해 미궁을 만든다. 미노스 왕의 아내 파시파이와 황소 사이에서 태어난 괴물 미노타우로스를 미궁 속에 감금함으로써 왕은 죄를 가리고자 한 것이다.

테세우스가 이 괴물과 싸우려고 했을 때, 아리아드네는 그를 도와 미궁을 헤쳐 나가게 한다.

다이달로스의 가르침을 받은 아리아드네는 테세우스에게 실꾸러미를 주고 그것을 풀면서 미궁 속 깊이 들어갔다가 풀어 놓은 실줄을 따라 되돌아 나오게 한다. '아리아드네의 실오리'로 널리 알려져 있는 얘기다. 이 같은 미궁 통과가 고대 그리스 사회의 통과제의 절차의 하나란 것도 역시 익히 알려진 사실이다.

동유럽이 낳은 우리 시대의 걸출한 신화학자의 한 사람인 카를 케레니는 미로 더듬어 가기와 미궁 들기에 큰 뜻을 매겼다. 그것은 영웅이 되는 요건이고 부활 또는 재생해서 새 사람으로 거듭나는 과정이라고 그는 풀이했다. 미로 더듬기는 '암중모색'에 적극적인 의미를 부여할 것이다. '오리무중'도 보람찬 뜻을 가지고 우리 앞에 나타날 것이다. 어려움을 무릅쓰고 불가능해 보이는 것에 도전하는 것이 미로 더듬기다. 미궁 들기는 그것이 한결 더 심각해진 상태다.

우리는 살아가는 동안 큰 난관에 부닥뜨릴 때마다 미로와 미궁을 경험한다.

유리는 '칠령칠곡석상지송'이 무엇을 뜻하는가를 먼저 풀어야만 감추어진 물건을 찾을 수 있었던 것이다. 부왕 주몽은 일곱 모가 난 굄돌 위에 서 있는 소나무 기둥을 그같이 우회하여 표현함으로써 수수께끼를 만든 것이다. '머리 풀고 밭 가운데 선 게 뭐게?' 하는 물음으로 '옥수수'라는 답을 요구하는 수수께끼와 표현 방식이 같은 것이다. 은유적인 우원법, 곧 둘러 말하기의 표현으로 이루어져 있는 수수께끼란 점에서 양자는 마찬가지다.

일단 수수께끼 풀이에 실패한 유리에게 기둥 자체가 삐걱대며 슬픈 소리를 내었다. 그것은 이를테면 계시고 신비의 암시다. 묵시默示라고 해도 좋다. 주인공이 난제에 부딪혀 궁지에 빠졌을 때 신이나 신비한 것의 도움을 얻게 되는 것은 신화나 동화의 정석의 하나다.

수수께끼를 풀어 감추어진 물건을 찾고 그것을 신물信物로 삼아서 유리는 우선 그의 혈통을 밝힐 수 있었다. 신물이 굳이 검인 이유는 그것이 '레갈리아regalia', 곧 왕권 상징일 수 있기 때문이다. 검이 레갈리아인 사례도 고대 왕국에서는 흔하다.

••• 신물과 신원을 밝히는 일

감추어진 물건을 찾아내고 그것을 신물 또는 신표로 삼아 그의 신원을 밝히고 그것으로써 사회적 지위를 얻는 데 성공한 한국이 낳은 얘기 속의 인물이 또 있다. 탈해脫解가 바로 그 인물이다.

탈해는 이역異域에서 표착漂着한 이른바 이객異客이다. 나그네로서 남해왕南海王의 사위가 되고 이어 왕위에 오르기까지는 남달리 어려운 과정을 겪어야 했다. 전혀 불가능한 일을 그는 기적적으로 일구어 내었다.

그는 호공瓠公(당대의 세가勢家)의 집에 몰래 숯과 숫돌(여석礪石)을 묻어 놓고는 그 집이 바로 제 집이라고 소송을 걸었다. 탈해 자신은 대대로 야장冶匠(대장장이)을 업으로 하는 집안의 후예로서 그 집에 살았는데 자신이 외지로 나가고 없는 사이에 호공이 차지하게 된 것이라고 주장했다. 증거를 요구하자 땅속에 묻힌 숯과 숫돌을 파서 보였다 (다른 기록에는 단금기鍛金器, 곧 쇠그릇이라고 되어 있다).

이러한 묘한 계책으로 호공의 집을 차지한 탈해의 지모智謀에 탄복한 남해왕은 공주를 탈해의 아내로 삼았다. 이것이 후일 탈해가 왕위에 오르게 된 첫 관문이었던 것이다. 탈해가 왕의 사위가 되는 데는 감추어진 물건을 신물로 삼은 것이 결정적인 힘을 끼친 것이다.

탈해는 여러 가지로 '이적異蹟의 사나이'다. 그는 바다에 혼자 버려지고도 살아남았다. 그는 가락의 수로왕에게 왕의 자리를 내놓으라면서 둔갑을 했다. 그런가 하면 신라에 도착하자 이내 무덤을 파고 그 안에 이레를 머물렀다. 죽고 난 뒤에도 그는 이적을 과시했다. 자신의 뼈를 빻아서 자기의 신상神像을 만들라고 분부했다. 그래서 그는 토함산의 산신령이 되었다. 파란만장이다. 이들 이적을 종합해 보면 탈해는 샤먼, 곧 무당이 될 만한 자질(둔갑)에다가 야금술사冶金術師의 혈통을 보태어서 갖춘 인물일 것 같다.

인류학에 '샤먼 킹', 곧 무왕巫王이란 개념이 있고 '스미스 샤먼 smith shaman', 곧 야장무冶匠巫라는 개념이 있는데, 탈해는 이 둘을 겸한 왕인 듯이 보인다. 그러나 뭐니 뭐니 해도 그가 왕위에 오르게 된 결정적 동기는 숨겨진 신표 찾기에 있다.

근대에 베풀어진 입무入巫 절차에 있어서도 물건 찾기는 의연히 중요한 구실을 다하고 있었다. 무병巫病을 앓고 있던 사람이 신의 계시나 현몽顯夢을 따라 무구巫具나 신상神像을 찾음으로써 무병을 쫓고 비로소 무당이 될 수 있었던 것이다. 이럴 때 무당들은 다름 아닌 얘기 속의 탐색의 주인공 구실을 현실화하고 있는 것이다. 그는 찾음의 주인공이다.

탈해는 신표 보이기를 한 뒤에는 순조로운 삶의 길을 걸을 수 있었다. 그러나 유리왕은 그렇지 못했다.

잃어버린 물건 또는 감추어진 물건을 찾아 간신히 그는 혈통상의 신원을 밝힐 수 있었건만 유리에게는 그보다 더 어려운 과제가 기다리고 있었다.

(2) 신성왕神聖王이 되자면

앞에서 본 바와 같이 신이함을 보이라는 부왕의 요구를 충족시키는 일이었다.

부왕 주몽도 한 차례 그의 신이의 혈통을 밝힘으로써 간난을 이겨낼 수 있었다. 부여의 7왕자에게 쫓기던 주몽은 배 없는 강에 다다라

막다른 골목에 몰린 꼴이 된 적이 있었다. 그때 주몽은 강물을 말채찍으로 치면서 그가 천신의 아들이자 강신江神을 모계의 조상으로 삼고 있음을 밝히고 구원을 청하였다. 주몽의 소리에 응하여 물고기들과 자라들이 다리를 놓아 그를 무사히 건너가게 한 것은 말할 것도 없다.

앞길을 가로막는 강물로 말미암아 위기를 맞은 인물이 신이나 기적의 도움으로 무사히 강을 건너게 된다는 모티브는 저 유명한 「출애굽기」의 모세 이야기, 『용비어천가』의 이태조 조상 이야기 등에 나와 있어 우리에게 친숙한 셈이다.

이것은 '기적의 탈출'이라고 하지만, 우리는 동화에서 자주자주 그 현장을 보게 된다. 호랑이에게 쫓기던 오누이가 나무 타고 하늘로 오르는 것 그리고 빨강 병, 파랑 병을 연달아 던져서 큰불을 일으키고 큰물이 지게 해서 여우의 추적을 피하는 것 등등 많이 들은 얘기다.

강물을 '기적의 탈출'로 건너던 주몽이 그랬듯이 아들 유리도 그가 신이의 혈통을 이어받았음을 밝혀야 하는 것이다. 천신의 후예다운 신이를 보여야 하는 것이다.

이 신이가 다름 아닌 해에 맞닿기까지 높이 하늘로 치솟는 일이었음은 앞에서 언급하였다.

그때 유리는 나무로 짠 창틀을 타고 몸을 날려 하늘에 올랐다. 이것은 북유라시아대륙 일대의 인류학에서 '주술적 비상' 또는 '높이 뛰기'라고 불리고 있는 성무식 절차의 일부다.

주술적 비상은 무당이나 신성왕들이 갖추고 있어야 할 능력의 하나다. '높이뛰기' 또한 그렇다. 높이뛰기가 조금 더 규구規矩를 크게 하면 하늘 중천까지의 비상이 될 것이다.

한국 고대의 신성왕 가운데 신라 상고대 왕이 무왕巫王이었던 것처럼 고구려 왕권에도 개재介在했던 샤머니즘 원리를 생각해 볼 수 있을 것이다.

유리가 신이를 보이도록 요구당한 것은 그 할아버지 신과 부왕이 다 같이 하늘을 내왕하던 바의 그 신이를 보이도록 요구당한 것이라 생각할 수 있다. 할아버지와 아버지가 천상을 오고 갈 수 있었다면 그의 손자, 아들도 당연히 그 같은 능력을 갖추고 있어야 했던 것이다. 그리하여 유리 스스로도 신성왕일 수 있는 자격을 갖추고 있음을 나타내야 했던 것이다. 유리가 하늘 높이 나는 것은 당연히 예상되어 있었던 일이다.

해에 맞닿기까지 높이 뛰어오름으로써 왕자로 책봉되는 절차는 매우 상징적이다. 동북아시아의 한 알타이족이 그 통과제의 절차에서 높이뛰거나 날기를 하고 있음은 우리 상고대문화가 알타이족의 문화에 대하여 가지는 친연성을 증언해 주고 있다.

하늘 높이 치솟았다가 내려옴으로써 유리는 천신으로서 그의 할아버지가 누리고 있던 신성함을 이어받는다. 그와 함께 그는 지상세계의 왕좌로 군림하게 되는 것이다. 창공을 박차고 치솟는 것, 중천 높이 뛰어오르는 것은 높이 군림하는 자의 당연한 자세다. '위'와 '높이'는 왕자王者의 자리고 군왕의 방위方位. 군왕은 높은 곳에서 아래를 다스리는 것이다. 그는 우람하게 군림할수록 좋은 것이다. 그는 높이 오를수록 더욱 바람직한 것이다.

용이 능히 군왕의 상징이 되기에 족한 것은 이 때문이다. 구름 기둥을 타고 하늘에 오른다는 용은 왕권 상징이 되기에 알맞다.

유리가 그 부왕을 만나 왕자의 자리에 오르기까지의 신화적 전설에서 실제로 유리가 겪었을 취임식의 절차가 그 구조적 기저 노릇을 다하고 있음을 이제 이해하게 될 것이다.

(3) 초역사 · 초현실

한국신화에는 이 외에도 왕의 등극식을 바탕에 깔고 있는 얘기, 혼례를 근저로 삼고 있는 얘기 등이 있다.

유리의 조신祖神인 해모수는 고난을 겪을 대로 겪고는 신랑이 되었다. 그는 먼저 신부가 될 한 여인과 실제로 맺어진다. 이것을 '사실혼'이라고 하지만, 해모수라는 신랑은 신부 측에서 사실혼을 인정해 주기까지, 말하자면 '합법혼'을 치르기까지 예사롭지 않은 어려움을 겪는다. 바로 이 과정에서 신랑은 둔갑술로 엮어지는 모의쟁투를 벌이게 된다. 쟁투의 상대는 장인이 될 하백, 즉 강물의 신이다. 이 두 신 사이의 쟁투는 하백이 해모수에게 신원을 밝히라고 요구함으로써 발단된 것이다. 하백이 사위가 되기에 알맞은 신분을 지니고 있음을 밝히도록 요구했을 때 장차의 사위는 입으로 그가 천신임을 밝혔으나 하백은 거듭 그 구체적 증거를 보고자 했던 것이다. 둔갑술에서 해모수가 얻은 승리가 그 증거 노릇을 한다.

사실혼을 치르고 합법혼을 성취하기까지 어떻게 해서든 신랑은 신부 측에 그의 특출한 자질을 보여야 했다. 그것은 후세의 '신랑다루기'에서도 볼 수 있다. 신랑다루기를 호되게 당하는 근세의 신랑들은 해모수가 치른 혼례 절차를 지킨 것이다. 신랑다루기를 당하는 신랑에게는 고구려의 신화가 살아서 이어진 것이다.

이 해모수의 '중혼제重婚制', 곧 사실혼 한 번 하고 이어서 합법혼을 올리게 되는 제도에 관한 얘기는 그 자취를 유명한 바보 온달과 처용 얘기에까지 끼치고 있다. 이 두 얘기에서 신랑 · 신부가 먼저 맺어지고 난 뒤 신랑이 신비한 권능이나 초인적 힘을 나타냄으로써 신부집에 의해 그 맺어짐이 합법화되는 것이다. 비로소 사위일 수 있음을 인정받는 것이다.

이 세 얘기를 종합할 때 우리들은 얘기 줄거리 뒤에 공통의 기저가 있음을 헤아릴 수 있게 된다. 즉 결혼에 임하는 남녀에 과하여지는 시련, 특히 신랑에게 과하여지는 시련이 그것이다. 신원을 밝히고 그에 어울릴 힘이나 행적을 나타내어야 하는 시련이다. 신화시대에서나 근세에서나 신랑되기는 하늘의 별 따기 같은 것이었다.

다행히 고구려 혼속婚俗에 관한 중국 사서들의 기록은 고구려의 사위들이 결혼에 즈음하여 실제로 그 같은 시련을 겪었음을 말해 주고 있다. 이럴 때 우리들은 신화나 민간전승이 그 뿌리의 하나를 생활 풍습에다 두고 있음을 알기에 이르는 것이다.

고구려의 신랑 후보자는 신부집에 해질 녘에 도착해서는 하룻밤을 신부집 근처 바깥의 딴 곳에서 보내어야 했다. 쉽게는 신부집에서 받아들이지 않았던 것이다. 다음 날 신랑은 신부집 대문 앞에 엎드리고 꿇어앉고 해서는 "제발 이 몸을 받아들여 주소서!"라고 애걸복걸했다고 한다. "저는 이런저런 사람이외다. 신랑이 될 만하니 부디 용납하소서!" 이렇게 거듭 소리친 끝에 겨우 예식장인 신부집에 들어갈 수 있었다.

신화가 초역사적 · 초현실적이라는 명제에 반론할 사람은 없을 것이다. 동시에 신화가 현실을 반영하고 있다는 명제에 대해서도 전면적으로 반론을 가할 수 없다. 그것은 무엇보다 신화가 제의와 생활 풍습을 그 구조적 기저로 삼고 있기 때문이다. 해모수와 동명왕과 유리왕 그리고 탈해왕은 신화를 생활한 것이다.

4. 죽음과 삶의 쌍둥이

고대의 철학자는 불행하게도 삶의 관념을 죽음과 상반되는 것으로 포착하고 있었다. 그러나 요행스럽게도 고대인의 신화적 사고는 그러한 삶과 죽음의 배타적 이원론을 가지고 있지 않았다.

고대의 종교나 신화는 삶을 그 반대인 죽음이 없을 때에 한해서 비로소 존재할 수 있는 것이라고는 생각하지 않았다. 마찬가지로 죽음을 그 반대자인 삶이 없을 때에 한해서만 있게 된다고도 생각하지 않았다. 적어도 양자는 서로 배타적인 것이 아니었다.

물론 일부 종교에서 죽음이 죄를 저지른 사람에게 내려진 형벌로 간주되고 있는 경우가 없는 것은 아니다. 그러나 이 경우가 생사의 갈등에 괴로워하고 있는 인간에게 도움이 되지 않을 것은 사실이다.

(1) 죽음의 기원

"죽음의 기원에 대해 말하고 있는 신화가 세계의 모든 곳에서 삶의 기원을 얘기하고 있는 신화가 갖추고 있는 필수적인 요소임을 생각해 볼 필요가 있다"라고 지난 세기의 가장 탁월한 신화학자의 한 사람인 카를 케레니는 말하고 있다. 이때 케레니는 죽음을 그 자체의 절대적인 요소로서 머금고 있는 삶, 죽음을 더불어서야 비로소 살아 나가고 있는 인간 존재에 대해 말하고 있는 것이다. 삶의 관념을 더불어

지니고 있는 죽음의 표상에 대해 말하고 있는 것이다.

죽음의 신 하데스와 삶의 풍요를 맡은 디오니소스 신이 동일한 존재라는 명제는 조금도 괴이할 것이 없다.

신화들은 바야흐로 피어나려는 화사한 생명의 꽃망울 속에 화심花心인 듯 깃든 죽음을 지니고 있다. 가장 뜨겁게 타오르는 생명의 한 순간이 싸늘한 사신死神의 숨결을 쉬고 있는 그 인기척을 느끼게 해 준다.

현대의 영국 시인, 딜런 토머스D. Thomas는 모태에 깃든 생명을 수의를 마련하는 재단사에 견준 적이 있었다. 어머니가 걸음 걸을 때, 그 두 다리를 가위 삼아 태아는 태어나기도 전에 미리부터 장차 그의 주검에 입힐 옷을 재단하고 있다는 것이다. 이 이미지가 무시무시한 것이기는 해도 아무도 그것을 비리라고 나무랄 수 없다. 시인 토머스가 이 태아의 이미지를 조형한 것은 그가 굳이 죽음의 관념에 사로잡혀 있었기 때문만은 아니다. 맥박의 약동마저 스스로 제 무덤을 파는 삽 소리에 견준 그는 삶의 내심에 도사린 죽음을 들여다보고 있었던 것이다. 동그랗게 퍼져 가는 수문水紋이 삶이라면 그 수문을 그려 가는 힘, 그것이 죽음이라 생각하고 있었던 것이다. 아니면 수문이 떠가는 호수, 그것을 아예 죽음이라 생각하고 있었는지도 모른다.

불길에 날아드는 부나비를 생각하면 토머스의 이미지는 한결 더 그럴싸해질 것이다. 재빠르고 세찬 날갯짓으로 불에 뛰어드는 부나비로서는 치열한 삶을 향한 의지가 죽음을 예비하고 있는 것이다. 삶의 의지가 마련하는 죽음. 삶이 지닌 이 커다란 '아이러니'를 부나비는 날고 있는 것이다. 바슐라르가 불에서 읽어 낸 그 의미 가운데 하나가 이런 데에 있다.

죽음을 견딜 수 있는 생각, 죽음의 공포에서 자유로울 수 있는 상념들은 많으리라. 그것들은 내가 죽으리라는 그 절박한 심정을 다소는 누그러뜨릴 수 있을 것같이도 여겨질 때가 많다.

가령 「바가바드기타」에서 죽음을 새 옷 갈아입기로 견주고 있는 것은 어떨까. 죽음의 생각에 사로잡힌 어느 사람이 어떻게 하면 그 생각에서 벗어날까 해서, 브라만에게 죽음이 무엇이냐고 물어 보았다. 브라만은 직접 대답하는 대신 그에게 되물어 보았다. "너희가 입었던 옷이 낡아 빠지면 너희는 어떻게 하느냐"고. 그가 새 옷으로 갈아입겠노라고 대답할 것은 뻔하다. 그제야 브라만은 대답을 주었다. "그렇군. 그것이 바로 죽음이지. 낡아 빠진 육체를 벗어던지는 것이 죽음이지. 낡은 육체는 영혼이 입기엔 알맞지 않을 테니까……."

설빔으로 갈아입고 나들이 간 기억을 간직하고 있는 우리로서는 만일에 죽음이 브라만이 말한 대로라면 죽음, 그것을 진정 잔칫날 맞듯이 대할 수 있을 것이다. 모꼬지로 달려가듯 우린 죽음을 향해 환희할 수 있을 것이다.

그러나 불행히도 이 브라만적인 죽음의 상념은 삶과 죽음의 이원론을 극복하고 있지는 않다. 그보다 삶을 너무 낮추어 보고 있다. 아무리 옷이 날개지만 삶이 고작 겉치장에 지나지 않는다면 우리들 현실의 삶은 언젠가는 걸레쪽이 될 비단 한 오리에 불과할 것이다. 죽음의 무서움을 더는 데는 도움이 되겠으나 살아 있는 자의 삶을 보는 눈에는 오히려 해로울 듯하다.

죽음의 무서움을 더는 것이 필요하다면 그것은 삶을 위해서 필요한 것이다. 삶과 죽음의 이치는 필경 삶을 위해 있어야 하는 것이다.

죽음을 눈여겨보며 죽음을 삶 속에 간직하고 살아가는 R.M. 릴케적인 위대한 '삶의 종합성'을 확보할 때 비로소 삶과 죽음의 이원론이 극복될 것이다. 시인으로서 갖게 된 한평생 동안, 아픔, 고독과 나란히 죽음에 매달리다시피 한 릴케는 죽음이야말로 삶이라는 집을 받치고 괴어 주는 주춧돌이라고 생각했다.

아슬아슬한 바위 벼랑을 오를 때, 아니면 한 바다를 헤엄쳐 나갈 때, 죽음은 매양 우리 곁에 밀착해 있다. 바위를 디딘 발바닥이, 바위 너설을 움켜쥔 손가락 끝이 강렬하게 죽음을 의식하고 있다. 물방울을 뿜어내는 입이, 물결을 헤치는 팔이, 물결을 밀치는 발이 아슬아슬하게 죽음을 의식하고 있다. 이때 우리의 전신이 일으키는 긴장은 죽음과 삶을 하나로 확보하고 있는 것이다. 죽음을 강렬하게 의식하는 이때만큼 우리의 삶이 그 팽팽한 탄력을 발휘하게 되는 순간은 없을 것이다. 그것은 전진戰塵과 초연硝煙이 막 가시려는 고비에서 피는 병사의 웃음이 갖는 의미다.

죽음이 삶을 그려 내는 원심력일 때, 삶은 더 넓고 크게, 그 원을 확대해 가는 것이다. 이것이 삶이 제 속에 죽음을 간직하는 일이고 죽음이 제 품속에서 삶을 길러 가는 일이다.

서로 반대되는 반쪽이었던 삶과 죽음이 하나로 어울려 다시 이루어 낼 위대한 종합의 생명이 이때 홰를 치는 것이다. 삶과 죽음을 하나로 보던 저 신화적 생사관이 여기 다시 되살아나는 것이다.

달걀 속 노른자라는 생명을 먹고 자라는 씨눈이라는 죽음. 그 죽음이 한껏 자란 것, 그것이 곧 병아리라는 생각. 이 생각은 영국 시인 존 던John Donne의 것이다. 죽음이라는 물결은 삶이라는 육지의 백사장을 레이스 무늬로 장식하는 섬세한 여인의 손길. 이 아름다운 죽음의 이미지도 이 시인의 것이다.

이러한 아름다운 시심에 깃든 죽음과 삶의 사념이 값진 것은 그것들이 지닌 삶과 죽음의 대립을 지양한 종합적인 생이라는 관념 때문이다.

신화와 종교는 바로 이 관념에서 문학보다 앞서고 있다. 신화는 이 원론적 대립을 대립 그대로 내버려 두기를 즐겨 하지 않는다. 빛과 어둠, 하늘과 땅, 선과 악, 남과 여 등의 대립을 결코 근원적인 것이라고는 생각하지 않고 있다. 그것들의 대립은 보다 더 후기적이고 파생적인 것이라 생각하고 있다. 그러한 대립이 있기 이전의 어느 상황을 보다 더 원천적인 것으로 보고 있다. 그것이 때때로 만상의 모태인 카오스로 표현됨은 다른 장에서 이미 보아 왔다.

비록 후기적이고 파생적인 것일망정 그러한 대립들이 생에 대한 중대한 도전이고 위협이란 사실을 신화나 종교가 간과하고 있지는 않다. 신화는 대립이 있기 이전의 근원적인 상황을 마음에 두면서 이 대립의 해소를 기도하고 있다. 신화와 종교는 이 대립과 갈등을 해소하는 데에 그 사명을 걸고 있다. 어쩌면 신화와 종교의 전 체계는 생사의 대립을 극복해 가는 과정을 따라 형성되었다고도 보일 면을 지니고 있다. 종교는 죽음을 이겨 내기 위한 인간적인 장치이고 종교사는 그 장치의 역사라고 보아도 좋을 듯하다. 그것은 아울러 인간 비원悲願의 역사다.

다시 케레니의 그 방면에 관한 생각을 알아보자. 그는 남태평양 몰루카 제도의 세람섬에 있는 '하이누웰레Hainuwele' 신화에서 생사의 관념이 대립을 초극하고 있는 사례를 끌어냈다. 그 신화는 나선형의 미로처럼 생긴 길이 끝닿는 지하세계 가운데 자리 잡은 여신에 대해 얘기하고 있다. 케레니는 나선형(소라고둥 껍데기형)이나 그 밖에 여러 형태의 미로를 죽음의 세계를 상징하는 것으로 보고 있다. 이 같은 미로가 지니는 죽음의 상징성은 '하이누웰레' 신화의 고향인 남태평양에서뿐만 아니라 고대 그리스나 로마를 비롯해 고대 켈트 세계 및 북구 여러 지역에서도 발견되고 있다. 미로는 죽은 자들이 '하데스'의 왕에게 이르는 길목이다. 그것은 명부冥府에의 길이다. 사람들이 죽음의 세계를 지하에다 상정하였을 때 그 세계에 이르는 길로 넓고 곧게 뚫린 대로를 생각할 수는 없었을 것이다. 그러한 길의 이미지는 적어도 죽음이 지닌 속성과는 어긋나는 것이기 때문이다. 죽음의 세계에 이르는 길은 좁고 어둡고 굽이도는 길이라야 할 것이다. 미로야말로 그 같은 죽음에 이르는 길로서 가장 알맞은 것이다.

미로 특히 나선형의 미로는 달팽이나 고둥으로 표현되기도 한다. 외형적인 유사성 이외에도 그 내부의 굽이진 상태가 미로를 암시하고 있기 때문이다. 우리 민담에서도 지하세계에 이르는 길이 조개껍데기로 덮여 있는 경우가 있다. 커다란 바위 밑에 깔려 있는 조개껍데기를 들어내면 거기 아주 좁은 구멍이 나 있고, 다시 그 구멍을 파고 내려가면 겨우 사람 하나 용납할 만한 길이 뚫리고, 그러다가는 드디어 드넓은 지하세계에 다다르게 된다는 것이다. 조개껍데기로 시작되어 지하의 굴에 도달하는 그 길은 미로를 연상시켜 주기에 족한 것이다. 지하세계에 이르는 길은 굴혈窟穴 같은 길이라는 관념을 공통으로 지니고 있다.

고둥 속처럼 좁디좁은 길. 창자처럼 겹겹으로 꺾이고 또 꺾인 길. 어둡고 먼 길. 저 너머에 죽음의 지하세계가 있다는 생각을 인류는 보편적으로 갖고 있었던 것이다. 수메르의 길가메시Gilgamesh신화에서처럼 때로 죽음에의 길은 창자 같은 길로 표상되기도 한다.

미로는 이처럼 분명히 죽음에 이르는 길이다. 그래서 미로 속의 여신은 죽음의 신이다.

그러나 미로는 죽음의 상징만으로 끝나지 않는다. 천만뜻밖에 그것은 삶의 상징이기도 한 것이다.

죽음에의 길을 상징하며 추는 나선형의 춤 혹은 원형의 춤은 왼쪽으로 돌면서 춘다. 왼쪽은 문자 그대로 외로 된 방향, 즉 잘못된 방향이다. 죽음의 방향이다. 그런데 이 좌선회하는 나선형의 춤은 신생한 영아신嬰兒神을 위해서도 추어지는 것이다. 이때 좌선회는 삶을 맞는 방향이다. 좌선회하는 나선형의 춤, 즉 미로의 춤은 죽음에의 춤이면서 아울러 삶을 향한 춤이다. 이 사실은 물론 '하이누웰레' 신화의 고향인 세람섬과 고대 그리스 및 로마 등에 해당된다. 영아신인 아폴론과 제우스 또는 디오니소스의 탄생에 바치는 춤은 바로 이 좌선회의 춤이다.

이처럼 미로의 상징성은 삶과 죽음에 동시에 걸려 있다. 죽음을 향해 가다 급기야 죽음에 이르는 그 길이 삶으로 되짚어 나오는 길임을 이 미로의 상징성이 보여 주고 있는 것이다. 죽음을 향해, 죽음을 바라고 가노라면 비로소 뚫려 있을 삶에의 길이 있음을 그 상징성은 보여 주고 있다. 어둡고 좁은 길이 빛에 넘친 넓은 세계에의 길목인 것이다. 죽음의 세계를 제쳐 놓고 따로 삶의 세계가 없는 것일까. 죽음의 태胎 속에라야 삶은 깃들어 있는 것일까. 삶을 기르는 요람인 죽음. 그것이 바로 미로다.

신화들을 논거로 삼게 되면, "대다수의 인류들은 생명의 창조와 번식을 생각하지 않고는 죽음을 생각할 수 없었던 것이다"라는 명제를 이끌어 낼 수 있을 것이다.

세람섬의 사람들은 최초의 인간이 코코넛 열매를 먹었을 때 비로소 죽음을 가졌지만 동시에 결혼할 수 있었던 것도 그때부터였다고 믿고 있다. 그들 생각 속에서 죽음과 삶은 하나의 유대로 맺어져 있는 것이다.

결혼과 죽음. 혼례의 신방과 무덤이 같은 것으로 생각되고 있는 신화학적인 사례는 너무 괴기로울까. 물론 괴기롭겠지만 이 경우에도 생명의 창조나 번식이 죽음과 한자리에 있는 것이다.

우리 민속의 사례를 보자. 순산을 비는 주술에 죽음이 그 검은 그림자를 던지고 있다. 산고産苦가 계속되고 진통이 너무 심한데도 정작 출산이 늦어지면 뜻밖에 '죽음의 옷'이 산파 구실을 한다. 죽은 사람의 옷으로 산부産婦의 얼굴을 덮어씌우거나 상복을 얻다가 산부를 덮어 주기도 한다. 죽음으로 감싸져서 태어나는 신생아의 이미지에 소름마저 끼친다.

죽음은 불가피한 것이다. 그것은 대표적인 극한상황의 하나다. 누구나 회피하기를 바라기는 하겠으나 그것 없는 삶은 근원적으로 존재할 수 없는 것이다. 그런 의미에서 그것은 삶의 심연임에는 틀림없으나 그것 없이 삶이 존립할 수 없다는 뜻에서 삶의 근저이기도 한 것이다.

심연이란 근원을 벗어난 상태, 즉 탈근원의 상태다. 죽음은 삶을 그 근원에서부터 뒤흔들면서 아울러 삶을 그 근저에서 받들고 있는 것이기도 하다는 생각을 철학 이전에 신화는 이미 통찰하고 있었던 것이다. 죽음은 삶의 탈근원적인 근원이다. 죽음이 비존재인 것은 분명하다. 그러나 삶이라는 존재 없이 죽음이라는 비존재는 존재할 수 없다.

죽음을 삶의 근저로서 받아들이고 그로써 삶을 끝없이 갱신하기를 기원하며 생과 사의 신화는 생겨났고, 또 얘기되며 전해져 온 것이다. 죽음을 이기고자 하는 비원을 담고 입에서 입으로, 마음에서 마음으로 전해진 것이다.

(2) 되살아나는 죽음들

미로나 그것을 닮은 굴혈 또는 지하의 구멍이 지닌 상징성을 앞에서 보았다. 그것은 삶과 죽음이 공존하는 공간이다. 삶이 죽음에 닿아 있고 죽음이 삶에 이어진 길이다. 죽음에 안겨 삶이 다시 움트고 삶에 깃들어서 오히려 삶을 떠받드는 죽음이 있는 굽이지고 기나긴 뒤안이다.

한국의 사례에 그러한 길은 없을까? 생사가 한자리에 어울린 그런 공간은 없는 것일까?

우선 금와왕金蛙王의 사례를 보자.

그는 커다란 바위 밑에서 금색 개구리 모양의 아이로 발견된다. 혹은 달팽이 모양이라고도 전해지고 있다. 바위 밑의 개구리 또는 달팽이는 그 지리적 조건과 형체에 있어서 지하의 미로를 연상시켜 줄 만하다. 미로의 형상이 소라고둥이나 달팽이의 모양으로 표상되는 경우를 우리는 앞에서 보았다. 그 지형적 조건이 미로를 연상시켜 주고 있는 데다 신생아 자신이 달팽이 모양을 하고 있는 점에 주의하고 싶다. 물론 영아 그 자체를 미로로는 볼 수 없다. 다만 우리는 금와왕의 사례가 극히 사소하게나마 미로를 연상시키고 있음에 유의하고 싶을 뿐이다.

금와왕과 시대가 같은 주몽은 굴을 나들면서 하늘에 제사 드린 것으로 전해지고 있다.

평양 부벽루浮碧樓 가까이의 낭떠러지에 있는 기린굴 전설에 의하면 동명왕은 인마麟馬 또는 백마를 타고 이 굴혈에 들어가서는 땅속을 거쳐 굴 맞은편 대동강 속의 삼각주에 있는 조천석朝天石에 다시 출현하였다는 것이다. 그러고는 그 바위에서 하늘에 제사 드리고 하늘의 정사政事에 참가하면서 천상과 지상을 그 말을 탄 채 오르고 내렸다는 것이다. 그러다가 길이 지상을 떠날 때도 그 바위에서 승천했다고 알려져 있다.

이 얘기는 지명地名전설이다. 그러나 제천의 의례에 관한 얘기고 천신으로 신격화된 인물의 얘기라서 신화적인 요소도 지니고 있다. 구태여 따지자면 신성神聖전설이다. 이 신성전설을 이전에 분석하면서 필자는 전설의 구조가 주몽이라는 신격을 지닌 한 인물의 생과 사의 리듬에 대응되고 있음을 얘기한 적이 있다. 굴혈 속에 드는 은신隱身과 물속의 바위에 다시 나타나는 재현이 각기 생과 사에 대응된다고 본 것이다.

이 대응관계가 성립될 수 있다면 기린굴에다가 '생사의 미로'를 닮은 형상을 겹쳐 볼 수 있을 것이다. 그 길 하나가 있기에 삶과 죽음이 맞통해 있는 굴이 기린굴이다. 죽음과 재생의 굴이 다름 아닌 기린굴이다.

'은신 내지 은형隱形과 재현'의 리듬을 토인비는 그의 『역사연구』의 기조로 삼은 바 있다. 오이디푸스 왕 얘기에서 혹은 성배聖杯전설에서 아니면 예수나 아도니스 또는 오시리스의 얘기에서 우리는 이 리듬을 이미 읽어 낼 수 있다. 이 리듬이야말로 신화의 가장 중요한 구조적 원리이다. 그것은 단순히 신화가 지닌 모티브의 하나로 처리될 성질의 것이 아니다.

한 개체가 객관적 세계에서 사라져 버렸다가 새로운 모습, 새로운 힘을 지니고 다시 나타난다는 줄거리야말로 신화의 가장 중요한 구조적 원리다. 이 구조적 원리는 삶의 리듬이기도 하고 아울러 자연의 리듬이기도 하다. 잠들고 깨는 것. 해가 지고 뜨는 것. 달이 기울고 차는 것. 밀물이 들고 나는 것. 겨울이 가고 봄이 오는 것. 살고 또 죽는 것. 이 모든 것에 그 리듬이 있다.

삶과 자연의 리듬을 반영하는 이 신화의 구조적 원리는 이른바 서사무가敍事巫歌에서도 구현된다. 무당은 그들의 신화를 노래 부르면서 생과 자연의 리듬을 따라 그 자신의 삶도 약동하기를 원하고 있는 것이다. 무엇보다도 저승을 다녀오는 인물을 주인공으로 삼고 있는 무가가 그렇다. '바리공주'가 가장 대표적이다.

그럴 수밖에 없다. 서사무가 가운데 적잖은 작품이 성무식成巫式에 있어서의 '죽음과 재생'의 과정을 반영하고 있기 때문이다.

5. 알지와 그의 탄생

신라 김씨 왕가의 시조인 알지閼智는 계림鷄林 숲의 나뭇가지에 얹혀진 금궤 속에서 유아의 상태로 발견된다. 그의 탄생은 닭이 홰를 쳐 알렸다. 이것을 탄생예징이라고 한다. 닭이 홰치는 소리를 따라 금궤 속의 유아가 세상에 알려진 것이다.

닭이 홰치는 새벽은 귀신이 물러가는 시간이다. 어둠이 끝나고 빛이 비롯되는 순간이다. 새 생명이 탄생하는 시간이다. 귀신이 밤에 나타나는 것과는 대조적으로 생명의 출현은 닭이 홰치는 새벽에 이루어져야 옳을 것이다.

(1) 닭은 왜 홰쳤는가?

닭이 유라시아대륙 어디에서나 주술적인 힘을 가지고 있는 것으로 숭상된 것은 그것이 무엇보다도 새벽과 빛, 그리고 생명의 새이기 때문이다. 닭 가운데 특히 수탉은 그 태양을 상징하는 크고 붉은 벼슬과 더불어 마귀를 쫓고 액막이를 하는 새로 신봉되고 있다. 수사자의 갈기가 태양의 상징으로서 인도에서 성주聖柱의 머리에 얹힌 짐승이 될 수 있었음을 연상시켜 주기에 족한 새가 닭이다.

닭, 그것도 수탉이 힘이나 생명력의 상징으로 간주되는 특수한 예가 '발리' 섬에서 보고되고 있다.

투계를 몹시 즐기고 있는 이 섬의 남성들의 의식 속에서 수탉은 가장 강력한 남성적 힘을 상징하고 있다. 마거릿 미드Margaret Mead 여사가 시사한 바에 의하면, 인간 육체가 독립된 생명력을 지니고 있는 여러 부분으로 이루어진 조직체라는 발리인 특유의 사고방식 속에서 수탉은 독립할 수 있을 뿐만 아니라 스스로의 힘으로 움직일 수도 있고 살아갈 수도 있는 남성 성기라는 의미를 가지고 있다. 동시에 그것은 개별적인 힘을 지닌 이동하는 남근을 의미하고 있기도 한 것이다. 따라서 발리인들에게 있어서 수탉을 의미하는 '사붕'이라는 말이 영웅·전사·정치적인 입후보자 등을 의미할 수 있음은 당연하다고 하겠다.

물론 『삼국유사』의 김알지 문맥 속에서 닭을 발리인 식으로 보아나갈 수는 없다. 그러나 새벽빛을 불러일으키면서 홰치는 닭, 생명의 탄생을 알리면서 홰치는 닭이 적어도 생명력과 빛의 상징일 수 있음을 의심할 수는 없다.

닭의 상징성 못지않게 중요한 것이 숲 속의 금궤 속에서 발견된 유아의 의미다. 계림이 성역임을 추정하기는 물론 힘들지 않다. 숲의 성역은 일단은 세속적인 공간, 즉 인가人家들과는 별도의 장소. 지리적 공간성에 있어서나 심리적 거리에 있어서나 인가들이 모여 있는 공간과는 단절된 곳이다. 오늘날의 서낭당 숲이 그 좋은 예다.

그러한 장소에 궤짝에 담겨 유아가 혼자 있는 것은 아무래도 버려진 상태를 암시하고 있는 듯하다. 물론 『삼국유사』 문맥 속에서는 하늘에서 내려온 아이임을 암시하고 있다. 전체적으로는 어디 피안의 세계, 초월적인 세계에서 차안此岸의 세계, 지상의 세계에 버려진 상태로 보내진 유아가 알지라는 인상을 주고 있다.

이처럼 알지를 기아棄兒 상태에 있는 유아로 보려는 추정을 뒷받침해 줄 사례가 달리 있다. 탈해의 경우가 바로 그렇다.

탈해는 잘 알려져 있다시피 용성국龍城國에서 태어난 직후 그의 고향에서 버려진다. 큰 궤짝에 담겨서는 바다를 떠돌다가 드디어는 가락駕洛을 경유하여 신라에 당도하는 것이다. 그가 한 노파에 의해 발견될 때에는 완전히 버려진 아이였던 것이다. 궤짝 속에 유기遺棄된 유아로서 그는 발견된 것이다.

궤짝에 담긴 기아棄兒가 물 위를 표랑하는 모티브는 이른바 '표류함漂流函'의 모티브로 불리고 있다. 멀리 외국의 사례로는 '모세'의 표류가 있으나 국내의 사례로는 제주 3성三姓시조의 부인들의 표류가 있다. 그리고 이 경우 '모세'는 결정적으로 유기된 유아임에 주의하고 싶다. 그리고 모세를 한 전형으로 하여 표류함 속에 유기된 유아들이 모두 영웅급이거나 왕자급의 인물임에도 유념하고 싶다. 무조巫祖 신화인 '바리공주' 얘기에서 바리공주가 바로 표류하는 상자 속에 버려진 여인임도 함께 고려하여야 한다.

군이 표류하는 상자 속에 버려진 유아가 아니라도 좋다. 탄생 직후 유기됨으로써 그 영웅적인 혹은 왕자적인 생의 첫발을 내딛는 주인공들이 있다. 저 비극의 주인공 오이디푸스가 바로 그 같은 인물이다. 세계 최초의 서사시의 주인공인 길가메시 또한 그렇다. 모세도 뺄 수 없다.

이들에 관한 얘기를 읽고 있으면 버려져야 온전한 위대한 인물이 될 것이라는 느낌조차 받게 된다.

탈해·바리공주·모세·오이디푸스 그리고 길가메시……. 이들은 유아로 버려짐으로써 그들의 영웅적인 또는 왕자다운 삶을 시작한 인물들이다. 그들의 얘기는 한결같이 버려진 유아가 왕자가 되고 영웅이 되고 혹은 신격화되는 얘기다. 이런 곳에 바로 신화의 범세계성이 있다.

(2) 버려지는 아이들

유아로 버려지는 것, 그것은 참혹한 시련이다. 그리고 유아를 버리는 것은 혹독한 악덕이다. "엄마, 나 어떻게 태어났지?" "태어나긴, 주워 왔지!" "어디서?" "다리 밑에서." 한 시대 전 같으면 어린아이와 어머니 사이에서 흔하게 주고받은 이야기다. 이것은 단순히 신화의 되물림일까? 아니면 뭔가 깊은 숨은 뜻이 있을까? 강물의 다리와 어머니의 다리는 소리는 같고 뜻은 다른 말이다. 엄마는 그의 다리에 강물의 다리를 겹쳐서 둘러 말한 것일까? 이런 꼴로도 '버려진 아이' 얘기는 사람들 입길에 오르내렸다.

물론 아이 버리는 악덕이 현실적으로 존재해 있었던 것은 사실이다. 유아 희생이 있었기 때문이다. 또한 기아와 흉년에 시달리면 유아 유기나 살해는 실제로 일어났기 때문이다. 유아 살해 특히 남아 살해가 자행된 사례를 레비 스트로스는 그의 『슬픈 열대』 속에서 보고하고 있다.

그러나 우리의 주인공들이 유기된 유아로서 그들 생애를 비롯하게 된 것이 이 악덕과 관련되어 있으리라고는 생각할 수 없다. 아니면 아이의 딱한 물음에서 슬쩍 달아나기 위해서 꾸며 낸 이야기라고도 볼 수 없다. 그것은 이들 인물의 전기傳記를 형성하게 되는 인간의 존재론과 보다 더 깊은 관련을 맺고 있을 것이다.

인간들은 통과제의 때마다 시련이라는 난관을 겪지 않으면 안 되었다. 그것은 본원적으로 삶이 지니는—특히 이제 비롯할 새로운 삶이 지닐 것으로 예상되는 통고痛苦를 극적으로 구체화한 것이라 보인다. 극적인 통고라는 견지에서 그것을 '아고니아agonia'라 불러도 좋을 것이다.

탄생은 생이 지니는 최초의 통과제의의 한때라서 저 주인공들에게 그 가혹한 시련이 주어졌던 것일까. 삶은 피치 못하게 간난과 고독으로 엮어질 것이라서 이제 겨우 탯줄이 끊어진 영아를 그 시련 속에 내동댕이친 것이었을까.

유아 유기에 결과적으로 시련의 의의를 부여할 수는 있겠다. 그것도 극히 상징적으로…….

그러나 이 유아 유기의 신화적 모티브가 실제 행하여졌던 그 같은 풍습의 언어적 표현이라 한다면 그 풍습이 시련을 일부러 의도하면서 전면적으로 계산에 넣었는지 어떤지를 단정하기는 힘들 것 같다. 왜냐하면 유기는 유아에 가하여지는 시련치고는 너무 가혹한 것이기 때문이다. 적어도 상식적으로는 그렇게 생각하기 힘들 것이다. 시련의 의의가 상식적인 수준에서 작게 평가된다고 할 때 우리는 기아의 뜻을 달리 찾을 수밖에 없다.

오토 랑크Otto Rank라는 심리학자는 신화의 기아 모티브를 재미있게 설명하고 있다. 그것은 어린아이들의 환상이 낳은 드라마라는 것이다. 그의 이 설명 뒤에는 꿈이 신화를 낳는다는 가설과 같은 전제가 깔려 있다.

유아기를 지나고 있는 아기에게 아버지는 한때 매우 대단한 존재로 비쳐지게 마련이라고 그는 설명을 꺼내고 있다. 한 집안에 군림하면서 품위와 권위를 고루 갖추고 있는 집안의 왕자, 그것이 유아의식에 비쳐진 부상父像이라는 것이다.

그렇지만 이 유아는 자라면서 차차 환멸의 비애를 맛보게 된다. 아버지의 실태失態도 실태려니와 어린아이가 자라 가면서 알게 되는 실제의 왕자·장군·대통령과 비교될 때의 아버지의 초라함이 원인이 되어 유아는 낙담을 하게 되고 그것이 트라우마, 곧 마음의 상처가 된다.

이때 그 유아는 상처의 치유를 위해 환상을 갖게 된다. 필시 자기 아버지는 진짜 아버지가 아닐 것이라고 생각하게 된다. 따라서 자기는 근사한 진짜 아버지에게서 버려진 존재라고 생각하게 된다.

이 유아기의 환상이 오이디푸스처럼 버려진 왕자 얘기를 낳는다는 것이 랑크의 설명이다.

랑크의 설명은 심리학적으로는 설득력을 지니고 있다. 탈해도 바리공주도 모두 버려지기 전에는 왕자요 공주였음을 생각한다면 랑크의 설명은 한국의 사례를 풀이하는 데도 도움을 줄 수 있을 듯하다.

그러나 실제로 기아 풍습이, 그것도 주술적 효용성을 지닌 기아 풍습이 있을 때에는 심리학적 설명만으로 완전할 수 없을 것이다. 그때 기아라는 신화의 모티브는 기아 풍습이라는 사회적 제도와 관련지어져 설명되어야 할 것이다.

지리산록에 자리 잡은 경남 산청군 유평油坪 마을에서 필자는 기아 풍습을 채록한 적이 있었다. 어린아이가 태어난 직후 일시적으로나마 작은 광주리 같은 데 넣어서 바깥에 내다 놓는다는 것이었다. 그로써 그 영아의 명을 길게 한다는 것이었다.

역시 지리산록의 실상사實相寺에서도 비슷한 사례를 채취할 수 있었다. 실상사 어귀의 벅수(돌서낭)가 얘기의 주인공이다. 이웃마을에서 애를 낳되 명을 길게 하려면 광주리에 담아 일시 벅수 앞에 내다 놓는다는 것이었다.

이러한 풍습은 서울에도 근래에까지 잔존하고 있었음을 이서구李瑞求 씨의 회고담에서 확인할 수 있다. 앞서 태어난 형제들이 모두 단명해서 세상을 떠난 뒤에 태어난 영아는 그 명을 빈다는 뜻으로 고쟁이에 담아 내다 버렸다가 다시 주워 온다는 것이다. 이 얘기는 이서구 씨 자신의 경험담 중 일부다.

이 세 가지 사례는 모두 명을 길게 하기 위해 영아를 일시적으로 유기 상태에 두고 있다. 버려진 아이가 되려 목숨이 길고 더 잘되리라는 믿음을 이 사례들은 가지고 있다. 꽤나 역설적인 믿음이다.

강화의 하음河陰 봉씨奉氏의 시조인 봉우奉祐가 기아 상태로 발견된 곳이 하음 현지에 지금껏 남아 있는 봉가지奉哥池라는 연못이거니와 봉우는 그 연못 속에 떠 있는 석함石函 속에 담겨 있었던 것으로 전하여지고 있다. 고려조에 입신양명한 이 인물의 전설도 이 역설적인 믿음을 현실화한 인물의 얘기로 받아들여질 수 있을 것이다.

이제 문제는 무엇이 버려진 유아야말로 목숨이 길고 더 잘된다는 속신을 낳았는가 하는 데 있게 되었다.

광주리나 그 밖의 고쟁이 등속에 영아를 버려진 상태로 두는 것이 일시적인 재난을 상징할 수 있을 것으로 생각된다. 이 추측은 거의 확정적인 것이다. 영아가 보호자의 손에서 떨어져서 보호받지 못하는 상태로 유기된다는 것은 그것이 비록 상징적인 것이라 해도 영아로서는 재난이요 수난이 아닐 수 없다. 죽음 속에 내던져진 것과 같다. 그것은 일시적인 '액'이다. 그것도 상징적인 액이다.

이제 문제는 거의 해결될 단계에 들어선 것 같다. 영아 유기가 액이라는 전제는 매우 중요하다.

상징적인 액을 당하고 겪음으로써 영아는 실제의 액을 벗어나는 것이다. 이른바 '액땜'이다. 우리들의 일상생활에서 이 말은 자주 쓰인다.

가령 그리 크지 않은 손재수損財數를 당했거나 아니면 몸에 작은 상처를 입었을 때 '액땜 잘했다'고 하는 것이 그 예다. 그 작은 액으로 장차 있을 큰 액을 면했으니 그야말로 불행 중 다행이란 생각이 그 말속에 잠겨 있는 것이다.

다른 장에서 언급한 '제웅'의 희생적 의의와 비슷한 주술 효과가 바로 '액땜'이다. '액막이'라 해도 좋을 것이다.

회갑이 지난 노인, 특히 할머니들이 스스로 오래 사용한 물건의 하나를—가령 빨랫방망이 같은 것을 물에 띄워서 흘려보낼 때도 그 방망이는 액막이 노릇을 하고 있는 것이다. 묵은 방망이에 붙여서 해묵은 모든 부정을 말끔히 씻어 보내는 것이라고 해석될 수도 있다.

영아 유기가 액땜의 주술로 간주될 때 거기서 재변과 수난의 관념은 충분히 읽어 낼 수 있다.

(3) 태어남은 수난인가?

앞에서 이미 말하였듯이 상식의 수준에서는 영아 유기를 시련으로 보기는 매우 힘들 것 같았으나 그것을 주술이라는 문맥 속에 놓고 볼 때 시련의 관념은 확연해진 것이다.

태어난 첫 순간에 액땜을 함으로써 영아는 그의 삶이 맞이할 미래를 보장받는 것이다. 액이 없고, 그리하여 빛과 보람에 넘쳐 있을 삶을 향유하게 될 것이다.

산청군의 민속 사례나 고쟁이 속에 영아를 유기하는 사례는 이 액땜주술로 보아도 잘못이 없을 것이다. 다만 실상사 돌벅수의 사례는 일시적 희생의 관념 말고 또 다른 무엇이 있을 것 같다. 무속巫俗에서 영아의 기명祈命을 할 때, 곧 명길기를 할 때 활용되는 '신神아들·딸'의 관념도 여기 깃들어 있을 것 같다. 동리洞里 수호신인 벅수에 바쳐져서 그 '벅수의 아이'가 됨으로써 수壽를 하게 되리라는 믿음이 거기 있을 것이다.

일부 인류학적인 사례에 갓 태어난 영아로 하여금 상징적인 탄생의 절차를 또 한 번 겪게 함으로써 그 수명을 길게 하려는 경우가 있다. 작은 바위의 굴속에 애를 넣었다가 다시 꺼내는 사례가 그것이다. 신생영아의 수명을 길게 하기 위한 또 하나의 주술인 셈이다.

이제 화제를 알지나 탈해에게로 돌려야겠다. 그들이 다 같이 장차 왕자王者가 될 귀한 아이로서 잘 자랄 수 있기 위하여 그에 필요한 '액땜'의 주술을 겪었다고 치자. 그렇다 쳐도 문제가 아직도 남아 있다. 알지는 하늘의 이기異氣와 더불어 출현하고 탈해는 용성국의 왕자王子 신분을 가진 자로서 태어난다. 이 특이한 출현이 무엇을 의미하느냐 하는 문제다.

여기서부터는 지금 단계로서는 논리의 비약이 불가피하다.

일단 유기되었다가 다시 수용될 때—예상된 재난과 변을 이기고 무사하게 다시 수용되는 영아는 피안에서 보내온 아이, 신의 아이로서 수용된 것이 아닐까. 알지는 계림이라는 성지에서 기아 상태로 발견된 것이다. 그럴 바에야 '신의 아이'로서 관념될 가능성이 있다. 피안이 보내온 아이, 신의 아이로서 수양收養될 때 그 친부모일지라도 양부모의 의의밖에는 못 가질 것이다. 이런 점에서 알지와 탈해는 각각 새로운 성의 창시자일 수 있지 않았을까 추측도 해 보는 바이다.

그러나 이 부분은 상당한 논란이 예상되고, 따라서 실증성 있는 고증이 앞으로 있어야 하리라 믿는다.

버려진다는 것, 그것은 처절한 격리고 소외다. 지독한 고독 속에 내던져지는 것이다. 우리는 삶의 고난스런 고비마다 '천애의 고아' 같은 소외감이나 고독감에 사로잡힐 때가 있다. 그렇기에 버려짐은 인간 존재의 기본 양식의 하나다. 우리는 그것을 이기고 넘어서고 하면서 살아간다. 그렇게 어려운 고비를 겪을 때마다 저 버려진 유아이던 탈해가, 주몽이 무엇을 끝내 성취하였는가를 되새기고 싶다. 버려진 채로 맞는 삶의 시작, 그것은 위대한 성취 이야기나 성공 이야기의 시작이다.

신화와 놀이와 굿

신화는 옛날에 얘기되다가 이제는 시효時效가 없어진 이야기는 아니다. 옛날에 한때 믿어지다가 오늘에 재미난 이야기로, 허구로 꾸며진 이야기로만 남겨져 있는 것도 아니다.

신화 속의 인물을 두고도 비슷한 것을 지적할 수 있다. 그들은 사라져 버린 존재는 아니다. 물리적으로는 꼭 같은 인물이 오늘에 존재하지 않는 것은 사실이다. 하지만 다른 모습, 달라진 모습으로 그들은 아직도 우리 둘레에 살아 있다.

1. 단군신화가 살아 있는 현장

우리는 몇 명의 신화적 주인공들이 신화로 얘기된 인물이기 이전에 제의 속에서 행동한 인물임을 이미 보았다. 신화는 연출되는 것이라는 명제는 이에서 생겨난다.

신화가 얘기되는 것만으로 그치지 않고 행동되는 것으로 살아 움직이고 있는 사회 속에서 신화가 차지하는 의의는 그것이 얘기로서만 전승되는 사회 속에서 갖게 될 의의와는 크게 다른 것이다. 오늘날 신화는 얘기이지만 옛날에는 굿이고 제의였다.

근자에 논란이 분분했던 단군신화의 역사성 여부라는 문제는 이 의의에 대해 시사하는 바 적지 않다. 단군신화와 세계수를 얘기하는 가운데서 나무를 의지해 지상에 내리는 신의 모습을 우리는 볼 수 있었다.

그 신은 오늘날 마을굿 속에 실제로 등장하고 있다. 그 신성함을 드러내고 있는 것이다. 서낭굿 등의 마을굿에서 신은 마을 성역의 신목神木에 내린다. 그리하여 신은 서낭대로 모셔져 마을로 영입되고 그에게 바쳐지는 제의를 향수享受하게 된다. 굿이 끝나면 신은 그가 내림한 신목으로 되돌려 배송拜送된다. 신목을 통해 그 자신의 세계로 되돌아가는 것이다.

이 과정에서 마을은 단군신화를 연출하고 있다. 어제의 환웅신이 오늘의 서낭신으로 제의에 군림하고 있는 것이다. 서낭굿 속에서 환웅은 행동하는 신으로 살아 있다.

살아 행동하는 신과 함께 행동하면서 오늘의 마을 사람들은 태초의 어느 한때, 실제로 신이 행하였다고 굳이 믿고 있는 일을 되풀이하고 있는 것이다.

신이 최초로 그 일을 행한 태초의 그 시간을 오늘에도 살고 있는 것이다. 환웅이 실제로 행동하였을 그 일과 그 시간이 오늘날의 서낭굿 속에 맥동하고 있는 것이다.

서낭굿에서 단군신화는 태초 이래의 엄연한 현실이다. 그러나 단군신화가 곧 역사적 현실의 얘기란 뜻은 아니다. 환웅이 역사적 인물이란 뜻은 더욱 아니다. 다만 신의 일을 얘기로서만 받아들이는 것이 아니고, 행위를 통해 재현하는 사람들에게 신의 일은 현실로서 그들의 육신을 통해 구체화된다는 것을 의미하고 있다.

태초 이래로 신이 그같이 행동하였다고 굳게 믿고 있는 까닭에 그 행동을 따라 움직이는 사람들에게 있어 그들 자신이 존재하고 행동하는 것이 그러하듯 신은 명백하고도 의심할 나위 없는 존재다. 그 믿음 속에서 신은 부동의 현실이다. 그러나 그 현실성은 믿음의 현실성이기에 오히려 초월적이고 초역사적임을 명심하여야 할 것이다.

오늘날의 서낭굿 속에서 단군신화는 얘기이기에 앞서 행위다. 이에서 신화는 연출되는 얘기다. 서낭굿 속에서만이 아니고 단군신화는 애초부터 굿으로 '놀이' 되었던 것이다. 행위와 몸짓을 더불어 '놀이' 된 것이다. 신화가 '놀이' 된다는 것은 예삿일이 아니다. 신성하고 경건한 얘기가 놀이의 대상이 될 수 없을 듯하기 때문이다.

한국민속에서 '놀이'와 '굿'은 짝 지어져 있다. '놀이'가 제의적 행위, 곧 '굿'을 더불어 시행되었고 '굿'은 연희적 행위, 곧 '놀이'를 통해 베풀어졌던 것이다.

우리말의 '놀이'야말로 기원적으로 진지한 유희遊戱까지를 의미했던 것이다. 호이징가가 각종 문화 유형의 궁극적인 원초형으로서 제시하였던 그 유희의 개념 그대로다. 그에 의하면 인간은 유희하므로 인간이다. 인간은 '호모 루덴스', 곧 '유희인'이다.

별신別神굿이나 무당굿의 제의적 절차인 '열두거리'(십이+二과정)는 '대감大監놀이' 등속의 '놀이'를 포괄하고 있다. '놀이'도 제의 절차, 곧 '거리'의 하나로서 사뭇 어엿한 것이다. '푸닥거리'나 '풀이'는 불양祓禳의 제의다. 악마나 잡귀, 또는 재액災厄이나 동티를 물리치는 굿이다.

이 푸닥거리와 풀이 등에 있어서도 '놀이'는 여전히 요긴한 몫을 다한다. 줄다리기 · 차전車戰 · 석전石戰 등 각종 놀이도 공동사회의 풍요와 번영을 확고히 하는 '풍요제의'의 일환인 신성유희였던 것이다. 모의쟁투 형태의 유희였던 것이다.

'놀이'는 굿을 노는 것이고 '풀이'를 노는 것이다. 이 점에 유희의 신성성이 있다. 이것이 곧 유희의 진지성이기도 하다.

••• 신의 흉내를 내는 무당

'놀이'가 담고 있었던 신성함과 진지함에는 그러한 '놀이'를 놀았던 사람들의 특이한 의식이 비쳐져 있다. '놀이'가 풍겼을 환희와 경쾌, 그리고 그 흥분이며 도취가 성스러움이나 경건함과 좋은 반려가 될 수 있다는 생각, 그 기막힌 생각을 그들은 갖고 있었던 것이다.

진지한 환희, 성스러운 경쾌가 있음을 그들은 통찰하고 있는 것이다. 무한히 가볍게 날아오르는 것들, 더없이 홀가분히 창공을 치닫는 마음, 그것은 새들의 날갯짓, 피어나는 구름의 움직임, 바람 부는 신록들의 설렘들이건만, 어쩌자고 저 만 길 깊은 심연 속 같은 장중莊重, 고개 숙여 마음 안으로 다지고 다질 우람한 중력重力과 처절히 비 오는 태산泰山의 품속과 인내의 극에서 거구巨軀를 용틀임하는 겨울 바다들과 감히 맞겨루자고 한 것일까. 한데 어울려 해조諧調를 이루자고 든 것일까.

무당들은 춤추고 노래 부르며 얘기하고 사설하며 굿을 한다. 놀이하면서 굿을 하는 것이다. 신의 말을 전하고 신의 몸짓을 옮기는 놀이로 그는 굿을 하는 것이다. 신이 하였다고 믿어지는 일들을 흉내 내는 놀이로 그는 그의 '풀이'를 이끌어 나간다. 그의 굿은 노래고 연극이고 춤이다.

굿이며 풀이는 신남과 흥겨움에 넘친 놀이다. 지금도 가장 흥겨우면 '신바람 난다'고 하지 않는가. '신나다' · '신명 지피다' · '신명나다' 모두 같은 말들이다. 즐겁고 멋들어지면 무엇이나 그렇게 부른다. 신명이 지펴야 굿을 하듯이, 신이 나야 놀이도 할 수 있는 것이다.

신명이 지피는 것은 신이 인간에게 내리는 것이다. 접신 상태 또는 빙의憑依 상태라고도 부를 수 있다. 신적인 것과의 만남은 신나는 것, 흥겹고 멋들어진 것이다. 신명이 나서 굿을 하고 신바람이 나서 놀이를 하는 것이라면 굿과 놀이가 굳이 서로 갈라설 것은 없다.

2. 신명판과 '별신굿'

마을굿 가운데 가장 대규모의 것이 '별신別神굿'이다. 농촌의 한 마을이 단독으로 또는 수삼數三의 마을이 연합하여 3년 또는 5년 등 일정한 주기를 두고 반복하는 큰 굿이다. 잘 알려진 것으로는 경북 안동군의 하회별신河回別神굿이 있고, 역시 그 이웃의 수동별신壽洞別神굿이 있다. 이 두 지방의 주민들 사이에서는 물론이고, 이웃의 군 · 면에 사는 사람들 사이에서도 별신굿은 대단한 구경거리다.

죽어서 저승을 가려고 하면 염라대왕이 물어 본다는 것이다. "네 이놈, 하회(또는 수동)별신굿을 보았느냐"고…… 못 보았다는 사람은 경을 치게 된다고 그럴싸하게 허풍을 치기도 한다. 경칠 때 염라대왕은 "그걸 못 보았다니, 네 이놈 삶을 헛살았도다"라고까지 꾸짖는다니 이 두 지역의 별신굿 구경이 삶의 더없는 보람임을 염라대왕도 알고 있었던 것이다.

별신의 뜻이 무엇인지는 잘 알 수가 없다. 1년 1회의 정례적 굿이 아닌 별격別格의 굿에 내림來臨하는 신이라고 해석하고 있으나 굳이 그럴 것 같지만은 않다. '별別'은 단순한 가차假借일 가능성도 있기 때문이다.

이 별신굿은 마냥 흥청거린다. 온 마을이 이양異樣하게 들뜬다. 주민들은 온통 신명이 지펴 야단법석을 떤다. 신이 모셔진 가운데 무당들이 불려 와서 굿을 벌인다. 그들은 온밤을 노래하고 춤춘다. 근린 사방에서 별의별 장수들이 모여들어 동네 빈터에 전을 벌이고 광대 · 재인才人들이 몰려와 줄을 타고 물구나무서고 장대 끝에 접시를 돌린다. 동네 안은 삽시간에 열이 오른다. 환호와 박수, 작약雀躍하고 맞장구치면 동네는 불길처럼 달아오른다.

주민들과 구름같이 몰려든 이웃 사람들은 남정네도 여인네도 없이, 어른 아이 가릴 것 없이 서로 헤집고 비집고 다니며 술 마시고 군것질하고 구경거리에 넋을 잃는다. 한쪽에 투전판이 벌어지면 다른 한쪽에선 때론 무당이 봄을 팔기도 한다. 싸움판이 벌어지면 오히려 불에 치는 기름처럼 흥에 더하는 가락 같은 것.

이것이 바로 '난장'이다. '난장 벌임'이다. 인류학에서 '오지orgy', 곧 '제의적 광란'이라 부르고 있는 것이 바로 이 난장이다. 바코스 제전의 그 광란은 여기서 새삼 들어 보일 필요조차 없는 유명한 사례의 하나다.

지금은 욕할 때나 쓰는 난장판이란 말은 이 굿의 흥청거림을 두고 쓰였던 말이다.

••• 새 질서를 위한 혼돈

별신굿은 난장을 벌일 만큼 신명 지피는 일, 신나는 일이다. 정 신 바람이 나면 난장을 벌이지 않고 어쩌랴. 인류학은 우리에게 이 난장이 굿이 끝나면 새롭게 태어날 질서를 마련하는 모태임을 가르쳐 주고 있다. 많은 신화에서 어둠이나 혼돈이 빛과 질서를 낳았듯이……

새 질서를 낳을 혼돈으로서의 난장은 그만큼 종교적 의의가 크다. 뿐만 아니다. 통제된 충동의 폭발, 억압된 욕구의 분출, 강제되었던 구속에서의 일탈 등이 난장이라면 그것은 생의 불가피한 리듬, 아니 보다 더 근원적인 리듬의 표현이다. 하기에 난장이 지니는 생의 철학적인 의의도 간과할 수 없다.

이 막중한 의의의 난장이 굿을 꾸려 간다. 신바람 나게 꾸려 가는 것이다.

난장은 흥겹게 굿을 논다. 신에게 바치는 굿. 신의 얘기를 인간들에게 전하고 인간들의 뜻을 신에게 전하는 굿이 가장 신명 나게 놀이되는 것이 난장이다. 하기야 신들의 얘기가 놀이되서 나쁠 건 없다. 굿으로 놀아진 신화가 있다고 해서 괴이쩍을 것은 없다. 나무를 타고, 세계수를 사다리 삼아 지상에 내리는 신을 받들어 모셨던 굿 속에서 단군신화가 놀아졌음은 오히려 당연한 일이다. 단군신화가 오늘날의 서낭굿의 원형임을 보여 주고 있을 때 그것은 서낭굿처럼 놀이되어 옳은 것이다.

단군신화는 사라져 간 옛날얘기로 오늘날에 남아 있는 것이 아니다. 행동으로 놀이하는 굿 속에 살아 있는 것이다. 여기 신화적 시간이나 제의적 시간의 초역사성이 있다. 서낭굿을 하는 오늘의 사람은 천 년도 더 옛날, 까마득한 어느 날의 시간을 생생하게 살고 있는 것이다.

서낭굿은 오늘날의 사람들이 오늘날 속에 제한되어서만 하고 있는 행위가 아니다. 엘리아데는 이러할 때 신화와 제의가 우리를 어떻게 하여 그 좁은 역사적·사회적 제약에서 풀어 놓아 영원 속에 해방시켜 주는가를 역설하고 있다.

그는 자연주의와 실존주의가 다 같이 멍에 씌운 시간적·사회적 제약으로 말미암은 현대인의 위난危難을 신화와 제의가 어떻게 극복할 수 있을까를 생각하고 있는 것이다.

••• 현대인의 세계

자연주의는 인간을 인간이 내던져져 있는 물리적 환경에 묶어서만 생각했다. 일단 그곳에 내던져진 인간은 그의 모든 것을 거기에 걸고 있는 피동적이고도 기계론적인 존재에 지나지 않았다.

실존주의는 인간이 주체적으로 참획參劃하는 상황을 강조하기는 하였으나 불행히 이 상황은 지나치게 시간적이었다. 뿐만 아니다. 인간이 그의 의지와 그의 뜻을 투영해 볼 수 있는—그래서 자신을 거기 던져 볼 수 있는 이 실존주의적 상황성은 자연주의적 환경과는 매우 대조적이었다. 개아個我는 그 속에서 물속의 고기처럼 자유로울 수 있고 창공의 새처럼 홀가분할 수 있을 것 같았다.

그러나 이 자유가 들어서서 모처럼의 상황을 또다시 객체화한 것도 사실이다. 상황을 객체화하여 개아와 맞서게 하였을 뿐만 아니라 개아 하나하나를 분자화하였을 때, 실존적 상황성의 한계가 드러난 것이다.

자연주의적 환경과 실존주의적 상황이야말로 현대인이 살고 있는 세계이다. 그들의 시간이고 공간이다. 엘리아데는 이에 대체될 신화적·종교적 공간을 열어 보이고 그 시간을 제시하고자 하는 것이다.

그것이 바로 그의 '임계상황臨界狀況'이다.

마치 지평선이나 수평선처럼, 아니면 저 창공처럼 우리가 살고 있는 온 세계를 포괄하면서도 우리 시계의 저 너머에 닿아 있는 시간과 공간이 그의 임계상황이다. 이 상황 속에서 인간은 결코 외롭지 않다. 그는 보이는 세계의 전부와 함께, 보이지 않는 세계와 더불어 하나이기 때문이다.

신화가 얘기되되 단순히 말에 의해서가 아니고 놀이되어서 얘기될 때 인간이 갖는 기쁨, 인간이 누리는 신바람 나는 일은 이처럼 두 개의 세계와 더불어 하나가 되는 일이다.

신화와 한국인의 영혼관

    사람들은 그들 생명의 으뜸을 영혼에서 찾았다. 영혼은 생명의 기氣 같은 것이었다. 그러나 그뿐만은 아니다. 육체를 생생히 살아 있게 할 동력이면서도 영혼은 육체 이상의 것이었다. 육체를 떠나서도 실재할 수 있는 인간의 근원적인 기氣가 영혼이었다. 그렇기에 영혼은 초월적이었다. 또 영원할 것이라고 믿었다. 한국인 같으면 신이나 신령과 통교할 수 있을 뿐만 아니라, 그 자체가 어떤 계기를 만나서 신령이 될 수 있는 것이 넋이라 믿었다.

1. 육체의 한계에 눈뜰 때

    육체가 갖는 한계성, 육신에 포박된 인간 존재의 한계성이 의식되면서 인간은 그 한계성을 초탈할 실재를 자아 속에 설정해야 하지 않았을까. 시간과 공간을 넘어설 그 절체절명의 생의 자유를 가능하게 할 계기가 있어야 하였던 것이다. 그 실재와 계기를 향한 갈구 속에서 영혼은 어둠을 뚫고 나온 '에로스'처럼 탄생한 것이다.

안변安邊 땅 서곡현瑞谷縣의 남南에 안점鞍岾이란 데가 있었다. 옛날 그곳에 살던 한 사내가 축성築城하는 노역勞役에 징발되어 북을 향해 길을 떠났다. 그때 그 아내는 이미 몸이 무거웠다. 얼마나 오래였을까. 하도 긴 세월, 노역은 그런대로 끝장을 보았다. 그가 집으로 돌아오는 길에서다. 쌀을 지고 가는 한 젊은이를 만나 이것저것 옛 고향의 소식을 물은 것은 그저 한 우연이었으나……그러나 그 젊은이가 바로 그의 아들일 줄이야.

서로 부여안고 한참 통곡하고 난 뒤였다. 손가락 깨문 그 임리淋漓한 생혈生血로 부자는 그들의 형상을 바위에 그리곤 더불어 목숨을 끊었다.

정치권력으로 이산·파멸된 일가一家, 제 고향 땅에서 혈연인 줄도 모르고 만나는 부자父子의 기우奇遇―이런 것들에 인간의 생의 허무는 잔인하도록 선명하게 투사되어 있다. 가혹한 정치권력은 정작 반가웠을 법도 한 부자의 첫 대면마저 생을 번롱飜弄하는 우연으로 전락하게 한 것이다.

혈연끼리의 지상에서의 첫 대면만큼 감격스런 장면도 흔하진 않을 것이다. 하물며 강제로 가족을 이산당하고 마침내 생과부인 그 어미마저 여읜 '생유복자生遺腹子'가 그 아비를 아빈 줄도 모르게 만나는 순간에 있어서랴. 과장 없이 극적이랄 수밖에 없는 그 순간이 비극으로 급전됨에 그 '휴먼 드라마'의 경위가 있다.

그러나 이 휴먼 드라마에는 또 한 번의 급전急轉이 있다. 생혈로 암면岩面에 그들의 형상을 그리는 대목이다. 자살로 끝막지 못하는 휴먼 드라마의 새로운 승화가 바로 이 찰나에 이루어진다.

정치권력과 생의 우연에 의해 유린당한 인간이 그냥은 차마 좌절당할 수 없어서 결행하는 최후의 저항, 생의 최종 전선戰線이 이에 벌어지는 것이다.

생혈로 채색된 암면의 부자상父子像.

생혈에는 이른바 생혈 공희供犧, 곧 피를 신령에게 바치는 행위가 따를 수 있다. 암석은 부동不動·불모不耗의 실재로서 영원한 '생명력'의 한 구현이다. 생혈과 암석이 지닌 생명력이 상승되어 부자상은 지상적 생의 한계를 넘어선 구원의 생명, 영겁의 자유로서 의연할 수 있는 것이다. 자살로 끝을 보지 않을 수 없는 생의 한계성을 초극하려고 하는 의지의 표상, 그것이 채혈彩血로 그려진 부자상이다.

죽음을 딛고 넘어서서 존재할 실재에 대한 신념의 표상이기도 할 것이다. 그것은 지상적 생의 한계를 초탈하여 불기무반不羈無絆의 자유를 얻고자 하는 염원의 화신이다. 이들 신념과 염원 속에서 영혼은 비로소 구체적으로 감각할 수 있는 실재가 된다.

그것은 생의 허무, 생의 한계와 맞서서 허무와 한계의 저쪽을 투시하는 시선 속에서 피어나는 영상이다. 그것은 또한 현실의 막장이 허무로서 관조되고, 그 막장의 끝에 가서 부각되는 이미지이기도 한 것이다.

이런 의미에서 영혼은 현실을 넘어선 피안에 있으면서 현실의 내오內奧에 깃들어도 있는 것이다.

영육은 이원론적으로 파악되기도 하였지만 사람들은 그 둘이 하나로 어울릴 경지를 꿈꾸어 왔다. 사실 상고대의 신화 가운데 재생의再

生儀(부활제)를 근간에 둔 중요한 신화들에서는 영육의 이원론을 보기가 힘들 듯하다.

가령 부활의 주지主旨가 엿보이는 동명왕전설 중의 입굴入窟 주지, 혁거세전승 중의 시신의 산락散落 주지, 탈해전승 중의 입석총入石塚 주지 등에 있어서는 상징적 죽음 끝의 재생의 실재가 육신 그 자체이기 때문이다. 혁거세의 시신의 산락만 하여도 그것이 달의 기울어짐의 모상模像이라는 가정이 옳다면 달이 다시 만월로 차듯이 흩어졌던 시신이 결합되어 온전한 모습을 되찾을 수도 있을 것이다. 또한 입총한 탈해의 재출현이나, 입굴한 동명왕의 재출현은 마찬가지로 수육受肉된 구체적인 현실 존재 그 자체의 재생을 의도한 것이다.

그러나 이러한 소망과 의도는 필경은 벽에 부딪히게 마련이다. 어느 날엔가는 좌절될 영원반복 앞에서 돌파를 생각하게 될 것이다.

동명왕의 입굴 제의는 드디어는 그의 죽음에 이어진다. 그때 죽음이 재생의 계기로 파악되고 아울러 영원반복의 최종적 완성으로 파악되어 있다. 기록에 의하면, 동명왕은 다른 때처럼 입굴하였다가 재출현하는 그 길로 길이 승천한 것으로 되어 있다. 육신을 초월한 재생이 가정되어 있는 셈이다.

그런 의미에서 영혼의 형이상학적 상모相貌는 초월의 정신이자 자유다. 시공적인 갖가지 조건에 의해 제한된 지상적 생이 희구할 자유의 정수, 그것이 곧 영혼이랄 수도 있다. 그리하여 인간들은 영혼을 생각할 때 자아 속에 내재하는 초월과 자유를 실감하는 것이다. 몸은 지상에 있으면서 스스로 승화하기도 하는 자아를 느끼는 것이다. 육신에 매인 '육신혼'이 아니고 육신을 넘어선 '자유혼'이나 '탈신혼'을 상정할 수 있는 것은 이 때문이다.

슈뢰더Schröder에 의할진대 무당의 접신接神(빙신憑神) 상태는 주술사들의 변신變身 주지의 표현이다. 뿐만 아니다. 그 신열 상태ecstasy는 천상과 지상, 아울러 지하세계(죽음의 세계) 사이를 넘나드는 자유로운 여정의 표현이다. 말하자면 살아서 행하는 생사계 및 신의 영역을 포괄한 우주의 전 공간에 걸친 여행인 것이다.

군이 비유하자면 우리 모두의 영혼은 그 신열 상태를 내포하고 있다. 살아 있는 자가 우주공간을 오가기를, 시간을 초월해서 과거와 미래와 현재를 자유로이 오가기를 바라는 소망이 곧 영혼이다.

영혼이 의식되는 한 인간 존재는 점일 수도 고도孤島일 수도 있다. 그것은 시공을 초월하고 시공을 포괄하는 총체인 것이다. 인간은 스스로 원초가 되고 우주가 되는 것이다.

2. 검은 넋, 흰 넋

영혼에 관한 민담에 이런 것이 있다.

도둑을 남편으로 둔 한 지어미가 있었다. 그는 남편이 도둑인 것을 몹시 부끄러이 여겼다. 백방으로 갖은 수를 써 보았으나 완전히 허사였다.

그러던 어느 날 밤이었다. 그날따라 남편이 도둑질하러 나가지 않고 집에서 잠들고 있었던 한밤중이었다.

평소의 괴로움에 잠 못 들어 하던 아내는 뜬눈으로 남편 곁을 지켰다. 한데 이상한 일이었다. 남편의 코에서 흰 쥐 세 마리가 빠져

나오는 것이었다. 그 쥐들은 이어 줄이라도 서듯 앞서거니 뒤서거니 하며 집 바깥으로 내닫는 것이었다.

남편은 의연히 잠든 채였다.

얼마나 지나서였다. 동이 틀 무렵이었다. 쥐들이 다시 나타나는 것이었다. 그때를 기다렸던 아내는 미리 준비하였던 도끼로 쥐를 후려쳤다. 한 마리는 용케 잡았으나 두 마리는 그만 놓치고 말았다. 두 마리는 남편 콧구멍 속으로 되돌아가고 만 것이다.

그러자 이변이 생겼다. 며칠이고 며칠이고 지났건만 남편은 더는 도둑질하러 나갈 기색을 보이지 않았다.

안동군安東郡 예안면禮安面 토계동土溪洞에서 60 가까운 나이의 노인에게서 들은 얘기다. 한동안 신에 들려서 병석에 누웠던 적이 있는 사람이었다. 그 노인은 그의 얘기를 선친에게서 아주 어릴 때 들은 것이라고 하였다. 농업을 하는 데다 그 지방의 토착민이고 외지에 나가 산 적은 없는 사람이었다. 말하자면 이 얘기는 그만큼 토착적 순도純度를 크게 지니고 있는 셈이다.

이 얘기에서는 생존 중 육체에서의 혼의 유리관遊離觀을 추출할 수 있다. 물론 그 유리가 밤에, 그것도 사람이 잠든 중에 이루어지는 것을 간과할 수 없다. 잠들기 전에 얼굴에 황칠을 한 채 잠들면 밤중에 육신을 떠났던 혼이 새벽에 돌아와서 황칠한 얼굴을 제 육신의 얼굴인 줄 못 알아보고 딴 곳으로 가 버리게 마련이고, 그러면 그 육신은 죽게 마련이라는 속신俗信은 필자도 어릴 때부터 들어 왔다.

이 속신의 경우에도 혼이 육신에서 유리하되 한밤중에 유리하는 것으로 되어 있다. 이때 잠이 가사假死로 인정되고 따라서 밤이 죽음의 시간으로 간주되어 있다. 죽은 이의 혼령이나 귀신의 활동 시간과 공간이 밤인 것과 관련되어 있는 것이다. 밤중에 외출했던 혼이 제 육신으로 못 돌아들 때, 바로 그 육신의 죽음이 야기된다는 것이 무엇보다 그 관련에 대해 말해 주고 있다.

밤은 육체에게는 휴식을, 그리고 영혼에게는 활동을 준다. 밤이 없었다고 생각하는 것은 끔찍하다. 잠을 못 자서만은 아니다. 신비, 보이지 않는 신비를 인간은 경험하지 못했을 것이기 때문이다. 그렇기에 밤의 어둠은 신비가 드러나는 전혀 다른 또 다른 차원의 빛이라면, 어떨까?

사람들은 위대한 밤의 정기精氣 그 자체로 영혼을 경모敬慕한 것이다.

이렇게 해서 사람들은 혼을 생의 잠재적 원소 내지는 보다 더 심층적인 원소로 간주할 수 있었다. 그것은 밤에 생기를 더하고 어둠에서 활력을 더하게 된다고 믿었다.

한편 이 얘기에서 영혼의 화신론化身論 내지 현신론現身論을 예상할 수 있다. 가령 민담론에서 동물로 화하는 인간변신 또는 인간으로 화하는 동물변신의 주지를 '애니미즘animism'에 연관시키듯 이 얘기도 일단은 '애니미즘'과 연관시켜 생각해 볼 수 있다. 이것은 또 한국인의 영혼관이 크게는 '애니미즘'의 윤곽 속에서 파악될 수 있음을 말해 주고 있는 것이 된다. 애니미즘에서는 인간과 동물, 인간과 동식물을 차별하지 않는다. 인간중심적인 사고, 곧 '앤스러포센트리즘 anthropocentrism' 그런 따위는 없다. 만물은 영혼을 지니고 서로 영혼끼리 하나로 어울린다는 '아니마 문디anima mundi', 곧 '영혼세계'란 기가 찬 믿음이 간직되어 있다.

영혼의 동물화신化身으로는 새를 들 수 있다. 계모의 학대를 받고 있는 제 자식을 도와 주기 위해 죽은 생모의 영이 새로 화신하여 나타나는 얘기는 재래의 민담에서 엿볼 수 있다. "의붓어미 시샘에……죽은 누나는 죽어서 접동새가 되었습니다"라는 소월素月의 시에도 그런 영혼의 화신관이 투영되어 있다. 인간의 동물화신 그리고 동물의 인간화신에 관한 믿음이 없었더라면 대부분의 아름다운 동화와 신화는 아예 생겨나지를 않았을 것이다. 물론 소월도 시 쓰기를 접고 말았을 것이다.

이런 경우의 새에는 천공과 지상세계 사이의 매개자 내지 그 양쪽에 걸쳐 살고 있는 생명체로서의 이미지가 끼쳐져 있다.

아시아 북방족의 한 신화에 의하면 하늘은 지상을 덮은 '파오(포包)'의 천개天蓋이고, 그것은 북극성을 못으로 삼아 공간 속에 매달려 정착되어 있다. 이 북극성에 의해 뚫린 구멍으로 새는 천상에서 지상으로 드나든다는 것이다. 이때 이 구멍이 바로 영혼의 통로이기도 한 것이다. 말하자면 새는 영혼처럼 천상에서 지상으로 내려왔다 다시 천상으로 환귀하는 것이다.

고구려족의 경우, 새는 신조神鳥로서 곡모신穀母神을 겸하고 있는 고구려족의 여조령女祖靈인 유화의 심부름꾼이 되기도 한다.

주몽이 부여를 벗어나 남하할 때 유화가 보내는 맥종麥種을 몸속에 간직하고 주몽에게 전한 것이 바로 비둘기다. 『이상국집李相國集』의 동명왕편에는 신모사神母使라 명시되어 있다. 신라의 경우에는 유명한 사금갑射琴匣의 까마귀가 신탁을 매개하는 사자 노릇을 하고 있음을 볼 수 있다.

새야 새야

파랑새야

녹두낢에 앉지 마라

녹두꽃이 떨어지면

청포장수 울고 간다

이 노래에서 새는 결정적인 조짐兆朕이고 계시啓示다. 새의 속내를
읽을 줄 아는 사람과 그렇지 못한 사람, 그것은 아예 서로 다른 인종
일 것이다.

이들 여러 가지 새들의 보기는 현재 성황제에 쓰이는 성황간城隍竿
의 두부頭部장식이 치우雉羽라든가 고구려족이 그 관모冠帽를 새깃으
로 장식하였다든가 하는 사실이 우연한 일이 아님을 말해 준다. 이 밖
에 수살간守殺竿 위의 새, 탈해왕전승에 보이는 새(까치), 바리공주를
선도하는 까치 등 이에 버금할 사례는 수없이 많다.

3. 날갯짓하는 넋들

이처럼 새가 영의 화신으로 간주되는 데에는 두 가지 길이 있게 된
다. 하나는 새가 신사神使로서 영물이란 것이요, 다른 하나는 새가 영
혼과 더불어 천상과 지상을 거래할 수 있다는 믿음이다. 이때 새의 상
징적 의미는 명백해진다. 승화가 곧 그것이다. 지상적인 것의 초월,
천공으로의 가벼운 비상이 그것이다. 신화적 영웅들, 예컨대 수로 ·
탈해 · 해모수 등이 그 주술을 과시할 때 새로 화신하는 것은 그럴싸

한 일인 것이다. 그리스신화에 있어 '프시케'가 영혼이자 '나비'를 의미하고 있을 때 나비가 영혼의 화신으로 파악되는 상징적 근거도 새에서 유추할 수 있을 것이다.

새에 비해서 쥐가 영의 화신으로 간주되는 상징원리로는 '잠복의 원리'를 들 수 있을 것 같다. 새의 경우 '비상의 원리'가 적용될 수 있음과는 매우 대조적이다. 나는 것은 높은 저 너머 피안으로 가지만, 잠기는 것은 땅 밑의 저 아래 다른 세계로 갈 것이다.

영혼이 체내에 깊이 잠복하였다가 체외로 나서는 통로로는 코 이상으로 더 적절한 것은 없을 것이다. 왜냐하면 영은 일종의 기로 간주되어 숨(호흡)과 밀접해 있기 때문이다. 어떤 의미에서는 혼의 생리적 현상, 그것이 곧 숨이라고 간주되기도 하는 것이다. '기식혼氣息魂'이란 개념이 여기서 생겨난다. 좁은 구멍 속 깊이 내재하였다가 그 구멍으로 외계와 내왕하는 것―그러한 영에 있어 쥐는 가장 적절한 비유가 될 것이다. 이처럼 영혼이 쥐로 둔갑한다는 생각에는 영에 관한 현상학적 통찰이 깃들어 있다.

영에 있어 '쥐와 새'는 영의 생리가 어떠하다는 것을 말한다. 그러면서 인간이 영에 붙여서 간직한 인간의 동경에 대해서도 말한다. 영의 화신일 수 있는 새가 신탁을 인간에게 매개하는 것처럼 쥐도 신탁을 인간에게 전달하는 중개자 노릇을 하게 된다. 북구신화에서는 다람쥐가 이 구실을 맡고 있다.

앞에 쓴 사금갑射琴匣의 얘기에 보이는 "제21대의 비처왕毗處王이 즉위하여 십 년이 되던 해에 왕은 천천정天泉亭에 나들이를 갔다. 때마침 까마귀가 쥐와 더불어 나타나 울었다. 쥐가 말하기를 이 새 가는 곳을 찾아보라고 했다"라는 기록 중의 쥐가 그것이다.

이 밖에 민간전승에 의하면 남해안 다도해 중의 섬에는 서신사鼠神祠가 있어 쥐가 신격화되어 있는 경우도 있다.

앞에 쓴 쥐의 민담에서 죽음을 당하는 쥐는 잉여수剩餘數에 속하는 셋째 쥐라는 점에서 쥐를 죽이는 것이 영혼의 상징인 쥐의 의미를 훼손하는 것은 아니다. 그 민담을 제공한 노인은 보통 사람에게 쥐의 수효는 둘이란 것을 전제하고 얘기의 주인공이 가진 과잉수의 쥐, 그것이 곧 도둑을 의미하는 것임을 풀이해 주었다.

한편 얘기가 좀 비약을 하게 되는 감도 없지 않으나 영혼의 '잠복 원리'와 '비상의 원리'를 일종의 원초형archetype으로 삼아 현대인의 심성을 분석할 수가 없을까 하는 문제를 제기할 수 있을 것 같다.

그러기 전에 먼저 하나의 단서가 필요하다. 즉 그 두 원리는 대조적이면서도 상보적이라는 사실이다.

잠복해 있는 것, 말하자면 위리圍籬된 것 내지는 포박된 것은 반사적으로 해방을, 승화를 원하기 때문이다. 지상적인 생에 짓눌린 자가 그 생의 지양止揚을 마음먹을 때 육신은 영혼의 영어囹圄일 수밖에 없다. 보다 높은 차원, 저 피안의 삶을 가로막고 있는 장벽, 그것이 육신으로 의식되겠기 때문이다.

이 같은 현대인의 심성 분석은 다름 아닌 이상李箱의 문학을 소재로 삼을 수 있을 것이다. 이미 다 알다시피 「날개」는 그의 대표작이자 자서전적 작품이다. 그만큼 이상 문학의 본령에 대하여 증언할 수 있는 작품이다. 이 작품은 막다른 상황에서의 탈출을 의욕하는 이상 자신의 의식을 그려 내고 있을 듯하다. 수면제 아달린으로 이룬 만 하루의 가사假死 상태는 그에게 있어 현실에서의 해방을 의미했다. 백치를 가장하며 모른 척하려고 들었던 그 아내의 진상眞相, 거기 기식하는 기둥서방 의식, 그런 것으로부터의 해방이었다. 어쩌면 그의 아내가 그를 향한 살의를 가지고 아스피린이라 속여서 먹였을 법한 아달린. 그 살부殺夫의 의도가 잠재한 아달린이 촉발한 현실에서의 해방감과 고뇌에서의 구원감. 이 기막히는 아이러니의 해방. 이상은 그 해방을 날개에 붙여 표현한 것이다.

가사 상태가 일깨운 해방감은 오포午砲 소리로 구체화된다. 하늘에 울려 퍼지는 소리. 대기 속에 파문을 남기곤 이내 대기와 융화하는 그 자극적인 소리는 그의 겨드랑이 밑에 날개가 돋게 한 것이다. 그때 이 상은 새를 연상한 것이다.

악마에게 쫓기는 꿈, 붙들릴 듯 말 듯하는 아슬아슬한 찰나에 몸이 천공에 뜨는 꿈, 그것은 억압된 사춘기의 욕구가 발산되는 승화의 꿈 이다.

이상은 그 꿈의 백일판白日版을 꾸고 있었던 것이다. 사실 「날개」 속에서 이상은 현실적으로 그의 아내의 남편인 적이 없는 것이다. 그 억압된 욕구의 생을 그는 살고 있었다. 햇빛이 잘 들지 않는 응달 쪽 의 방은 동굴을 연상시킬 만큼 억압적인 공간이다. 그는 낮엔 주로 거 기 웅크려 잠을 자거나 틀어박혀 있다가 밤이 되어서야 바깥나들이 를 할 수 있었다. 그러나 그가 범이 아닌 것은 명백하다. 차라리 비슷 한 것이 있다면 쥐이다.

야행성의 쥐 한 마리가 백일하의 승천을 기도한 것이 이상의 「날 개」다. 칩거로부터의 승화, 그 꿈엔 영혼의 두 원리가 연출되어 있다.

이 꿈을 꾸지 않고는 사춘기를 못 넘긴다. 이 아슬아슬한 도주, 날 아서 이루는 도주가 사춘기의 젊음에 가한 여지는 쇠사슬 같은 구속 을 박차는 일이다. 사춘기에 성에 눈뜬다. 욕망에 사로잡힌다. 살아 있는 천사 같기도 한 독일 낭만파의 시인, 노발리스Novalis는 열네 살의 약혼녀 조피 폰 퀸을 잃고서 쓴 일기에 거의 매일마다 욕정에 시달렸다고 적고 있다.

하지만 사춘기의 성은 억압당한다. 몽정夢精이 탈출이듯이 새처럼 나는 것 또한 탈출이다. 억눌린 욕망을 채우는 일이다. 그럴수록 소년·소녀는 새가 되어서 밤을 보내는 것이다. 영화 〈이티E.T.〉에서 자전거를 타고 날아서는 어른들의 추적을 피한 이티 일행은 사춘기 꿈의 주인공들이다.

4. 죽은 이의 넋은 살아 있다

사령死靈, 곧 죽은 이의 넋으로서 문제가 되는 것은 이른바 조령祖靈과 원혼怨魂이다. 단군·혁거세·동명왕·수로 등 시조가 예외 없이 신격화된 것은 조령 숭배의 가장 원초적 표현이다. 뿐만 아니라 씨조 전승들—김알지, 석탈해, 고高·부夫·양良 3씨조, 호공瓠公(경주 이씨), 봉우奉祐 등의 탄생전승이 신화이거나 신화의 '인류학적 잔존물survivals'인 것도 역시 조령 숭배와 관련시켜 생각해 볼 수 있다.

특히 고려 중엽의 실존 인물인 봉우의 탄생전승이 이른바 '떠도는 상자' 형에 속할 신화적 줄거리를 지니고 있음은 흥미롭다. 신화시대에서 상거相距가 먼 시대에도 씨조에 관한 신화가 창조되고, 그 신화로 말미암은 씨족성역이 생겨난 것은 조령 숭배의 연원淵源의 깊이를 말해 주고 있는 것이 된다. 작제건作帝健, 특히 용녀龍女의 신화가 고려 시조전승인 점도 같은 처지에서 고찰될 수 있다.

그러므로 우리는 단순히 조상 숭배를 유교의 영향이라고만 할 수는 없다. 조상의 넋의 숭배는 살아 있는 자가 자신의 넋에게 바치는 숭배를 마음 바닥에 간직하고 있다. 현전하는 명절제사와 기제사忌祭祀가 유교적 가례에 의한 것임은 어디까지나 조령 숭배의 2차적 변형에 지나지 않는다. 지금 우리의 민속신앙이 이른바 '복합민족신앙' 인 점을 고려하여야 한다.

이른바 『주자가례朱子家禮』에 따라서 시행된 근세의 상장례喪葬禮의 온 절차를 아주 줄여 말한다면 죽은 이의 사람의 넋을 신의 넋으로 격상해서 모셔 받드는 과정이라 할 수 있다. 이를테면 인혼人魂이 신령神靈이 되게 절차를 밟는 것이 『주자가례』에 의한 상장례다. 하지만 『주자가례』가 들어오기 전에 이미 탈해, 고주몽, 경주 이씨의 조상, 강화 봉씨의 조상분들이 모두 신령으로 모셔져 있음을 놓치면 안 된다.

한편 죽은 조상의 영靈이라고 하여 모두가 신앙되는 것은 아니다. 원칙적으로 '죽음의 원리'는 민속신앙에서는 금기에 속한다. 따라서 조상의 영이 숭배 대상이 되는 데에는 그 조상의 죽음이 금기에서 제외되고 정화되는 과정이 필요하다. 그 과정이 곧 상장례. 그러므로 조상을 위한 것인 상장례는 단순히 시신의 매장에 관한 절차만이 아니다. 죽은 조상의 영을 숭배의 대상이 되게 하는 제의란 점이 더 중요한 것이다. 따라서 만일 제의 절차에 과오나 소설疏洩함이 있으면 조령이 원령怨靈으로 화할 위험성을 내포하고 있다. 이러한 의미에서 상장례는 생자이던 조상을 신격화시키는 절차란 점에 그 통과제의다운 특수한 면모가 있다. 인간 영혼을 인간적 영역에서 신의 영역으로 편입시키는 까다롭고 엄숙한 절차가 곧 장례식이다. 물론 이때 신이란 씨족의 신이란 뜻으로 한정될 것은 말할 나위도 없다. 제사 모실

때, 신주나 지방에 반드시 신위神位라고 적고 있음을 떠올리고 싶다.

죽은 사람의 영이면서도 원령은 조령과는 아주 대조적이다. 전자는 원사怨死한 자의 영이다. 죽은 자의 풀지 못한 원한이 그의 영으로 하여금 이 지상을 방황케 하고 이 지상의 저주가 되게 한 것이다. 후자의 영은 일단 이 지상을 떠났다가 방문자로서 되돌아오는 데 비해 전자는 아직도 지상을 떠나지 못하고 있는 것이다. 후자가 신격화되는 데 비해서 전자는 악귀가 되는 것이다. 대표적인 것이 처녀귀신인 '손각씨孫閣氏'요, 총각귀신인 '몽당비귀신'이다. 아기귀신까지 넣어서 다들 잡귀, 객귀라고 부르면서 옛 한국인은 무척 무서워했다. 이 밖에 원사한 장군·왕자 등이 원령으로서 무당의 주신主神이 된다. 최영崔瑩·임경업林慶業·사도세자·공민왕 등이 대표적이다.

선덕왕의 미려美麗를 전하여 듣고 그를 짝사랑하여 초췌한 끝에 왕의 언약에 접한 것도 허사. 왕을 기다리다 총각은 잠들어 버린다. 그새 여왕은 다녀가 버렸으니 깨어서 왕이 남기고 간 팔찌만을 보게 된 심정이라니……. 해서 죽어 화귀火鬼가 되었다는 지귀志鬼는 낭만적인 분위기로 일부 윤색된 그만큼 그의 원령의 무서움은 엄청나다.

이 원귀는 좌절된 인간 욕구의 인격적 표현이라고 보여진다. 인간 욕정은, 더욱 이룰 길 없는 욕망은 그 자체가 폭력이 되고 위험이 된다. 원귀가 공포로운 것은 이 때문이다. 그래서 원귀는 인간 마성魔性 그 자체의 인격적 표현이기도 한 것이다. 좌절된 욕구와 내재적 마성이 상승적相乘的으로 극대화되었을 때 영혼은 스스로의 속성인 승화도 초월도 거부하는 것이다. 인간 존재의 한 극한적 표현인 악과 죄의 권화權化이기를 택하는 것이다. 그것은 스스로에게 가하여진 악과 죄에 대한 보상을 구하는 길이기도 한 것이다.

'눈은 눈으로 귀는 귀로'라는 가공할 복수의식에 불타는 영혼, 그것을 원귀·원혼이라고 부른다. 그것은 인간의 앙심과 복수심에 붙여진 별명일지도 모른다.

한데 원귀의 혼은 저승을 못 간다고 믿어져 있다. 이승을 헤매는 떠돌이 넋이 된다는 것이다. 그러고는 자신의 마음의 아픔을 남에게 떠넘기고야 비로소 저승길을 간다고 믿어져 있다. 떠넘김은 무차별이다. 아무에게나 누구에게나 뒤집어씌우기를, 이를테면 무고한 바가지 씌우기를 한다는 것이다. 결과는 원한이 또 다른 원한을 낳고 원귀는 또 다른 원귀를 만들어 낸다.

이 무서운 관념 속에서 무당은 구원자가 된다. 왜냐하면 원귀를 달래고 그의 원한을 풀어서 저승길 인도하는 구실이야말로 유일하게 무당의 몫이기 때문이다. 그렇기에 무당의 넋은 자유로이 저승길을 내왕하거나 아니면 떠돌이 넋에게 저승길을 열어 주는 소중하고 막중한 구실을 다한다고 믿어져 있다. 그럴 때 무당은 의연히 신화적 존재다. 그(그녀)는 신인神人이다.

신화와 물

신화학에 '원수源水'라는 개념이 있다. 세계의 원천이요, 만상이 거기서 생겨난 시원이란 뜻을 지닌 물을 그같이 부르고 있다. 태초에 먼저 물이 있고 그 물에서 인간계며 자연계가 형성되었다는 우주론이 있는 셈이다. 그런 신화가 있다.

그리스철학이 물을 세계를 구축하는 주요 원소의 하나로 보았다든지 혹은 자연철학이 생명 발생의 모태를 물에 두고 있다든지 하기 이전에 신화는 이 같은 원수의 개념을 지니고 있었던 것이다. 원수라는 개념은 원천 이상의 것을 의미한다. 모든 생명의 으뜸이란 뜻을 갖춘 '원수'는 만물의 첫 어머니인 물이란 뜻이다.

알타이족의 한 신화는 앞에서 이미 소개된 바와 같이 재미있게 이 원수 개념을 그려 보이고 있다.

워낙 신기한 이야기이니 한 번 더 펼쳐 보기로 하자.

태초에 신이 하늘에서 하계를 내려다보고 있었다. 보이는 것은 그저 물뿐이었다. 막막하고 끝없는 물만이 펼쳐져 있었다. 세계는 그저 하늘과 바다뿐이었다.

그런 망망한 가운데 뜻밖에 무엇인가가 물 위를 떠돌고 있었다. 자세히 본즉 그것은 악마가 작은 방석만 한 흙덩이를 타고 있는 것이었다.

신은 문득 악마에게서 그 흙덩이를 빼앗아 보고 싶어졌다. 그에게로 다가가서 그것을 낚아채려 하였으나 악마는 호락호락하지 않았다.

끌며 버티고, 당기며 지키는 싸움이 한동안 계속되었다. 그러노라니까 그 흙덩이는 점점 늘어나고 또 넓어졌다. 그러다가 드디어는 물을 메우고 끝없이 넓은 땅덩이가 형성되었다.

신이 '예수'로 불리고 악마가 '사탄'으로 불리고 있기도 하나 절대로 기독교문화에서 빌려 간 신화는 아니다.

기독교 수용 이후에 신들의 이름에 변화가 생긴 것뿐이다.

이 신화는 태초에 세상은 물이었다는 관념 이외에도 재미있는 통찰을 갖고 있는 듯하다.

오늘날 인간들이 사는 세상은 워낙 악마의 것이었다는 생각, 그러나 결코 세계의 창조에 악마만이 힘을 끼친 것이 아니라 신도 거기 참여하였다는 생각들을 이 신화는 지니고 있다. 세계에는 인간이 죄를 저질러 악이 생기기 이전에 이미 악이 근원적으로 존재하고 있었다는 통찰을 이 신화는 지니고 있다. 그것은 기독교와는 다른 원죄의식이다. 인간에 의해 촉발된 원죄가 아니고 인간이 있기 이전에서부터 있었던 악이라는 의식이 그것이다.

신마저도 영영 빼앗아 버릴 수 없었고 치워 버릴 수 없었던 악의 근원성과 그 집요함을 이 신화는 알고 있었던 것이다. 태초에 세계가 생기기 이전에 악은 이미 물과 더불어, 원수源水와 더불어 존재하고 있었던 것이다.

알타이신화는 이 밖에도 또 다른 물에서 세계가 생겼다는 얘기를 지니고 있다. 태초에 아무것도 없고 오직 물밖에 없었을 때, 커다란 물새가 물속 바닥에서부터 흙을 파서는 그 부리 속에 담아 와 물 표면〔水表〕에 쏟고 또 쏟고 한 것이 굳어져 오늘날의 세상이 된 것이라고 그 얘기는 전하고 있다.

이웃 일본은 아예 그 열도列島 전체가 굳어진 바다 물방울로 이루어졌다는 신화를 지니고 있다. 일부 일본의 신화학자들이 바다를 뜻하는 일본어 '우미ぅㅈ〔海〕'와 산아産兒를 뜻하는 '우미産ㅈ'란 말이 워낙 같은 어원에서 유래되었으리라고까지 암시하고 있는 것은 바로 이 신화 때문이다.

세계 창조의 원천으로서의 물이라는 개념을 '수메르'신화는 좀 괴이쩍게 묘사하고 있다. 물 표면에 피어나는 거품, 도도한 대하가 출렁일 때마다 일어나는 포말을 정액에다 견주고 있다. 이래서 물은 세계의 정액이 된다. 이러한 물의 표상은 미의 여신 아프로디테의 탄생을 그린 그리스신화에서도 엿볼 수 있어 우리에게 결코 생소한 것은 아니다. 수메르신화는 세계를 생산한 정액으로서의 물의 모습을 그리고 있는 셈이다. 최초의 물이 남자 정액이었다니 매우 가부장제적인 사고방식의 소산이다. 그야말로 팰러센트리즘phallocentrism, 곧 남근중심주의의 본보기 같은 것이다.

만상의 생의 원천으로 간주된 물의 표상은 우리 민속에서도 여기저기에 걸쳐 찾아볼 수 있다. 아기를 못 낳는 부인이 아기를 갖게 되기를 비는 습속에서 원수관념은 쉽게 찾아질 수 있다.

기자祈子를 물에다 대고 하는 것이 그 습속이다. 우물에 빌거나 강수江水 또는 샘에 치성을 다하면 아기를 낳게 된다는 속신은 흔하게 수집된다. 그 가운데는 첫새벽 맨 처음으로 우물을 마시면 좋다는 속신도 있다. 이 속신은 특히 음력 상원上元에 위력을 떨친다. 애 못 낳는 부인만이 아니라 아들 갖기를 소원하는 부인, 아들도 달덩이 같은 아들 얻기가 축원인 부인도 다투어 동리 안의 첫 우물물을 마시려 하는 것이다.

다행히 남보다 먼저 마실 수 있었던 사람은 그 우물의 주력呪力을 확고하게 하기 위해 더 이상 남들이 마셔 본다 해도 소용없으리라는 신념을 가지고 우물에다 짚을 띄워 둔다.

대보름날 저녁 달그림자 뜬 물은 그 주력이 한결 더 커진다. 물에 뜬 달그림자는 용란龍卵이라고 한다. 그것을 주박에 떠 마시면 훌륭한 사내아이를 갖게 되리라 믿고 있다. 민속에 깃든 시정詩情이다. 생명을 소원하는 알뜰한 마음이 머금은 시심이다. 생활이 간직한 한 폭의 그림, 한 편의 시다. 예술이 있기 이전에 생활 속에 구현되던 시정신詩精神이다. 이럴 때 민속은 홀연히 근원시根源詩라는 그의 깊은 모습을 드러낸다. 굳이 민요와 민담만이 근원시인 것은 아니다.

우물에 던져진 달그림자가 용이 낳은 알이라는 그 은유.

용의 알을 삼킴으로써 용 같은 아들을 잉태하리라는 생각 속에 잠긴 승화에의 의지. 초월적인 것, 신비한 것에 융합하려는 의지 속에 담긴 '아니마 문디'적 세계관. 이에서는 사람과 하늘, 사람의 정과 달빛 사이에 한 치의 빈틈도 없다. 이처럼 '코스몰러지cosmology'(우주론)조차 담겨진 그 시심 때문에 민속은 근원시다워진다.

원수관과 관련 있는 속신은 이 밖에도 있다. 물할미와 약수藥水사상은 그 좋은 예다. 물할미란 그 호칭이 나타내고 있듯이 할머니수신水神이다. 이것이 북방유라시아 일대의 할머니신 사상과 어떤 관련을 가졌으리라 짐작이 되나 지금으로는 무엇이라 확언할 수 없다. 우리 민속에 돌할미가 있고, 산할미가 있으며, 삼신할미 등이 있다. 이에 대응되는 개념이 북방유라시아 지역에 산재해 있어 매우 흥미롭다.

물할미, 곧 수고水姑는 약수의 신으로 여겨지고 있을 때가 많다. 동시에 산고山姑가 수고 성격을 겸하고 있을 때도 있다. 무조巫祖로 일컬어지는 법우화상法祐和尙의 처신妻神이 그 좋은 예다. 이 여신은 산고였으나 수징水徵, 곧 물에 관한 신비로운 징후로 그녀의 존재의 특이함을 드러내 보였다. 그녀가 산고라는 점에서는 전국 곳곳의 노적봉露積峰전승의 주인공 격인 산할미와 동격이다. 수고는 약수의 신이고 약수는 불로장생을 보장하고 만병통치의 영약靈藥이다. 이 물할미는 당연히 아기 갖기를 바라는 여성들의 신앙의 대상이 된다.

원수적 속신의 원천은 거슬러 까마득히 신화시대로까지 올라간다.

잘 알려져 있다시피 혁거세의 비인 알영은 알영정井이라는 우물 태생이다. 우물에 살고 있는 계룡이 낳은 것으로 되어 있다.

고대의 한 기록은 동해 중에 여인국이 있었다고 전해 주고 있다. 여자들만이 살고 있는 환상적인 나라다. 바다 가운데의 여인국. 낭만적이기조차 한 것이다. 이 나라에서 생명의 창조는 어떻게 이루어졌을까? 우리는 당장 궁금해지지 않을 수 없다. 이 여인국에서 생명창조를 위해 남성은 전혀 필요하지 않았다. 그것은 전적으로 우물 덕택이었다.

아기를 갖고 싶을 때마다 우물을 들여다보면 그만이었다. 그것으로 아이—물론 여자 아이가 태어날 수 있었다는 것이다. 이 경우 우물이 생명의 모태로 간주되고 있는 것이다.

이 우물은 생명을 창조하는 힘을 지니고 있다는 점에서 고려 왕궁 내의 '달애정井'과 유사하다. 이 우물을 마심으로써 궁중의 내시內侍들이 '용사用事'하였다고 전해지고 있다. 여기서 용사란 성적인 것을 함축하고 있다. 내시들이 멀쩡한 사내구실을 하게 하는 힘을 지닌 우물이 바로 '달애정'인 셈이다.

알영정이 한 왕조의 시조비가 탄생한 자리이므로 성역일 수 있었던 것처럼 이 같은 이미지를 지닌 우물의 사례가 또 하나 있다. 『고려사』의 신화편에서 언급되고 있는 고려 태조의 조모인 용녀와 관련된 우물이 그것이다. 이것은 개성대정開城大井으로 송도松都 일원의 대표적인 성수聖水다.

이 개성 큰 우물은 용녀가 태어난 것으로 알려진 우물은 아니다. 용녀의 고향, 용녀의 생가인 서해로 통해 있는 우물이다. 용녀는 스스로 판 것으로 전해지는 이 우물을 통해 그의 생가인 서해용궁으로 왕래하곤 했다. 평소에도 왕래하던 끝에 마침내 용궁으로 길이 돌아간 것도 역시 이 우물을 통해서이다.

태어난 우물은 아니나 생명의 근원으로 통하는 우물이라는 점에서 알영의 우물 이미지와 크게 멀지는 않다. 개성대정이 성수로 신앙받던 배후에는 이 같은 신화적 사연이 숨겨져 있는 것이다.

알영정 · 개성대정 · 달애정 등은 그런대로 공통의 속성을 지니고 있다. 생명의 원천이거나 생명의 원천으로의 통로다. 이럴 때 그 우물들을 생생력의 상징이라 부를 수 있다. 생생력이란 탄생시키고 번식시키고 건강을 증진시키고 땅을 비옥하게 하는 힘을 통틀어 일컫는 말이다.

이처럼 생생력을 상징하는 각종 신화적 우물이 아기 갖기를 빌기 위해 부녀들이 물을 마시는 그 우물의 원형적 자리에 있으리란 것을 헤아리기는 힘들지 않다. 달그림자가 뜬 물을 마시고 있는 그 여인은 분명히 주술을 행하고 있는 여인의 모습이다. 그리고 그것이 시정 넘치는 아름다운 여인의 모습이란 것은 이미 살펴보았다. 동시에 주술적이고 시적인 여인, 그것이 다름 아닌 달그림자 뜬 물을 마시고 있는 여인의 모습이다. 시와 주술이 한자리에 있다. 주술적인 노래에서 서정시의 분화를 얘기하는 것은 이 여인상 앞에 서면 의미가 없다.

그러면서도 이 여인상은 더불어 신화적이다. 이 여인의 물 마시는 그 심성 속에 신화가 숨쉬고 있고, 그 행동에 신화가 구현되고 있다. 이때 이 여인은 신화적 인물이다. 여인은 현대를 살면서도 신화시대를 살고 있는 것이다. 이처럼 신화시대에는 시간이 없다.

현대의 여성이 살고 있는 신화시대를 말해 주고 있는 사례를 또 찾아보자.

물에다 대고 아기 갖기를 비는 부인에게 있어 임신을 알리는 몽징夢徵 또는 몽조夢兆, 곧 꿈의 징조에 물이 나타나는 것은 당연한 일이라 하겠다. 꿈에 물을 보면서 아기를 갖게 되는 것이다. 물도 큰물, 즉 홍수일 때가 드물지 않다. 도도하게 굽이져 흐르는 물, 정결하게 솟아오르는 맑은 샘물, 그것들이 수태를 촉발하는 것이다. 물이 아기 생명의 으뜸으로 존재하고 있는 것이다.

이 언저리에서 물에서 애가 태어난다는 속신 하나는 쉽게 생길 것이고 그것이 다시 정말 물에서 아기가 태어나는 모티브를 지닌 신화를 만들어 내는 동인動因이 될 수도 있을 것이다.

여기서 우리는 신화와 꿈의 관계를 생각해 볼 수 있다. 꿈이 신화에 선행하고 신화를 낳는 근인根因이 된다고 가정해 볼 수 있다. 꿈이 구술됨으로써 신화와 그 밖의 민담이 생기리라는 가설은 정신분석학 쪽에서 민담 쪽으로 접근해 온 학자들에 의해 제시되었던 것이다.

그러면 우리는 지금까지 물에서 세계가 생겨난다는 신화, 그리고 물에서 아기의 생명의 징조가 마련된다는 꿈 등을 보아 왔다. 그것은 다 같이 물에서 어떤 존재가 마련된다는 속신을 지니고 있다. 말하자면 원수의 속신을 지니고 있는 것이다.

우리는 물이 세계와 생명의 원천이라는 생각의 원류를 생리학적인 사실로까지 가져갈 수가 있다.

필자로서는 그 방면의 자세한 이론을 알 수가 없으나 태학胎學 내지 태론胎論이라고 부를 만한 영역이 생리학에 있다. 태와 태중의 영아의 생리현상을 연구하는 것이라 생각된다.

이 태론에서 재미있는 이론이 제시된 적이 있다.

태 중에서 생명이 형성되어 가는 과정을 설명하고 있는 그 이론에 의하면 태에 양수羊水(포의수胞衣水)가 가득히 괴고, 그 표면에 난자가 떠 있는 상태, 그것이 인간 생명의 최초의 상황이라는 것이다. 이것은 이론 이전의 사실이므로 아무도 이론異論을 제기할 수 없다.

문제는 이 사실이 인간 경험 속에 내재해 있어서 인간의 꿈과 신화 속에 재현된다는 그 이론에 있다.

가령 이렇게 상상하여 보자.

물에 떠 있는 난자. 비록 태라는 좁은 세계지만 끝에서 끝까지 넘쳐 있는 양수 위에 떠돌고 있는 난자. 그것은 한 바다 위를 떠돌고 있는 갈잎이나 나무토막 같을 것이다. 그것은 인간 존재의 최초의 생태고

상황이다. 이 방면 생리학의 이론에서 이것을 인간 존재의 수표 내지 수중을 떠도는 경험, 부유하는 경험이라 부르고 있다.

이 부유의 경험이 인간 생명이 가진 최초의 경험이다. 이 이론이 타당한 것이라면 이 부유의 경험은 인간 존재에 대한 시원적인 통찰도 포괄할 수 있다. 부유가 근원적일진대 삶은 처음부터 끝까지 그것을 숙명으로 삼을 수밖에 없지 않을까.

급하면 지푸라기도 잡는다고 했다. 그 지푸라기가 될 만한 것도 없이 그저 물거품처럼 떠돌고 있는 것이 삶의 최초의 상황이라면 땅에 발 딛고 사는 것만으로도 인간은 더 바랄 데 없이 확고한 존재가 된 것이 아닐까.

인간 생명은 우리의 의식이 있기 이전에 이미 허무를 경험하고 있었던 것이 아닐까. 뿌리 없는 삶을 경험하고 있었던 것이 아닐까.

논지가 좀 옆으로 빗나간 느낌이 있다. 제자리로 되돌려 보자.

이 부유하는 경험은 그저 사실일 뿐 의식으로 우리의 삶에 남겨지는 것은 아니다. 하지만 그것이 사실로 존재했던 것은 부정할 수 없다. 그래서 그 사실에 관한 경험이 난자에서부터 그 난자로 이루어진 한 생명 개체로 옮겨져 꿈에 드러나고 정신현상에 비쳐지기도 한다는 것이다. 이것은 한 정신과 의사가 그의 임상경험을 통해 포착해 낸 것이다. 그리하여 이 꿈과 정신현상이 물에서 세계가 생겨나고 인간이 생겨난다는 신화를 낳고 그 같은 속신을 낳는 것이라고 설명되고 있다.

이 설명은 아직은 야릇하다는 느낌을 전적으로 면할 수는 없다. 그래서 그 이론을 제시한 본인도 그것을 가설이라면서 앞으로 더 입증되어야 할 것이라고 말하고 있다. 만일 이 가설을 받아들인다고 생각해 보자. 그러면 우리들 인간 존재는 영원히 신화에서 자유로울 수 없으리라는 예감을 갖게 될 것이다. 적어도 물의 이미지가 관련된 한 인간은 구원토록 신화를 살게 될 것이다.

어느 상류, 깊은 산골짝, 눈에 띄지도 않을 어느 바위틈에서 비롯된 물줄기가 개울을 이루고, 시내를 이루고, 드디어는 강물을 이루어 도도히 흘러가듯이 신화 속의 물, 속신 속의 물도 시대의 흐름을 꿰뚫고 인간의 마음속을 흐르고 있는 것이다.

한국문화의 신화의 초석

한 민족문화의 특질—그 개별적 특이질을 생각하려 할 때 먼저 밟아야 할 과정이 있다.

한국민족이 이룩한 문화의 여러 양상을 현상학적으로 기술하는 일이 첫 번째 과정이다. 민족이 역사적 운명공동체임을 고려할 때 민족문화의 현상학적 기술은 당연히 통시적인 기술을 포함하여야 할 것이다.

이때 전통적으로 민족이 하나로 예상되는 한, 통시적 기술은 문화가 시대적인 변이를 넘어서서 지속하고 있는 초시대적인 보편성도 밝혀낼 수 있는 기반을 마련하여야 할 것이다. 시대적으로 '다이일多而一'인 문화의 양상, 곧 다양하면서도 동일한 문화의 모습을 조명해야 할 것이다.

이 경우 '원형原型'이란 말은 매우 편리한 도구가 될 수 있을 것이다. 그것에 의지해서 문화의 어제와 오늘을 하나로 조망할 수 있는 '테'나 '틀' 같은 것을 여기서는 원형이라 부른다. 그것은 근원적이면서도 반복하는, 또는 현존하는 것이라는 성격을 지니고 있을 것이다. 이처럼 원형이 가정되면 문화는 변이가 되는 셈이다. 하나의 것이 모습을 달리한 변형이 되는 셈이다. 한 민족에게 문화는 동떨어진 것이 여러 개 있는 것이 아니다. "문화는 변이다"라는 명제는 그래서 생겨난다. 한 민족문화는 한 민족이 지니고 있는 변이의 체계라고 할 수 있는 것이다. 민족문화에 있어 원형은 언제 어떻게 형성되는 것일까?

그것은 한 민족이 그 첫 단계의 종교를 형성하고 신화를 엮을 무렵을 기다려서 그것들 속에서 이루어진다고 보인다. 정확하게 표현하자면 그것들을 더불어 이루어진다고 해야 할 것이다.

여기서 첫 단계란 한 민족이 갖게 된 공동적 지연 내에서 그 민족이 생활수단을 개발하여 생을 영위하기 시작한 어느 한때를 지칭한다. 이 단계는 한 민족이 그 이동의 과정에서 형성하고 또 지니고 있었던 생활방식·문화유산 등을 계승하고 있는 것으로 보아야 할 것이다.

한 민족의 문화가 지닌 원형이 신화·종교를 더불어 형성되는 것이라면 민족문화에 대한 고찰은 신화·종교로부터 비롯되어도 무방할 것이다.

역사적인 문헌들에 정착되어 있는 신화들을 기준으로 할 때 우리 신화는 좁게는 동북아, 넓게는 지구의 북반구와 밀접한 연관을 지니면서 형성된 듯한 증거들을 보여 주고 있다.

퉁구스족이나 몽골족, 그리고 원原시베리아족과의 친연성을 보이고 있는 한편 체레미스족이나 보굴족, 그 밖에 유럽과 아시아 북부에 걸쳐 있는 종족들과의 사이에서도 적잖은 친근성을 보여 주고 있다. 이른바 북유라시아 전역에 걸친 문화적 공질성을 배경으로 하여 우리 신화는 그들에 대한 친연성을 보여 주고 있는 것이다.

따라서 비교신화학적으로 우리 신화의 본성을 밝히기 위해서는 이른바 북극 일대의 신화와 함께 그에 대한 유대를 지니면서 자라 온 아북극대 전역의 신화를 검토하여야 하는 것이다. 이러한 신화의 비교연구에 있어 우리는 당연히 종교현상들의 비교에도 관심을 두어야 한다. 신화는 제의와 관련되어 종교의 태 속에서 자라났기 때문이다. 북극대는 어로 및 수렵문화를 지니고 있었고 아북극대는 수렵과 유목문화를 지니고 있었거니와 이른바 기마족문화도 이 지역의 것이다. 고구려의 청동기들이 스키토 시베리아문화의 여파를 입고 있는 것은 우리 상고대문화가 이 지역과 관련되어 있음을 의미하는 것이다.

그 밖에 고구려는 그 신화와 제의 등에 있어 어로와 수렵문화를 한때 지니고 있었음을 보여 주고 있다. 단군신화 속의 곰의 존재는 북극대와 아북극대에서, 서는 북유럽에서 동은 북미에까지 관류하고 있는 곰 사냥을 에워싼 곰의 제의를 연상시켜 주고 있는 것이다. 더욱이 단군신화에는 곰이 범과 더불어 등장하고 있다. 범은 한국 민간신앙의 대상 동물 가운데서도 가히 왕자 격이다. 곰과 범이 짝을 지어 동물 숭배의 핵이 되고 있음은 특히 시베리아의 퉁구스족과 야쿠트족에 있어 현저한 것이다.

신라 왕관의 녹각형鹿角形 장식이나 고구려에서의 사슴 희생이나 말 희생 등도 북방유라시아의 수렵문화 내지 유목문화권과의 문화적 유대에 대해 증언하게 된다. 신라 왕관의 녹각형 장식이 퉁구스족의 샤먼이 사용하는 녹각모를 고도로 양식화한 결과란 것은 흔히 일컬어져 왔다. 그러나 북구의 랩족에 있어서 '자이데'라는 성역의 성체가 녹각임이 지니는 의미에 대해서는 고려한 적이 없었다. 뿐만 아니라 녹각 숭앙이 범북반구적임이 당연히 고려되어야 한다. 이것은 지중해 연안 및 소아시아 일대의 우각牛角 숭앙과 좋은 대비를 이룰 것이다.

특히 고구려신화에서 사슴이 인간의 뜻을 천신에게 전하는 매체 노릇을 하고 있음은 무엇을 의미하는 것일까?

퉁구스족이나 원시베리아족에게 우주곰의 개념이 있다. 하늘에 살고 있다고 생각되는 신성한 곰이다. 뿐만 아니라 우주공간의 영매靈媒가 된다고 믿어진 곰이기도 하다. 그처럼 '우주사슴'이란 개념도 있다. 한국신화의 천마天馬사상에서 천마 개념도, 우주말로 바꾸어 부를 수 있을 것이다. 이들 동물들에게만 유독 '우주'라는 관형어가 붙어 있는 데에 문제가 있다.

곰에 우주곰이 있듯이 곰의 영혼은 하늘에 살고 있다고도 믿어지고 있다. 사슴도 또 그럴 수 있는 것이다. 경남 울주의 대곡리 암각화에는 지상에서 하늘로 헤엄쳐 오르고 있는 것으로 보이는 고래가 그려져 있다. 이러할 때 이들 동물들이 하늘에다 인간의 뜻을 전하기는 그리 어렵지 않을 것이다. 아이누족이나 원시베리아족들은 곰은 사후에 그 영혼이 하늘로 되돌아가서 그가 인간들에게서 받은 대접에 관해 신에게 보고하는 것이라고 믿고 있다.

북유라시아에서 말은 대표적인 희생의 짐승일 뿐만 아니라 샤먼의 영혼을 인도하여 천계나 지중地中의 명부冥府를 왕래할 수 있는 짐승이기도 한 것이다. 주몽이 하늘을 내왕할 때나 지중의 길을 다닐 때 인마麟馬를 탔다는 고구려신화는 이 샤먼의 말에 관해 얘기해 주고 있다. 샤먼의 관모에 장식된 사슴뿔은 샤먼이 땅밑세계를 여행할 때 굴 삭기 구실을 한다고 믿어져 있다.

이처럼 한국 상고대의 신화들은 동물들을 두고 형성된 다양한 관념, 사고들을 우리에게 전해 주고 있다. 이 사례들은 단순히 동물 애니미즘의 존재에 대해서만 말하고 있는 것은 아니다. 그것들은 한국 상고대인에게 있어서의 신성현시神聖顯示가 동물을 더불어서 이루어졌다는 것을 시사하고 있음에 그 가장 큰 의의가 있는 것이다. 신적인 것이 동물에 깃들고 동물을 통해 시현될 때 동물은 이른바 신성현시가 되는 것이다.

이러할 때 동물들은 그와 같은 무리의 동물들을 위한 보호자가 되는 것만이 아니고 샤먼 또는 인간의 보호자가 되는 것이다. 이것이 바로 보호령保護靈으로 믿어진 동물이다. 지금도 전승되어 있는 한국 민간신앙의 '업사상'에 보호령은 그 자취를 남기고 있다. 업이란 한 집안을 보호하고 그 집에 복을 내린다고 믿어지고 있는 동물이다. 업족제비 · 업두꺼비 · 업뱀 등으로 표현되는 동물이 모두 업들이다. 업을 경상도에서는 '지끼미'라고도 부르고 있는 것은 집의 '지킴이'란 것을 의미한다. 업을 죽이거나 다치게 하면 동티가 나고 재앙을 당하게 되는 것이다.

업이 한 가정의 보호령이라면 산신령인 범은 한 마을의 수호신이다. 범은 산신의 말〔馬〕로 생각되지만 산신 그 자체로 생각되기도 한다. 지금까지 시행되었던 마을굿 가운데 이 산신에게 바쳐지는 것이 많은 것은 범이 곧 마을의 수호령이기 때문이다.

주몽신화에 말이 등장하고 있음은 이미 언급한 바 있지만 말은 고구려 사회에서 매우 중요한 의의를 지니고 있었다. 주몽이 어려서 한일은 말 기르는 과업이었다. 그는 천신의 후예로 간주되고 뒤에 왕위에 오른 사람이다. 이런 사람으로서 말 기르는 것이 그 소임이었다는 것은 그 사회에 있어서 말이 차지하는 위치가 큰 것을 말해 주게 된다. 말이 갖는 경제적·사회적·문화적 의의가 예사롭지 않았던 것이다.

뿐만 아니다. 주몽의 어머니인 유화 또한 말에 대한 식견을 갖고 있었다. 이것은 말 기르고 가꾸고 하는 구실이 고구려의 여성들에게 맡겨져 있었음을 의미할 것이다.

어머니의 지시를 받아 주몽은 명마를 고를 수 있었고 그 명마에 의지해서 새 왕국을 건설하는 기틀을 잡을 수 있었다. 고구려에서 말은 건국의 주역이나 다를 바 없었다.

부여의 7왕자에게 쫓기던 주몽이 위난을 피해 강물을 건널 수 있었던 공功의 일부도 말채찍에게 돌아가야 한다. 주몽이 강물을 향해 그의 신원을 밝히고 구원을 청했을 때 그는 마편馬鞭으로 강물을 쳤다. 그에 응하여 강신江神은 그에게 구원의 손을 뻗친 것이다. 마편은 신과의 교신을 가능케 하는 주구呪具 노릇을 다하고 있다. 주몽이 인마를 타고 길이 승천하였을 때 그가 지상에 남기고 간 것은 마편이었다. 고구려 사람들은 그 마편을 주몽 삼아 모셨다고 전해지고 있다. 마편이 주구 노릇을 다하고 천신화한 왕자의 상징—곧 '레갈리아'가 될 수 있었던 것은 말이 고구려 사회에서 가졌던 문화적 의의에서 유래되는 것이다.

시베리아 일부 원주민의 신화가 일러 주고 있는 바에 의하면 마편, 곧 말채찍은 샤먼의 북과 마찬가지로 하늘과 땅 사이를 여행하는 '샤먼의 말'로 인식되어 있었던 것이다.

말의 의의가 클 수 있었던 것은 말이 종교적으로나 경제적으로나 또는 군사적으로 중요한 구실을 다했기 때문이다. 고구려 사회가 생활을 영위함에 있어 말에 의지한 바 컸기 때문이다. 평강공주의 남편

온달이 일단은 바보로 일컬어질 만한 인물이었음에도 불구하고 사회 상층으로 부양하기까지는 말에 의지한 바 컸던 것이다. 주몽과 온달의 생에 있어서의 말의 의의는 고구려 사회, 특히 상층사회에서의 말의 의의에 대해 말해 주고 있다. 말은 영웅적 인물의 '성공 이야기'의 주인공이다.

신화를 기준으로 하는 한, 신라 사회에 그 자취가 미치지 않은 것은 아니나, 수렵문화를 배경으로 하는 동물문화는 주로 고구려에 집중되어 있는 느낌이다. 그러나 자료를 달리할 때 한국은 석기시대 문화에 있어 반도의 남부에 자리 잡은 사회에서도 수렵문화가 생활을 지탱하고 있었음을 헤아릴 수 있다. 아울러 이 수렵문화는 어로문화도 겸유하고 있었음을 알 수 있다.

경남 울주군 반구대 석벽화가 바로 그러한 자료다. 이 석벽화에는 사슴으로 보이는 유각수有角獸와 범으로 보이는 짐승 등 육상동물 이외에 고래·거북 등의 수중동물들이 그려져 있다. 그리고 사람의 모습도 보이고 있는데 전체적으로 동물의 번식과 사냥을 목적으로 하는 주술적 의도를 읽어 낼 수 있다. 새끼를 속에 지니고 있는 고래나 이른바 'X-레이 투시법'으로 보임 직한 동물화 등은 특히 주목을 끌 만한 것이다.

이처럼 고구려신화와 반구대 석벽화를 더불어 조망하면 한반도를 남북으로 종단하는 수렵문화와 그와 맺어진 동물문화가 상고대부터 있어 왔음을 알 수 있다. 단군신화의 유명한 곰의 얘기에서 볼 수 있듯이, 모계의 조상이 동물과 맺어져 있는 인수조人獸祖사상은 이 같은 동물문화를 빼고 생각할 수는 없다. 이것이 우리 민담에서 수조獸祖전설을 낳고 동물에 의해 양육된 인물전설 등을 낳게 되는 것이다.

한편 한국신화와 그 주변의 자료들은 이 같은 동물문화를 지니게 된 그 당시부터 한국의 상고대문화가 수렵문화와는 이질적인 농경문화를 지니고 있었음을 시사해 주고 있다. 우선 주몽에게 말에 관한 지식을 전수한 유화 자신이 곡식알의 관리자였다는 사실을 들어야 할 것이다. 부여를 떠나 남하 중인 아들에게 유화는 맥립麥粒을 비둘기의 목 속에 간직하게 하여 전한 것이다. 유화는 하신河神의 딸로서 신격적인 인물인 데다 사후에도 신으로서 숭앙된 여인이다. 여신인 유화는 곡모신穀母神적인 성격을 갖고 있었던 것이다. 현전민속에서도 한 집안의 주부에게는 신혼 초에 곡종穀種을 관리하고 생산력을 증진시키는 구실이 주어지는 경우가 있다. 즉, 신행을 가는 신부가 그 가마 바닥에 곡식 낟알을 깔고 가는 경우, 그녀는 유화의 딸이나 다를 바 없다.

말과 맺어져 고구려 동물문화의 일익을 맡았던 유화는 동시에 곡모신으로서 고구려 농경문화의 주역을 겸한 것이다. 유화가 주몽을 낳을 때 어로문화적인 요소를 지닌 문맥 속에 자리 잡고 있었음을 생각한다면 그녀가 지닌 농경문화적 배경은 대조적으로 한층 더 크게 부각될 것이다.

이와 아울러 생각할 것은 부여 왕권의 특색이다. 일부 기록이 전하는 바에 의하면 부여에서 가뭄이 들면 왕은 당연히 쫓겨나거나 죽음을 당했다는 것이다. 부여 왕권이 농사의 한발旱魃로 위협을 당한 것이다. 부여 왕권은 농사적 풍요의 원리이기도 했던 것이다. 이것은 단군신화의 경우에도 마찬가지다. 환웅이 하강할 때 풍사風師·운사雲師·우사雨師를 더불고 있었다. 이것은 후대의 연등燃燈신앙에서 천신이 풍우를 더불어 하강하는 것으로 믿어지고 있음과 유사하다. 연등신이 농사적 풍요의 신이었듯이 환웅 또한 그러했던 것이다. 고려에서 상원上元에 모셔졌던 연등신은 아주 최근까지도 영·호남 그리고 제주 일대의 농촌에서 '영둥'·'영동' 등으로 불리면서 민간신앙의 대상이 되고 있었다.

한편 한국 고대의 북방사회에서는 사자死者의 무덤 속에 곡식이 든 항아리를 매달았다. 이 곡식은 사자의 식량이란 의미만을 가지고 있었던 것으로 제한하여 생각할 것은 아니다. 곡식의 생산력에 힘입어 사자의 재생을 노린 주술적인 의미를 가졌을 가능성에 대해서도 고려해 보아야 할 것이다.

이처럼 우리 문화는 신화적 표현에서부터 이미 수렵·어로·농경문화의 복합이었던 것이다. 이 사실은 한국 상고대 사회의 판도가 유목문화와 농경문화의 습합점習合點인 이른바 룽산龍山문화와 이웃하고 있었다는 것과 관련시켜 생각할 수 있을 것이다.

상고대의 한반도는 삼한 등 남방사회는 물론 북방계 사회에서도 농경문화의 존재가 기록되어 있다. 그때 이래로 우리 문화는 농경문화의 품속에서 전통을 이어 왔던 것이다. 고려 왕궁의 팔관회八關會를 비롯해 조선왕조의 각종 궁중의례도 농경문화의 표현이었고, 세시풍속을 비롯한 각종 민간신앙도 농경문화를 배경으로 형성되어 왔다.

그럼에도 불구하고 농촌 마을의 공동제는 단군신화의 유영遺影을 간직하면서 지속되어 왔다. 단군신화는 북방유라시아 샤머니즘의 원리를 강렬하게 투영하고 있다. 그 세계수적인 또는 세계산적인 모티브에서나 천신이 하늘에서 나무나 산 위에 내린다는 모티브에서 볼 때 단군신화는 북방유라시아적이다. 수렵과 유목으로 동물과 깊은 유대를 지니면서 자라 온 북방유라시아 문화에 줄기를 대고 있는 신화의 제의적인 표현이 오늘에 전해진 농촌사회의 마을굿이다. 서낭굿·당굿·당산굿 등으로 불리고 있는 굿들이 그것이다.

이러한 마을 공동제가 농경문화가 요구하는 풍요의 원리를 지탱해 주고 있는 한국 사회의 전통성 속에서 고구려신화를 비롯한 상고대 신화는 하나의 원형으로 남아 있는 것이다. 동물문화와 농경문화의 복합이던 신화의 본성이 전통성 바닥에 깔려 있는 것이다.

농경이라는 세속적 경제활동을 성공적으로 이룩해 갈 수 있는 성聖의 원리로서 수렵·어로문화를 배경으로 삼은 동물문화가 지금까지 지속된 것이다.

사라져 갈 줄 알았던 북방유라시아적 문화양식이 그렇게 해서 우리 전통 속에 간직되고 있었던 것이다. 시베리아 남부에 연한 지대와 몽골 등의 지역을 거쳐 온 것으로 추정되는 민족의 이동경로 속에서 간직하였던 한 문화적 표상은 전형적으로 농경사회화한 문화 속에서 길이 그 여맥餘脈을 간직하고 있었던 것이다.

한국신화와 오늘의 우리

••• 신화적 시간의 원초성

신화는 물론 과거에 비롯된 얘기다. 그것도 보통 과거가 아닌 시간, 시간의 원점, 원초적인 어느 한때에 비롯된 얘기다. 흔히 그것을 'in illo tempore'라고 표현한다. 극단적으로 말하자면 세계와 인간이 있기 이전의 시간에, 심지어 시간이 생기기 이전의 시간에 비롯된 것이 신화다.

한국신화는 비록 중국 왕조의 어느 연호를 따라 신의 얘기를 시작하고 있기는 하나 또 한편 한국의 입장에서 볼 때 '개벽' 시기의 얘기란 것을 분명히 표시하고 있다. 이것은 바로 신화적 시간의 원초성을 깨닫고 있었기 때문이다.

원초적 시간이란 말이 역사가 있기 이전의 시간, 시간이 있기 이전의 시간을 의미할 때는 우리가 경험하고 있는 질서가 시간에 깃들기 이전의 혼돈의 한때를 뜻하게 된다. 그것은 어둠의 시간이기도 한 것으로 해석된다. 그것은 무엇보다도 신들이 비로소 어둠을 뚫고 태어나거나, 아니면 신에 의해 비로소 빛이 창조되는 것으로 설명될 수 있다.

어둠의 시간은 무엇보다 신들의 시간이다. 신비로운 한때, 신성神
聖이 깃드는 한때로 간주되는 시간이다. 후세의 전설에서도 신들은
그들 고유의 시간인 밤에 나타나고 어둠 속에서 행동한다. 제사를 모
시는 것이 밤인가 하면 나타났던 신이 사라지는 시간은 첫새벽, 닭 우
는 시간이다.

해서 오늘날 자정 한밤에 마을의 신을 맞아 제사 드릴 때 거기 엄연
히 원초적인 시간, 신화의 시간이 있는 것이다.

의젓하게 오늘날에도 살아 고동하고 있는 신들의 시간, 어느 태
초·세계가 있기 이전의 그 한때가 지금의 세계 속에 맥박 치고 있는
것이다.

••• 신화라는 고향에의 향수

이럴 때 신화적 시간은 원초적이면서 아울러 구원久遠의 흐름인 그
끝없는 장강 같은 모습을 드러낸다. 아니 신화의 시간은 흐르는 것이
아니다. 원초에 샘솟았으되, 넘치고 넘쳐 원초와 오늘날을 감싸고 대
양처럼 괴어 있는 것이다. 그렇기에 신화의 시간과 공간은 심층심리
학에서 무의식이라고 일컬어지는 것이다.

신화의 시간이 원초적이고 아울러 지속적이라면 거기서 일어난 사
건, 거기 잠긴 어느 마음의 기틀도 그렇지 않을 수가 없다.

신화적 시간이 원초에서 오늘날을 향해 흘러옴으로써 우리가 그
시간에 참획하여 그것을 향유하게 되는 것이 아니다. 원초와 오늘을
동시에 휘어 안고 있는 신화적 시간의 대양 속에 우리는 본원적으로
잠겨 있는 것이다. 마치 모태 속에 깃든 작은 생명처럼······.

신화 속의 사건이며 심성도 같은 성질을 지니고 있다. 그래서 신화는 우리 구원久遠의 노스탤지어. 우리의 고향. 하지만 이 고향은 우리가 거기 돌아가 깃들기 전에 우리 속에 스며 있는 기묘한 고향이다.

우리는 그 고향을 결코 떠날 수가 없다. 떠나 있기에 향수에 젖는 것이 아니다. 마음 저 바닥에 깃든 고향을 어쩌다 미흡해서 잊어버림으로써 허전해지고 그래서 느끼는 노스탤지어. 그것이 신화라는 고향에 대해 우리가 갖는 향수다. 신화를 읽는 것은 그래서 정신의 귀소歸巢가 되고 귀근歸根이 된다.

사람은 이따금 제 깊은 속을 잊어버리고 온 마음으로 휘청거리는 석연찮은 버릇을 가지고 있다. 신화는 무엇보다 그 버릇을 일깨워 주며 우리 마음의 근원에 그가 둥지를 틀고 있음을 일러 주고 있는 것이다. 아니, 우리의 마음이 그의 속마음에 젖줄을 대고 있음을 일러 주고 있다.

••• 『가락국기』의 의미
잘 알려져 있듯이 『삼국유사』에 실린 『가락국기駕洛國記』는 오늘날의 김해와 낙동강 하류를 중심으로 한 왕국이 어떻게 창건되고 신성왕神聖王과 후后의 혼사가 어떤 모습으로 이루어졌는가에 대해 얘기하고 있다.

김수로왕金首露王과 허비許妃 사이에서 태어난 한 왕자에게 굳이 허씨 성을 이어가게 했다는 얘기를 남긴 왕가답게 허비가 그의 바닷속의 친정을 떠나 처음으로 수로왕을 만나던 사랑의 장면을 되풀이 재연하는 것을 국가적 규모의 놀이로 삼았다는 낭만적인 사연을 지닌 『가락국기』이건만 그 모두부冒頭部는 예의 구지가龜旨歌를 지니고 있어 적잖이 그로테스크하다.

　신맞이할 채비를 차리라는 신탁 속에서 이 노래는 가락의 백성들에게 내려진 것이다. 공수, 곧 신탁은

　　거북아 거북아
　　목을 내어라
　　만약 아니 내면
　　구워서 먹겠다

이렇게 노래하며 산봉우리를 파고 흙을 움켜쥐라고 했다. 그것이 천신을 맞는 굿이라고 가르쳤다.

　신맞이에 거북의 목이 무슨 관계가 있단 말일까. 하물며 경건하고 성스러워야 할 영신제迎神祭에 거북이를 구워서 먹겠다는 위협은 또 무슨 까닭일까. 신맞이의 문맥 속에서 무엇이 잘못되어도 단단히 잘못된 것 같은 느낌을 준다.

　그래서 우리는 먼저 구지가가 문맥 속에서 지니게 될 당의當宜를 살펴보아야 한다. 신맞이굿의 전후 맥락 속에 의당 구지가가 들어 있어야 할 필연성, 아니 그에서 한 걸음 더 나아가 구지가가 맥락의 지속과 진전을 가능케 하고 있는 적극적인 기능이 검토되어야 한다.

　바야흐로 나타날 것이 기대되고 있는 신. 그 모습의 현시, 곧 신성 현시가 기다려지고 있는 신은 이 거북의 노래를 기다려서 비로소 하늘에서 내려와 지상에 나타난 것이다. 신의 출현이 거북 목의 출현을 뒤따르고 있다. 이 두 가지 출현이 무슨 연관성을 지녔던 것은 아닐까?

거북의 목은 드러나기 힘든 것. 끌어내리려고 하면 할수록 더 깊이 움츠러들고 마는 것이다. 그 출현이 가장 힘들어 보이는 것 중 하나가 거북이다. 거북의 목이 지니는 이 같은 속성에 주목할 필요가 있다.

좀처럼 나타나기 힘든 거북의 목을 나타나게만 할 수 있으면 나머지 것들의 출현이야 그리 힘들지 않을 것이 아니겠는가.

유유상종─비슷한 것은 비슷한 것끼리 서로 따른다는 말이 있다. 콩 심은 데 콩 나고 팥 심은 데 팥 난다는 속담도 있다. 비슷한 것끼리 서로 물고 서로 어울릴 수 있으리라는 생각을 사람들은 하고 있는 것이다.

••• 유유상종의 흑주술

임부가 지킬 태교 가운데 상어 고기나 닭고기를 먹지 말라는 것이 있다. 그것들을 먹으면 장차 태어날 아기가 흔히 닭살을 갖게 된다고 믿고 있기 때문이다. 전형적인 속신이다. 이러저러한 일을 하게 되면 이러저러한 결과를 얻거나 혹은 피하게 되리라 믿고 어떤 행동을 하게 되는 것이 속신의 영역이다. 흔히 망령되게 미신이라 부르기도 했던 것이다.

닭고기가 아기 닭살의 원인이라는 이 속신은 유類가 유類를 부르리라는 믿음, 즉 비슷한 것이 비슷한 것을 낳게 되리라는 믿음을 갖고 있다.

장희빈은 그가 미워하던 왕자를 죽이기 위해 비방秘方을 썼다고 전해지고 있다. 그 왕자의 화상畵像을 그려 놓고는 심장부에 화살을 쏘아 댄 것이다. 그것은 화상을 죽임으로써 화상이 나타내는 실제 인물을 죽이자는 것이었다. 유가 유를 부르리라 생각하고 하는 주술이다.

유유상종의 무서운 흑주술黑呪術이다. 해구신海狗腎을 먹고 남성의 강화를 노리는 심리에도 이 유유상종의 주술이 잠복해 있다. 주술치고는 쑥스러운 주술이다.

거북의 목이 드러나는 것과 신의 모습이 드러나는 것은 드러난다는 점에서 동류同類인 것이다. 구수龜首의 출현과 신체神體의 출현은 동류항을 묶어 내고 인수분해하면 한 괄호 속에 공존할 수 있는 것이다. 가락의 백성들은 아주 재미난 발상으로 신맞이굿에서 이 거북의 노래를 부른 것이다.

• • • 신맞이의 주가

구지가는 신맞이의 주가呪歌, 유유상종의 영신迎神의 주가였던 것이다. 신의 출현을 재촉하는 노래로서 의당 신맞이굿 속에 들어 있어야 했을 뿐만 아니라 그것 없이는 신맞이굿이 이루어질 수 없었던 노래가 바로 구지가다. 여기에 다름 아닌 영신굿의 문맥 속에서 구지가가 지닐 필연성과 그것이 다하게 될 적극적 기능이 있다.

감추어져 모습을 드러내지 않는 것, 어떻게든 나타나야 하는 것의 출현을 재촉함에 구지가의 본령本領이 있다는 생각을 명백히 뒷받침해 주는 사례가 있다. 『삼국유사』에 실린 이른바 '해가사海歌詞'라는 노래가 그것이다.

기록이 전하는 바에 의하면 신라의 관원官員 순정공純貞公은 임지로 부임하는 길에서 그의 아내 수로水路를 해룡海龍에게 빼앗기고 만다. 수로가 하도 미색美色이라 산수의 신들이 두루 탐내던 중에 드디어 해룡신이 납치를 감행한 것이었다. 순정은 어쩔 줄을 몰랐다. 쩔쩔맬 뿐이었다. 이때 한 노인이 계책을 일러 주었다.

인근 주민들을 모아 그들로 하여금 노래하며 작대기로 물깃을 치게 하라는 것이었다. 노래의 가사는

거북아 거북아
수로를 내어라
남의 아내 빼앗은 죄 크다
네가 만일 망칙스레
내다 바치지 않으면
그물로 사로잡아
구워서 먹겠다

로 되어 있었다.

••• 민간전통의 한 모습

수로를 빼앗아 간 것은 해룡인데 죄인으로 몰린 것은 거북이다. 그 거북을 위협하여 수로를 내다 바치게 하고 있다. 거북이가 무엇인가 감추어진 것, 모습을 나타내지 않는 것을 드러내게 하는 데 이용되고 있다. 해가사는 구지가의 한 변이로 보아도 무방할 것이다. 구지가를 본으로 삼아 주어진 상황 속에서 요구되는 특수한 효용에 맞게 변이된 노래가 해가사라고 보인다.

구지가의 앞뒤는 그냥 두고 중간 부분만 특수한 효용에 맞게 고치면 해가사와 같은 노래가 될 수 있는 것이다. 그리고 그러한 변이는 특수한 목적에 따라 그때그때 알맞게 생겨날 수 있는 것이다. 해가사는 구지가의 패러디다.

가령 도둑맞은 물건이라도 찾는다고 치자. 그때 우리는

거북아 거북아
물건을 내어라
아니 내면
구워서 먹으리라

라고 노래 부를 수 있는 것이다.

이처럼 이미 존재하고 있는 것을 원형으로 삼고 그것을 적절하게 변화시킴으로써 그 원형과 유사한 노래를 만들어 가는 것이 민간전승, 특히 민요가 전파되어 나가는 한 법칙인 것이다. 이를테면 '패러디'의 기법인데, '아리랑'의 창작 과정은 그 좋은 본보기다.

『가락국기』 속의 신화가 간직한 구지가로 말미암은 유유상종의 주술은 이 법칙을 따라 이어져 갈 수 있는 것이다. 이런 것이 민간전통의 한 모습이다.

오늘날 우리 생활 주변에서 이 신화 속의 주술은 사라지고 없는 것일까. 다만 어제의 미신으로 얘기되고 끝날 수 있을까. 단연 그럴 수 없다는 것이 필자의 결론이다.

••• 거대한 신화의 품

입시가 한창 때면, 학교 정문에다 떡과 엿을 갖다 붙이는 학부형들의 심성 속에 신화의 주술은 떡처럼 차지게, 엿처럼 끈질기게 살아 있다. 떡과 엿이 학교 문에 붙듯이 내 아들이 그 학교에 붙으리라고 그 학부형들은 믿고 있는 것이다. 그것은 입시가 임박했을 때 아들딸들에게 결코 미역국을 먹이지 않는 심리의 역逆이다. 미역국은 미끈미끈한 것. 그것은 미끄러지는 것이다. 미역국이 미끄러지듯 내 아들과 딸이 학교에 미끄러져서는 안 되겠다는 심리, 그것이 미역국을 사갈시蛇蝎視하게 된 동인인 것이다. 부모의 정은 이렇게도 섬세한 것이다. 이토록 민감한 것이다.

하지만 학부모들은, 그 섬세하고 민감한 심성 때문에만, 신화가 지닌 한 마음의 기틀을 오늘에 간직하게 된 것은 아니다.

그 원인은 보다 더 근본적인 데 있다. 원초와 현재를 한 팔에 휘어안고 있는 거대한 신화의 품. 태고와 오늘을 감싸고 철철 괴어 있는 신화의 대양大洋. 우리 존재가 워낙 그 품속에 안겨 있고 우리 삶이 굳이 그 대양 속에 잠겨 있기 때문이다.

어제, 아니 태초를 얘기하던 그 말로 신화는 오늘을 얘기하고 있다. 아니 내일까지도 얘기할 것이다.

까마득한 날에 비롯되어 오늘에 오기까지 인간도 문화도 엄청나게 달라졌다. 하지만 까마득한 그날이나 오늘이 바로 하루 한날이기도 한 것이다. 신화는 바로 그 하루 한날의 얘기다. 신화는 사라지지 않는다. 다만 모습을 바꾸는 것뿐이다.

제2부 ◉ 원론적인 신화의 면모

신화와 그 리얼리티

신화가 구상적具象的이 아님은 명백하다. 신화는 객관적 현실의 모방도 전사轉寫도 아니다. 시간·공간적 맥락 속에 잠재하고 있는 객체적 대상에만 신화를 환원시키려 드는 한, 신화는 '비의미非意味'가 되고 만다.

신화를 허구로 보는 태도와 신화를 꾸며진 애기로만 보는 태도는 그 연원이 이런 곳에 있다. 가령 나치즘의 '게르만족에 의한 세계 혁명의 신화'가 애기될 때, 그 신화라는 개념은 망상을 의미하고 있다.

『미국 농부가 보내는 편지Letters from an American Farmer』에서 크레브쾨르Crèvecoeur는 구세계와는 다르게 신화 없는 신세계에서 '호모 아메리카누스'를 꿈꾸고 있었다.

야성과 문화의 교차점에 서 있는 새 인간상을 탐색하고 있었던 크레브쾨르에게 신화란 낡아 못 쓰는 이념에 지나지 않았다. 현실적 진보를 가로막는 장애에 불과했던 것이다.

실제로 한국신화의 대표적 모티브의 하나인 난생卵生은 절대로 그에 대응되는 객관적 현실을 지니고 있지 않다. 알영閼英이 계룡鷄龍에게서 태어났다는 것도 마찬가지다.

　규모가 크고 줄거리가 잘 짜인 동명왕신화는 한국신화의 백미편白
眉篇이다. 그 줄거리 가운데의 중요한 모티브들을 시간·공간의 맥락
속에 실제로 존재하는 실체적 현상에만 일방적으로 관련지으려 하면
이 신화는 한순간에 아무 의미도 없어지고 말 것이다.

　신화에 있어서의 '리얼리티'를 객체적 현실이라고만 생각한다면
신화에는 '리얼리티'가 없다.

　그러나 인간 실존의 근원성의 하나는 인간이 '리얼리티'를 가능하
게 하고 또 열어젖히는 현존, 곧 현실 존재라는 사실에 있다. 인간은
'리얼리티'를 향하여 자신을 현존시킬 때에 비로소 그 주체성을 확보
한다. 이때 현존한다는 것은 시공 속에 현재 그같이 있다는 것만을 의
미하지는 않는다. '리얼리티'를 향해 자신을 시현示現하여서 열어젖힘
으로써 '리얼리티'와 자신을 연관 짓고 그로써 '리얼리티'도 시현시
키는 행위까지를 포함하고 있다. 그것은 인간이 그의 현존을 걸어서
비로소 실현시키는 '리얼리티'가 있음을 의미하고 있다. 이때 '리얼
리티'는 그것을 실현시킨 인간 현존을 떠나서는 얘기할 수 없게 된다.

　순연한 객관의 리얼리티, 물리적인 리얼리티가 있다고 해도, 그것
은 인간 현존과는 아무 관계도 없다. 존재하지 않는 것이나 다를 바
없는 무관한 리얼리티다.

　인간이 무엇인가 경험한다는 것, 그리하여 그 경험을 표현으로 완
성 짓는다는 것의 궁극은 '리얼리티'에 대한 자신의 현존을 명백히
하는 일이다. 아무도 그럴 수 없었던 것처럼 독특하게 그것을 명백히
하는 일이다.

　신화가 자연과 우주, 인간과 만물에 관한 경험의 한 양식이고 아울

러 인간 표현의 하나라는 것은 의심할 여지가 없다.

따라서 신화는 신화대로 인간이 '리얼리티'에 대하여 가지게 되는 현존의 양상을 보여 주게 된다. 신화에게는 역시 신화다운 '리얼리티'가 있는 것이다. 그것이 다만 객관적 현실이 아닌 것뿐이다. 전자를 현실성이라 부르고 후자를 사실성이라 부른다면 신화는 사실성을 가지지 않지만 현실성은 가진다고 말할 수 있게 된다. 그러므로 신화의 현실성을 실증주의적으로 검증하려 드는 것은 그 자체가 이미 과오다.

물론 특수한 예외는 있다. 신화가 종교적인 제의, 곧 굿을 기반으로 하여 이루어져 있을 때 신화에 있어서의 실증주의가 가능한 듯이 보인다. 그러나 제의가 신화의 전부는 아니다. 또한 제의 자체가 이미 초현실적이다. 따라서 신화에 대한 실증주의적 편견은 쉽사리 논파論破될 수 있다. 모든 신화적인 관념은 이것저것 가릴 것 없이 필경은 허위라는 것이 실증주의적 견해다.

앞서 말한 것처럼 신화는 처음부터 시간·공간의 연관 속에 존재하고 있는 객체적 대상에게 되돌려질 것이 아니다. 신화는 실증의 피안에 있는 것이다. 실증의 피안에 있는 것에 실증주의의 척도를 대보려는 것이야말로 망상적이라 오해될 때의 저 신화적인 것일 수밖에 없는 것이다.

그러므로 신화를 대할 때 신화의 탈사실성을 존중하는 것이야말로 신화를 객관적으로 보는 것이 된다. 신화를 사실적 진위眞僞—역사적 진위라는 관점에서 해방시켜 살피는 것이 오히려 지적이고 이성적인 것이다. 객체적 사실이라는 관점에서 본 진위와 역사적 진위를 '괄호로 묶어 내어 버리는 것'이야말로 신화의 실재를 놓치지 않는 데에 필요한 전제인 것이다.

신화를 사실적 · 역사적 진위로 묶어 버린 데서 오는 오해를 피하기 위해 'myth'나 'mythical'이란 관습에 때 묻은 말을 버리고 'mythos'와 'mythic'이란 말을 거기 대체하는 것이 바람직하다고 휠라이트Wheelwright는 주장하기까지 한다. 탈사실적으로 본 신화, 그것이 곧 'mythos'이고 그것의 속성이 'mythic'인 것이다.

'mythos', 곧 미토스는 다름 아닌 '말'이란 뜻이다. 신화는 말이다. 따라서 'mythology'는 '말의 말'을 의미한다. 신화학, 곧 '미톨러지mythology'는 '말의 학學'이란 데에 그 근원성이 있다. 발레리는 진작 신화는 언어가 존재 이유인 한도 안에서 존재하고 있는 모든 것에 붙여진 이름이라고 하였다.

신화학에서 '언어주의'는 불가피한 것이다.

그리스어의 'mythologia'가 'mythos'를 'legein'하는 것임을 말한 것은 플라톤이다. 따라서 '미톨로기아'란 '말에 관해서 얘기하는 것'이 된다. 이와 함께 플라톤은 '미톨로기아'를 시작詩作 행위, 즉 '포이에시스poiesis'와 근본적으로는 같은 것으로 보았다. 다만 '포이에시스'가 개개인이 영감을 받아 창조하는 언어행위임에 비추어, '미톨로기아'는 이미 있어 온 것, 얘기되어 전해져 온 것을 얘기하는 언어행위였다.

전자가 개인 지향적이라면 후자는 전통 지향적인 셈이다. 전자가 주어진 현존하는 시간성 속의 것이라면 후자는 원천을 회고하면서 지속되어 가는 것이라는 특색을 지니고 있다.

신화는 전통 속에서 원천적인 것을 회고하는 '포이에시스'다. 신화학은 전통과 합일하면서 원천적인 것을 조사照射하는 얘기다.

신화에 있어서 원천적인 것은 무엇일까? 아니, 인류가 신화를 통해 도달할 수 있었던 원천적인 것은 무엇이었을까 하고 묻는 것이 더 옳은 일이다.

그 원천은 다름 아닌 '신적인 것'이다. 신적인 것을 은유적인 언어, '긴장의 언어'로 얘기하는 것이 신화다.

신화에서 신적인 것이 '신의 속성'임은 두말할 것 없다. 이럴 때 신화는 이른바 '신성현시神性顯示'가 된다.

신은 경외로운 피안적 존재다. 두려움과 공경으로 대하여야 할 초월적 존재다. 그것은 인간적인 것에 있어서는 완전한 '타자他者'다. 볼 수 있는 모든 것을 그같이 보일 수 있게 작용한 보이지 않는 힘이다.

이 신의 개념은 인간이 던진 저 근원적인 물음— '존재하고 있는 것의 저 너머에 무엇이 있는가?', '존재하고 있는 것의 근거는 무엇인가?' 하는 물음에 대한 회답이다. 이 점에서 신화는 만유萬有의 존재론이 된다. 그것은 인간의 첫 형이상학이다.

뿐만 아니라 그것은 아울러 인간들의 첫 인식론이다. 만유의 존재를 통찰한 의식의 양식이 신화이기 때문이다. 신화의 존재론은 신적인 것과 관련지어져 있음에 그 특색이 있다.

신화에서 인간이 던지는 존재론적인 물음은 초월적이고 피안적인 것, 내재적이고 불가시不可視의 것을 원하고 있다. 그것은 세계의 보이지 않는 기층과, 세계의 저 너머에 있을 본질적인 것을 신성神聖원리로서 포착하는 것이다. 이러한 물음이 세계를 향하여 던져질 때 인간은 '시현적示顯的, presential'인 세계에 살고 있다고 말한다. 볼 수 없는 것, 알 수 없는 것을 알아볼 수 있게 드러내는 것을 시현적이라고 한다.

신화에 있어서의 '리얼리티'는 무엇보다 이처럼 시현적이다.

단군신화에서 천상의 신은 단수檀樹 아래에 강림한다. 단수 아래에 강림하였다는 것은 단수에 내렸거나 단수 따라 지상에 내렸다는 것으로 해석될 수 있을 것이다. 이럴 때 단수는 천상계와 지상계를 잇는 축이나 기둥 같은 것이라 생각될 수 있다. 더욱 그 나무는 산정에 있었다. 산정 자체가 그러한 축과 같은 의의를 지니고 있는 예는 드물지 않다.

산정에 높이 솟은 나무. 그것은 위를 향한 몸짓이다. 향상과 승화를 위한 원형상징이 되기에 충분하다. 위의 방향과 하늘이 신적인 세계의 원형상징임은 누구나 아는 일이다.

이래서 나무는 신으로 가는 길이고 신이 우리에게로 오는 길이다. 이럴 때 나무는 신화적인 은유의 본령을 발휘한다. 그리하여 단군의 부신父神이 단수 아래에 내린다는 신화를 이루어 내는 기반이 된다. 그래서 '은유'는 신화의 전 단계라는 성격을 갖는다. 이같이 갖추어진 신화의 원리를 '미토이드mythoid'라 부른다.

휠라이트는 이 '미토이드'와 신화의 관계를 진화론적 추이로 설명하고 있다. 그러나 양자를 구별하고 미토이드를 신화의 기저에 놓은 것은 설명에 따르게 마련인 분석을 위한 방편에 지나지 않는다. 양자는 선후 관계가 아니라 표리의 관계로 보아야 옳을 것이다. 동일한 실재의 표리다. 양자는 한 통찰 속에서 동시에 포착된다.

세계가 신화적 은유를 통해서 우리 앞에 보여질 때, 그리하여 사물들이 서로 내적으로 엮어질 때, 세계는 내재적·잠재적인 실재를 현시하는 신화의 무대가 된다.

데카르트 이후의 인식론은 주체와 객체의 이분법에 너무 길들여져 있다. 그것이 근대 실증주의의 지주 노릇을 다하였기 때문이다. 신화적 리얼리티는 이 이분법을 거부한다. 사실을 관찰하는 나와 관찰의 대상인 객체의 대립은 신화적 사고에는 존재하지 않고 있다. '운명의 별'이란 말은 은유다. 이 은유는 운명과 별만을 동일화하는 데 그치지 않는다. 그것은 인간적인 것과 별을 동일화하는 은유다.

'운명의 별'로서 별을 볼 때 나는 별 속에 나를 내재시키고 내 속에 별을 내재시킨다. 반짝이는 별은 나의 운명의 눈짓이다. 나를 눈짓하고 내가 눈짓되고 있다.

'운명의 별'이라 할 때 인간은 별을 단순히 굴레나 사슬로서만 보고 있는 것일까. 그렇지 않다. 그것이 내게 있어 무엇인가 결정적인 것을 암시하는 것임은 틀림없다. 그러나 거기에는 그 이상의 것이 깃들어 있다. 막연하고 미리 알려진 것이 없는 운명, 언제나 가면을 쓰고 있는 운명이 그나마 밝고 또렷한 것으로 바뀌어 있다. 뿐만 아니다. 지상의 제한된 존재인 나를 저 창공의 넓이 속에 확연하려는 소망이 거기 있는 것이 아닐까. 자신의 삶을 우주의 로고스 속에 있게 하려는 꿈이 거기 반짝이고 있는 것이 아닐까.

나를 대우주의 이법理法 속에 있게 하면서 나도 스스로 작은 하나의 우주이고자 하는 소원이 거기 담겨 있지 않을까.

또한, 크고 작은 사물들과 한 인간 자아가 더불어 생각하고 함께 살아가게 되기를 소망하고 있을지도 모른다.

이처럼 '운명의 별'을 말할 때 사람은 별과의 대립을 지양한다. 나와 세계가 하나로 합일한다. 그것을 '융즉融卽'이라고도 부른다. 이 속에 신화적 리얼리티의 한 비밀이 있다. 신화에 있어서의 리얼리티는 융즉적이다. 주체와 객체가 어울리고 짝 짓고 그리고 서로 사랑한다. 이러한 신화의 리얼리티에 접할 때 인간은 영원히 자연과 함께 있고 자연 속에서 자연과 하나로 존재하게 된다.

레비 스트로스는 그의 신화학을 '미톨로직'이라 부르고 있다. 신화논리란 뜻이다. 신화논리의 특수성을 얘기하면서 레비 스트로스는 신화가 얼마나 끈질기게 그 은유의 논리로써 인간과 자연의 벌어진 거리를 메우고자 하고 있는가를 설명하고 있다.

그에 의하면 근대 과학적 사고는 인과율을 존중하는 데 그 특색이 있다. 그 인과율은 대유법代喩法의 세계다. 이 경우, 대유란 한 사물의 이름을 그와 관계 있는 다른 사물의 이름으로 바꾸어 부르는 것이지만, 원인으로써 결과를 나타내고, 역으로 결과로써 원인을 나타내는 것은 대유법의 전형이다.

이 대유는 '전의轉意'와 대조적이다. 전의는 한 어사語辭를 워낙 그것이 적정하게 소속되어 있는 것이 아닌 다른 것으로 전용轉用하는 언어형태다.

전의는 온전히 서로 다른 범주에 드는 것을 하나로 맺는 데 비해 대유는 동일 범주에 속하는 것의 상호 전용이다. 전의는 대립이나 격차를 해소하고 양자를 합일시키는 데 그 특징적 기능이 있다. 은유는 이 전의의 비유법이다.

레비 스트로스는 신화가 그 은유의 논리로써 인간과 자연 사이의 대립을 전의적으로 합일시키고 있음을 보여 주고 있다.

신화에서의 두 '리얼리티', 즉 '현시성'과 '융즉성'은 별도로 존재하지 않는다. 이 둘은 상호 보족적이다.

신화에 있어서 인간이 융즉하는 것은 현시적인 것이기 때문이다. 뿐만 아니라 융즉할 때, 이미 현시적인 것이 포착되어 있기 때문이다.

신화의 리얼리티를 경험할 때, 우리는 만유와 세계의 내오에 깊이 침잠한다. 단순히 무엇인가를 아는 것이 아니다. 그것과 존재를 같이 하는 것이다. 그것과 함께 있게 된다.

신화의 리얼리티는 우리에게 알려진다기보다 우리로 하여금 그와 함께 있게 한다. 독일어에서 알림을 의미하는 'Mitteilung'이란 말의 본래적인 의미는 더불어 나누어 가진다는 것이다. 더불어 나누어 가지면서 알리는 것, 그것이 'Mitteilung'이다. 'Mit'란 무엇과 무엇의 상호관계.

알림을 받는 것과 그 알림에 참여하는 것이 커뮤니케이션에서의 상호관계다. 알림을 받는 쪽이라고 끝까지 피동인 거울처럼 알림을 반영하는 데 그치지는 않는다. 알림을 받는 쪽에서도 그 앎의 형성에 가담하는 것이다. 읽는 것이 동시에 의미의 창조가 되게 하고 있는 것이다.

여기서 신화의 또 하나의 '리얼리티'가 드러난다. 그것을 투시적이라고 부른다. 그것은 신화의 리얼리티가 현시적이고 융즉적이란 데서도 연유된다. 현시적이거나 융즉적일 때 그것을 표현할 수 있는 말은 기왕에 고정된 의미에 의존할 수 없기 때문이다.

비로소 창조된 의미를 담을 수 있는 신선한 말을 신화는 찾아야 한다.

신화가 상상적 창조의 원천일 수 있음은 이에서 마련된다. 신화가 시와 공질성을 나누어 가짐은 앞에서 이미 언급하였다. 그런 면에서 신화는 '미토 포이에시스mytho poiesis', 곧 창조의 어머니가 된다. 신화는 늘 언제나 창조하는 것이다. 신화는 화석化石된 표현, 결과 지어진 말로서 존재하지 않는다. 그것은 늘 새것을 멀리 내다보게 한다.

'투시적'이라고 한 것은 'perspectival'의 번역이다. 'Perspectival'이 원근법적인 조망까지를 의미하고 있음을 이에서 상기할 필요가 있다.

사물은 현실 맥락 속에는 고착되어 있으나 인간은 늘 조망적이고 투시적이다. 과거에 있은 적이 없는 새로운 시야 속에 자신을 있게 하면서 사물과 세계의 새 면모를 보여 주는 것이 인간 존재다. 그는 언제나 이미 관련지어져 있는 것 속에만 머물러 있기를 거부한다. 그는 늘 아무도 말한 적이 없는 새로운 말로 얘기하려 하는 것이다. 새로운 몸짓, 새로운 행동으로 움직이고자 하는 것이다. 그런 면에서 인간 존재의 기본적 양상의 하나는 '투시적'인 데 있다.

신화는 무엇보다도 이 인간 속성에 대응하고 있는 것이다. 따라서 신화가 투시적일 때 그것은 바로 인간 존재의 기본적 양태에 대하여 말하고 있는 것이다.

신화의 리얼리티는 무엇보다도 인간 존재의 기본적 양태다.

현대인과 신화

인간은 그 자신의 한계에 눈뜨면서 초월적인 것에 마음을 두게 된다. 한계는 초월에의 문이다. 한계에 부딪혀서 막혀버린 시선이 비로소 구원久遠을 향해 날개를 펴는 것이다.

인간 자신도 포함해서 자연 속의 존재들이 어디서 어떻게 비롯하였는가? 그 존재들의 궁극은 어떻게 끝맺을 것인가? 모든 현존재들이 결코 그 자신에 의해 존재하는 것이 아닐진대 무엇이 그것들을 지탱하고 있는 것일까? 이러한 물음이 아주 근원적인 물음으로 제기될 때 우리는 우리의 지知가 무지의 바다에 떠 있는 물거품에 지나지 않음을 알게 된다.

그때 일상생활의 맥락 속에서 제법 분명한 실체인 체하던 우리의 현존재가 칠흑 같은 어둠 속에 함몰해 버리는 것을 느끼게 된다. 근원적인 물음 앞에 서게 되는 순간, 우리는 입을 닫을 수밖에 없는 것이다. 전후좌우가 모두 광막廣漠한 어둠이요, 우리의 현존재의 실상은 그 속에서 성냥개비를 잇달아 억만 번을 켠다 한들 어둠뿐이란 것을 알게 되는 것이다.

아니, 빛은 결국 어둠을 확인하는 수단일 뿐, 절대로 어둠을 밝힐 빛이 못 된다는 것을 뼈저리게 느끼게 될 것이다. 빛은 어둠의 뜻을 알아내면 고작인 것이다.

우주의 근원인 '카오스Chaos'는 암흑 '에레보스Erebos'를 낳고 또 칠흑의 밤 '닉스Nyx'를 낳는다. 낮 '헤메라Hemera'와 빛은 밤에서 태어난다. 뿐만이 아니다. 지상에서 인간들이 누리는 거의 모든 삶의 현상과 섭리는 이 '닉스'의 후예들이다. 숙명·죽음·잠·꿈·고뇌·중상·애욕·쟁투·살인·싸움·허위·망각·비탄·맹서 등 이루 매거枚擧하기 어려울 만큼 많은 것들이 흥성하게 어둠의 집안의 핏줄을 이루고 있다.

'닉스'의 그리스신화는 무엇보다도 어둠이 모든 인간적인 것의 근원이고 빛의 발원이란 것을 말해 주고 있다. 이것은 인간적인 '지知'가 필경은 무지의 바다에 떠 있는 물거품에 지나지 않는다는 철학적인 사유의 신화적인 표현이다.

가령 '에로스'는 어둠을 뚫는 빛의 형상으로 바다 속에서 태어났다는 또 하나의 신화를 연상할 필요가 있다. 그러면 이 철학적 사유를 다소 수정해야 할 필요가 있다는 것을 아울러 알게 된다. 지가 무지의 바다에 뜬 물거품이라는 명제 속에서는 지와 무지가 엄연히 대립하고 있는 듯이 보인다.

그러나 이 대립은 겉으로 그렇게 보일 뿐 진실은 아니다. '에로스'의 신화에 의하면 '지'의 근원이 곧 '무지'다. 지가 당도해야 할 궁극이 무지인 것이다. 무지는 지의 궁극인 것이다. 우리의 존재와 자연의 시원에 관해서, 아울러 그것들의 종국에 관해서 필경 우리는 무지일 수밖에 없다는 깨달음에 이르러 지는 그 궁극에 다다르는 것이다.

현존재의 지는 존재의 근원과 그 본질에 관한 물음을 두고 무지임을 터득하는 것이 그 마지막 깨달음인 것이다. 인간적인 지의 참다운 모습은 무지의 깨달음인 것이다. 이 점에서 소크라테스의 지와 야스퍼스Jaspers의 지는 다를 바 없다.

노자에게 "도가도 비상도 명가명 비상명 무명천지지시 유명만물지모道可道 非常道 名可名 非常名 無名天地之始 有名萬物之母"란 유명한 말이 있다. "도道가 도임 직하면 상도常道가 아니요, 이름이 이름임 직하면 상명常名이 아니니 무명은 천지의 비롯함이고 유명은 만물의 어머니로다"라는 정도로 번역될 수 있을 것이다. 도라든가 명이라든가로 규정지어질 수 있는 제한된 것이 있기 전에 존재할 근원적인 본유本有로서 이름 지어질 수 없는 것이 전제되어 있다.

명은 이름이고 이름 짓는 일이다. 그것은 어느 현존재를 지정하는 일이고 제한하는 일이다. 그것은 현존재를 현존재로서 인지하여 다른 것과 구획 짓는 지知의 작용이다. 현존재를 지각하는 일과 거기 기호를 붙여 주는 일이 동시에 행하여질 때 명은 생겨나는 것이다. 그 명의 작용으로 만물은 우리 앞에 그러저러한 만물로서 있게 되는 것이다. 만물이 인간과 유대를 지니면서 존재하게 되는 것은 바로 이 명 때문인 것이다.

그러나 이처럼 구획 짓고 지정·제한하고 인지하는 작용인 명보다도 더 근원적인 본유, 그것이 바로 무명인 것으로 되어 있다. 그것은 구획도 제한도 지정도 있기 이전의, 따라서 인지 이전의 본유인 것이다. 지를 초월하면서 스스로 만유의 근원으로서 존재할 수 있는 것, 그것이 곧 무명인 것이다.

노자의 철학에 있어서 가장 근원적인 것은 지 너머에 가서 존재하고 있다. 이 지를 초월한 것에 이르고자 하는 지, 그 새로운 차원의 지가 노자의 철학이다. 그런 점에서 노자의 철학은 신화적인 통찰에 넘쳐 있다. 이 문제에 있어서의 노자의 최종적인 명제는 다음과 같이 귀결된다.

"천하만물생어유 유생어무天下萬物生於有　有生於無."(천하의 만물은 유에서 생겨난다. 유는 무에서 생겨난다.)

노자에서처럼 철학은 왕왕 신화적 통찰을 더불어 있을 때 비로소 그것이 도달할 수 있는 지상至上의 높이를 보여줄 때가 많다. 그때 철학은 사고할 때보다 명상하고 묵넘할 때 한결 더 많은 수확을 얻을 수 있음을 보여 주기도 한다. 노자가 천지를 현빈玄牝·곡신谷神·탁약橐籥 등에 비유하면서 그의 자연철학을 전개한 것은 그 좋은 예이다.

철학적 사유가 신화적 통찰을 더불었을 때 비로소 그 지고至高에 다다른다는 것은 신화는 철학적 사유의 한계 너머에서 철학에 빛을 던져 주고 있다는 것을 의미한다. 개념지槪念知 중에서 가장 근원적이어야 할 철학적 사유가 존재의 근원에 관한 사유에 즈음하여 맛보게 되는 좌절을 신화적 통찰이 구원해 주는 것이다. 신화는 이처럼 지가 그 무지를 깨달았을 때 아연俄然 빛을 발하기 시작한다. 인간이 그 한계에 다다랐을 때 초월에의 계기가 되게 신화는 우리 앞에 그 모습을 드러낸다. 마치 커다란 비의秘儀의 계시처럼…….

이러한 점에서 신화는 스스로가 근원지의 지라는 것을 명백히 한다. 신화는 제일의적第一義的인 지知라는 점에서 영원히 근원적인 지인 것이다.

신화는 인간 지가 시대적인 흐름을 따라 진화해 왔다는 것이 한갓 미혹에 지나지 않음을 잘 알고 있다.

따라서 현대인의 지가 그 진화의 정점에 서서 신화를 내려다보는 것을 거부한다. 오히려 신화는 그 근원성에 힘입어 어느 시대의 지나 그 자신에게로 되돌아올 것을 요구하고 있다. 이것은 신화적 확신이다. 신화는 모든 시대의 지의 흐름이 거기 흘러들 바다인 것이다.

일례를 저 유명한 '나르키소스Narkissos'의 신화에서 보자. '오이디푸스' 신화가 프로이트에게 이른바 '오이디푸스 콤플렉스'를 추출할 소재를 제공하였듯이 '나르키소스' 신화는 그에게 저 '나르시시즘'을 정립시킬 근거를 부여해 준 것으로 이미 잘 알려져 있다. 어느 신화나 인간 본성에 대한 잃어버린 통찰 노릇을 다하고 있는 것이다. 인간들이 인간 스스로에게 내린 최초의 근원적인 통찰이 프로이트를 기다려서 개념화된 것에 불과하다.

그러나 여기에서는 그의 '나르시시즘'과는 다른 생각을 이 신화에 붙여 볼 가능성을 검토해 보자.

나르키소스에게 관심거리는 남들이 아니었다. 나르키소스의 눈은 밖을 향해 또는 대경對境을 향해 열려 있지는 않았다. 요정의 유혹마저도 그의 시선을 그 아닌 다른 것에 돌릴 수 없었다.

그가 마음에 둔 것은 오직 그 자신이었을 뿐이다. 그의 시선은 오직 자신을 향한 응시에 못 박혀 있었을 뿐이다. 그의 눈길을 그 아닌 다른 것에 돌리려 들었던 '에코'의 죽음은 오히려 그의 자기 응시를 더욱 촉진하였을 뿐이다. 그는 아무것도 보지 않았다. 그는 오직 그 스스로를 보는 것으로 살았다.

그의 삶은 그 자신을 보는 일이었다. 자기 응시에 모든 것을 바친 한 목숨이 나르키소스였다. 그는 그의 외부의 온 세계와 그 자신을 일대일로 맞바꾼 것이다. 그는 세계를 버리고 자아를 택한 것이다. 아니 그에게 있어 자아만이 그의 세계였다. 그 이외엔 세계는 존재하지 않았다. 존재한다 해도 그에겐 아무 의미도 없었다. "세계에는 오직 나만이 존재한다"—그는 이렇게 말한다.

세계의 일부인 호수마저도 그 자신을 비쳐 보여 주고 있는 한 비로소 그의 세계일 수 있었다. 그는 객체를 볼 때도 그 자신을 보고 있었던 것이다. 그의 눈이 밖으로 향해 열려 있다는 것은 그에게 한 커다란 삶의 '이로니Ironie'였다. 이 '이로니'의 극복에 그의 삶의 진면목이 있었다.

초월적인 인간은 이처럼 때때로 인간과 자연을 역전시킨다. 초월적이란 그럴 때 전도顚倒를 의미할 수 있을 것이다. 거꾸로 뒤집는 것 이외에 더 근사한 초월이 없는 듯이 느끼게 만들어 준다고 할 것이다.

'이로니'의 극복은 삶의 낭만적 완결이다. 저 유명한 낭만적 이로니란 말을 여기서 연상하는 것이 좋을 것이다. 삶에 주어진 대립, 아니 삶의 근원상황인 대립의 종합에 낭만주의자들은 그 삶을 걸었던 것임을 생각해 보자는 뜻이다.

바깥으로 향해 열려 있는 눈으로 세계가 내 안에 있다는 것을 본 존재—그것이 나르키소스다. 그는 자연의 이법을 어기고 자신의 존재 이치를 창조한 것이다. 스스로 자신이 살아갈 길을 마련한 것이다. 그것에 의하여 나르키소스는 이미 다른 아무것도 아닌, 다른 어느 누구도 아닌 그 자신이었건만—그것도 충분히 자신이었건만 거기서 한 걸음 더 나아갔다.

'이로니'의 완성을 향해—그는 드디어 눈을 감은 것이다. 그것은 죽음으로 겨우 간신히 얻을 수 있었던 너무나 값진 대상이었다. 바깥으로 열렸기에 안으로 닫힌 눈을 영원히 안으로 열려 있게 한 것이다.

겉으로 닫으면서 안으로 연 것이다. 여기서 그의 자연 존재의 거부, 숙명의 거역은 극에 다다른다.

살아 있는 동안 그는 집요하게 자신만을 보려고 했다. 악착같이 자신에게만 집착하고 있었다. 밖으로 향하여 있던 그의 눈을 통틀어 그 자신만을, 그 자신이 무엇인가를 보고자 했던 것이다. 외향시선의 내면화에 그의 생의 의지는 엉겨 있었다. 물에 빠진 자가 구명대에 매달리듯 그는 필사적으로 그 의지를 고수한 것이다. 그는 자아가 무엇인가를 보지 않고는 견딜 수 없었던 것이다. 자기 인식에 삶을 걸어 본 것이다.

그가 드디어 그 자신을 포옹하고 그 스스로를 포착하였을 때 그는 길이 눈을 감은 것이다. 그의 그림자, 그의 분신을 팔에 안았을 때 그는 조용히 죽음을 맞은 것이다. 그리하여 그의 눈길은 영원히 그 자신 속에 침잠한 것이다.

이때 그의 죽음은 그의 삶의 확대였던 것이다. 살아서 거기 집착하였던 생의 의지가 죽음에서 마무리 지어진 것이다. 삶에 어울리는 죽음이 마련된 것이다. 아무에게나, 어느 누구에게나 무턱대고 그 삶에 어울릴 죽음이 주어지지는 않을 것이다. 삶을 창의적으로 살아간 자에게만, 자신의 삶을 자신의 삶으로서만 살아간 자에게라야 비로소 그 삶에 조화된 죽음이 주어질 것이다.

그때 그 죽음이 삶의 연장이란 것은 당연한 귀결일 것이다. 그에게 있어 삶과 죽음은 낭만적 이로니로 결정지어질 것이다. 삶과 죽음의 이원론적 대립은 그에게 있어 의미가 없는 것이다. 삶을 걸어가던 발걸음, 그냥 그대로 그는 그의 죽음을 살아갈 것이다.

"부디 제 삶에 어울리는 고유한 죽음을!"

하고 기축하던 릴케의 삶의 이상은 고요하게 한 송이 수선화로 피어
난 것이다. 수선화는 그리스신화에 등장하는 꽃 중의 꽃이다.

> 이 수선화야말로 '가이아'가
> '제우스'의 계략에 의해
> 만인을 맞는 신,
> '하데스'의 마음을 사려고
> 꽃송이 같은 소녀를
> 속이기 위해 피어나게 한 것.
> 하지만 놀라우리만큼 선연히 빛나는
> 것이었기에
> 불사의 신들에게나
> 죽음을 피치 못할 사람들에게나
> 한결같이 경탄에 족할 것이었다.

'페르세포네'가 명부冥府의 신 '하데스'에게 유괴되어 가는 장면에
서 수선화는 이렇게 묘사되어 있다. 그것은 신과 인간을 한꺼번에 매
혹하는 꽃으로 변신할 수 있었을 것이다.

'나르키소스' 신화는 삶과 죽음의 양쪽에 걸쳐서 생의 '이로니'를
완성시킨 한 인물에 관한 얘기다. 자연 존재처럼 주어진 삶을 뒤집지
않고는 견딜 수 없었던 한 생의 의지가 드디어는 삶과 죽음의 이로니
마저 종합할 수 있었던 얘기인 것이다. 따라서 그것은 주어지는 것으
로서의 죽음이 아닌 스스로의 죽음을 죽을 수 있었던 한 삶에 관한 감
격적인 얘기인 것이다.

'나르키소스' 신화는 현대의 우리에게 무엇을 의미하고 있을까? 그 신화는 시대적 격차를 까마득하게 두고 있는 우리에게 어떤 의의를 지니고 있는 것일까?

나르키소스의 호수는 그에게 있어 자신을 비춰 보는 거울이었다. 이제 그의 신화는 우리에게 있어 우리 자신을 들여다보는 거울 노릇을 다하게 된다.

오늘을 살고 있는 인간들의 눈은 눈이 생긴 그대로 바깥으로 향해 열려 있다. 그들은 스스로를 보는 법이 없다. 그들은 끊임없이 외부를 보고 있다. 그것은 내면화되는 일이 극히 드물다. 전혀 동물적인 감각만을 지닌 눈이다. 감각이 외향하여 있고 그 감각에서 삶의 나침반을 찾을 때 인간은 바로 동물과 같아지고 만다. 현대를 살고 있는 적잖은 인간은 이제 동물적인 삶을 살고 있는 것이다.

감각이 외향하였을 뿐만 아니라 그 외향성에 등을 대고 스스로 내부에서 무엇인가를 창조한다는 일도 있을 수가 없다. 텅 하니 빈 속을 지니고도 살 수 있다는 점에서 그들은 고목의 생리를 지니고 있다. 감각이 외향하는 동안, 삶은 언제나 공극空隙인 것이다.

외부만을 보는 한 그것은 참답게 보는 것이라 할 수가 없다. 외부를 본다는 것은 무엇인가 객체가 눈에 비쳐진다는 것뿐이다. 전혀 물리적인 현상에 지나지 않는다. 인간다운 '봄'이란 무엇인가를 보아 내는 것이다. 발견하는 것이다. 발견이란 말은 언제나 창조적이란 함축성을 더불어 사용된다.

나의 전체를 통틀어 객체와 조우하였을 때, 객체와 맞부딪혔을 때 창조는 정신적인 의미마저 지니게 된다. 인간적인 '봄'은 매양 이런 뜻의 '봄'이 되어야 할 것이다. 이런 뜻에서 본다는 것은 시작詩作 활동과 같은 차원에 있는 것이다. 랭보가 시인을 '보는 사람'이라 규정한 것을 연상하면 좋을 것이다.

현대의 우리가 본다고 할 때 그것은 눈치를 살피고 있는 것이다. 남의 눈치를 보고 있는 것이다. 그것은 카프카의 한 단편에 등장하는 지혈地穴 속의 작은 짐승의 눈길을 닮아 가고 있다.

모래 구멍 속에 잠겨 있는 무수한 게의 무리들. 그들은 노상 구멍 바깥을 살피기에 바쁘다. 그들의 눈망울은 몸집에 비해 짧다고는 할 수 없는 제법 긴 받침대 끝에 매달려 있다. 긴 장대 끝에 회중등을 매달고 쑥 내민 그런 꼴이다. 그런 맵시로 얼마나 사방을 두리번거리며 살아왔기에 그들의 눈알은 언제나 몸통 바깥으로 비어져 나와 있는 것일까. 전후좌우 멋대로 회전하는 그 눈알은 언제나 겁에 질린 듯 떨고 있다.

오늘날 인간들의 눈은 이 게의 눈을 닮은 것이다. 아니 그보다 더할지 모른다. 곤충들의 촉각처럼 더 길게 바깥으로 뻗어나 있는 것인지도 모른다.

바깥을 보기에 길들여진 우리는 나를 볼 때에도 결코 나 그 자체를 보는 것은 아니다. 남에게 비쳐진 나를 보는 것이 고작이다. 나조차 외부에서 주어진다. 나 스스로조차 외부세계의 반영이다. 우리는 나를 볼 때에도 사실은 남을 보고 있는 것이다.

카프카의 『성』은 바깥에서 찾아질 성이 아니다. 『심판』도 역시 남에게서 기대할 것이 아니었던 것이 아닐까. 그 작품들은 안에서 찾아야 할 것을 바깥에서 찾은 현대인의 좌절을 우화화하고 있는 것이 아닐까. 그런 의미에서 그 작품들은 우울한 낭만주의라 할 수 있을 성질을 갖고 있는 듯하다. 그것들은 노발리스의 「푸른 꽃」의 어두운 변질

같을 수 있기 때문이다.

우리는 이제 우리 각자가 '반反나르키소스'라는 것을 확인할 수 있을 듯하다. 역逆의 나르키소스. 마이너스 부호가 붙은 나르키소스. 그렇게 우리는 존재하고 있는 것이겠다. 그러한 우리를 나르키소스의 신화는 비쳐 보여 주고 있는 것이다.

우리는 우리의 삶을 살고 있지도 않다. 누구에게선가 빌려 온 삶을 살고 있다. 어디까지나 임시로 살고 있는 것이다. 삶은 우리에게 임시로 주어져 있는 것뿐이다. 하늘대던 바람이 한순간 풀잎에 앉듯 그렇게 삶이 우리에게 가우假寓하고 있다. 삶은 나를 나그네처럼 지나가고 있는 것이다.

해서 죽음도 불청객처럼 어거지로 나를 찾아들 것이다. 거절할 수 없는 난폭한 흉한凶漢처럼 내게서 내 삶을 벗겨 갈 것이다. 워낙 빌려 입은 옷이라 벗겨 간다고 해도 그뿐, 나는 오히려 낯을 붉혀야 할 것이다. 그리고 어쩔 수 없이 두 쪽으로 갈라져 버린 삶과 죽음을 어떻게도 할 수 없게 될 것이다. 깨어진 장독처럼 나동그라진 우리의 삶과 죽음의 파편을 바라볼 수밖에 없을 것이다. 설디선 삶을 살아온 한 목숨이 이제는 영 생각나지 않는 남의 것 같은 죽음을 멀거니 바라볼 뿐일 것이다. 워낙 그 둘 다 내 것이었어야 했던 것을……

삶을 놓치는 것 자체가 허무한 것이 아니다. 그것은 오히려 상유常有다. 죽음을 당하는 것 그 자체가 허망한 것이 아니다. 죽음은 오히려 삶보다 더한 상유인 것이다.

제 고유의 삶을 못 살고 제 고유의 죽음을 못 죽는 것. 그리하여 삶과 죽음을 영원히 가르고 마는 것. 그렇게 살고 그렇게 죽는 것이 허무이고 허망인 것이다.

이제 우리는 더없이 허무하다. 비길 데 없이 허무하다. 우리는 영원히 우리 팔 속에 확보해 보지 못하는, 남들의 죽음을 죽을 것이다. 우리는 우리 스스로를 보는 눈으로 우리를 응시하며 살지 못할 것이다.

그러고 나면 무슨 꽃이 필까? 오직 잡초만 우거질 것이다. 아니 그것도 오히려 좋은 편일 것이다. 불모의 황무지가 남기 고작일 것이다.

나르키소스의 신화 앞에서 반나르키소스의 회한은 그칠 날이 없을 것이다. 그 회한은 나를 내 삶으로 되돌리려는 몸부림, 내 죽음을 내 본유적本有的인 것이 되게 하려는 안간힘, 삶과 죽음을 하나로 어울리게 하려는 마음일 것이다.

이 몸부림, 이 안간힘, 이 마음, 그것은 삶의 구원久遠한 의지다. 그 의지가 있는 한 우리는 나르키소스의 그 신화 속에 살고 있는 것이다.

오늘의 반나르키소스들은 회한으로 저리는 가슴으로 신화를 되돌아보아야 하는 것이다. 그것은 정신의 노스탤지어, 마음의 향수라야 할 것이다.

인간은 한계의 문에서 초월을 향해 두들기게 된다. 인간에게 가능한 구원은 무제한한 양의 단위 시간의 퇴적일 수 없다. 그것은 순간의 내실화 이외의 아무것도 아니다. 알차게 작열하는 순간의 점멸 이외에 가능한 영원은 인간에게 있을 수 없다. 순간은 살기에 따라 찰나로 그치고 영원으로 확연擴延되기도 하는 것이다. 인간에게 영원은 순간 속에서 가능하다. 따라서 그는 신들이 누리지 못할 시간을 향유한다. 그는 신보다 다행스러운 존재이다. 이러한 인간에게 무제한한 양의 영원—신들이 누릴 것으로 예상되는 영원은 지루하기 그지없는 시간일 뿐이다. 인간은 차라리 무료해서 죽음을 택할 것이다. 그는 오직 순간을 택할 것이다. 구원久遠을 위해 순간을 택할 것이다.

인간은 초월을 위해 제한을 택한 것이다. 초월은 높이 치솟는 물리적 도약이 아니다. 제한의 내실화다.

현대의 우리에게 신화는 무엇보다도 그러한 영원과 그러한 초월이 어떻게 가능한가 하는 데 대한 해답을 줄 것이다.

삶의 근원적인 문제에 부딪혀 지知가 좌초할 때마다 우리는 신화를 향해 다시 출항해야 한다. 근원적인 물음과 맞서는 한, 신화는 인간을 위한 영원한 근원지根源知 노릇을 다하게 될 것이다. 그것은 인간들이 낳은 지이면서도 저 불멸할 신들과 함께 영원을 누릴 것이다.

무엇보다도 신화야말로 인간들의 신인 것이다. 신화는 신에 관한 얘기가 아니라 다름 아닌 신 그 자체인 것이다.

신화와 생활과 문학

망막에 어른거리는 옛 고향의 환영幻影, 그 손짓이 선연해질수록 항로는 더욱 멀어져 간다. 소연蕭然히 물살을 가르는 선수船首. 백설처럼 난무하는 포말. 방울져 부서지고 부서져 다시 방울지는 무수한 영상들─어제며 고향이며 옛집이며 하는……. 바다의 어느 심연에 그 이미지들은 묻혀 있었던가. 그리고 다시 어느 해저에 그것들은 삼켜지고 마는가. 선수는 그 신비를 가늠하는 몸짓. 배는 오직 그 때문에 앞을 가는 것이리라.

찬연한 미래의 모습도 오늘과 어제의 규구規矩로 마름된다. 우리의 꿈속에서 내일의 드라마를 연출하는 어제의 얼굴들이다. 혹은 질주하다가 혹은 뜨겁게 달떴다가도 신화로 되돌아가는 길목의 삶이 거리 한가운데 있음은 그래서 정말 복된 일이다.

방향을 잃은 자는 원점으로 되돌아가라. 산길에서의 교훈이다.

하기에 신화로 발길을 돌려 세움은 오늘이 혼미 속에 있기 때문이요, 내일이 가늠될 리 없는 소용돌이 속에 우리의 삶이 잠겼기 때문이리라.

낭만주의자들의 비의秘儀의 대사가 아니라도 좋다. 신화는 '근원어'인 것이다. 창세 전의 로고스의 로고스다. 만물을 있게 한 노자의 '명名' 그 자체인 것이다. 단순히 무엇인가를 얘기한 언어에 그치지 않는다. 무엇인가를 만들어 낸 언어인 것이다. 신화가 E. 카시러Cassirer류의 '신화시적神話詩的 직관'으로서 스스로 최초의 제일의적 통찰임을 내세울 수 있는 유연由緣이 바로 여기에 있다. 그래서 신화는 로고스이기보다 미토스다.

이로써 인간들은 번번이 신화에 귀향하면서 그들이 직면한 세대의 세계상이며 인간상의 원형을 발굴해 내기 비롯한 것이다.

어쩌면 그것은 기이한 일이리라. 가령 윤동주의 시에서처럼 어느 까마득한 옛 왕조의 동경銅鏡을 닦노라면 드디어 녹슨 거울 그 속에 잠겼다가 부활하는 스스로의 영상에 접하여 소스라치게 되는 것과 같은 일.

그러므로 신화를 대하는 것은 인식론적인 나르시시즘 같은 것이다. 그러나 이때 프로이트적인 연상은 제거하는 게 좋을 것이다.

시시포스Sisypos를 얘기하면서 카뮈는 스스로의 내면에 깃든 인간 비극을 응시하고 있었던 것이다. 그때 그에게 있어 비로소 그리스와 오늘 사이를 가로질렀던 계곡에 도도히 물살은 흐르기 비롯하였고, 그로써 조각났던 시간들이 홰치고 일어서 구원久遠 속에 그 새 깃을 마련한 것이다. 그렇기에 신화의 재생은 단절을 메우는 일. 소외와 분자화의 밀폐된 벽을 헐어 우주로, 전체로 내닫게 하는 위대한 종합.

현재와 과거, 순간과 구원, 전체와 개아個我, 때로는 절대와 상대, 이 모든 대립을 지양止揚시킬 장엄한 낭만적 종합, 그곳에 신화로 거듭 소급하는 우리들의 행정行程의 종국이 있다.

우리는 일체의 갈등의 조정調停, 모순의 조화를 마음하여 신화를 찾아드는 것이다.

무엇보다도 생과 사의 조정이다. M. 엘리아데에 의하면 그것이 신화의 제1차적인 기능이자 의의이다.

신화가 하늘과 땅의 분열 이전의 공간을 무대로 하고 있음은 그 때문이다. 릴케가 스페인에서 목도했다는 "아직도 분리되지 않은 천天과 지地의 태초의 융일融一"이 어떠했는지는 상상조차 못할 일이다. 그러나 그러한 신비주의적 발상의 으뜸이 신화시적 직관에 있었던 것만은 틀림없으리라.

대립의 조정이 지고至高의 시어였던 그에게 있어 꿈인들 어찌 태초의 카오스를 계시하지 않았으랴. 유동하는 것 앞에 서면 "내 여기 확연히 존립해 있노라"고 외치고, 부동의 것을 대하여선 "내 여기를 흐르노라"고 외치라던 그에게 있어 삶은 대립의 역동 속에 파악된 것이겠고, 시도 그 역동을 원활히 운영케 하는 균형의 구심점이었을 법한 일이다. 역동을 억눌러 무위의 허점이 되게 하는 것은 아니다. 역동을 더욱 치열케 하는, 어쩌면 한 곡예 같은 균형이 그의 시다. 돌아가는 팽이를 보라. 그것도 회전이 절정에 다다랐을 때의 팽이를⋯⋯. 돌아가는 것도 같지 않은 그 격렬한 움직임을 지탱하고 있는 한 균형을 볼 것이다. 철철히 넘치도록 담뿍 괴어 있는 그 움직임은 차라리 참선參禪인 양 자약自若하다.

이리하여 문학도 신화에다 그 구심점을 구하여 마땅하다.

달걀 노른자 속의 배자胚子로써 삶에 깃든 죽음을 비유했던 J. 던이 그렇듯이 D. 토머스에게도 죽음이란 삶 속에 내재하여 삶의 육체 속의 또 하나의 작은 생체로서 서식하고 있는 것이다.

삶이 죽음을 기른다는 생각은 죽음을 내 삶 속에서 우러난 필연으로서 여기고 숙명을 앞질러 선취하려는 결단을 의미한다. 그것은 살아 있는 채로 생과 사의 화해를 기도하는 일이다.

기울어져 가는 것, 허물어져 가는 것의 마지막 영화榮華. 그 눈부신 낙조 속에 은은히 현신하는 순수한 죽음의 예감. 그를 더불어 우리의 심장이 고동치는 소리. 파도처럼 무한을 향해 출렁이는 생명의 물살. 그럴 때 우리는 온몸으로 생과 사의 해음諧音을 소리 없는 파문으로서, 한 선명한 전율로서 실감하고 있는 것이 아닐까.

어느 깊은 산골짝. 어둠이 흠씬 그 품을 여미는 곳. 바람은 보이지 않는 꽃구름. 저 등성이 너머까지를 가볍고도 순하게 감싸고 돈다.

작은 짐승의 온몸 속속들이 꿀처럼 스미는 안식과 위안. 사리 감듯 웅크리고 이제 잠에 드는 그의 몸매는 그대로 한 성스러운 귀의歸依고 신심이다.

그것은 고요한 죽음을 몸소 품에 거두고 있는 모습이다. 대기를, 과육이 과핵을 감싸듯 그 짐승은 품고 있다.

돌아가 깃들 곳에 깃든 것의 영상影像. '에테르ether', 곧 신들의 호흡일 법한 대령大靈이 오히려 그의 가녀린 숨결 속에 있는 것이다.

목숨 가진 자 하나하나의 숨결인 '아트만'은 그대로 대우주의 전일자全一者 '브라만'의 숨결을 숨쉰다는 것을 그때 짐작하리라.

태초에 하늘과 땅이 하나였다는 신화는 태초가 명뭇, 곧 어둠과 혼돈에서 형상되었음을 뜻한다.

그것도 '로고스'를 배제하기는커녕 오히려 '로고스'를 포태하고 있는 '카오스'에서 만상이 개별화되고 구분되었음을 말하는 것이다.

'코스몰러지', 곧 우주론으로선 그렇다 해도 거기 끼쳐 있는 인간의 비원悲願을 놓쳐선 안 된다.

인간과 인간의 단절. 인간과 물상의 격절隔絶로 말미암은 분자화. 그 분자화로 생겨난 대립들을 초극하려고 하는 염원이 거기 있다.

한 시대, 한 세대의 인간들이 그들의 극히 현재적인 꿈을 신화에 투사投射할 수 있음은 그 때문이다. 모든 시공의 인간들의 꿈의 스크린이 곧 신화다.

그리하여 신화는 꿈의 '드라마투르기Dramaturgie'. 신화 속에서 인간들은 집단적으로 꿈을 꾸는 것이다. 사실 신화 속에서 잠재적 욕구의 상징적 의인화擬人化의 자취를 추출하기란 그리 어렵지 않다. 이런 의미에서 신화를 우의寓意의 가구假構로 봄이 크게 흠될 것은 없다.

현대인에게 있어 전체란 만원 버스에 동승한 군중에 지나지 않는다. 집단적인 오월동주吳越同舟. 그래서 그것은 한갓 인간 퇴적에 지나지 않을 때가 많다. 등과 등을 맞댄 그 숨가쁜 밀착. 비라도 온 날이면 습기와 범벅이 된 후끈한 체온이 송충이처럼 무수히 살갗을 뚫고 스미고 또 스미는 밀림. 그러나 그 밀착과 체온이 오히려 남남임을 절실히 확인시켜 주는 것뿐이다. 드디어 그곳에서 인간 체온은 절연체인 것이다. 그것은 피와 피를 이어주는 따사로운 도체가 아니다. 운모雲母처럼 차디차고 애석碍石처럼 딱딱하게 절연할 뿐이다.

오늘날, 인간의 공동체는 벽돌담처럼 존재하고 있는 것이다. 이제 우리는 무기적無機的 결착結着으로 어거지로 한곳에 있는 것이다.

만원 버스에서 내릴 때의 해방감. 그 안도감. 우리는 이제 인간의 무리에서 떠나면서 그런 것을 느껴야 할 것인가. 우리는 그때 저마다 한 사람의 '카인'임을 어찌할 것인가.

"개새끼같이!" 카프카의 주인공처럼 그 한마디를 내뱉고 그러곤

끝내 나와 무연無緣하면서도 종시 나로 하여금 그 속에서 무슨 연줄을 찾아 방황하게 한 집단을 떠나야 할 것인가.

그런 집단 속에서라면 인간과 인간의 관계도 피치 못하게 물건과 물건의 관계에 지나지 못한다. 사실 질서 정연히 좌석이 배정된 어느 사무실에 들어섰을 때 거기 앉은 인간들을 보며 백화점의 어느 진열장을 연상하게 되는 것은 어쩐 일일까. 순결한 은행원의 옷깃, 규격화된 명찰을 붙이고 있는 공무원의 복장은 더욱 그런 느낌을 진하게 해 준다.

거기엔 '바코스' 제전의 '이미지'는 미진微塵만큼도 없다. 일체의 담장을 헐고 괴리를 무너뜨리는 '트랜스베스티즘'의 제전. 거기에선 남녀의 차, 노유老幼의 별別, 상하의 계층이며 경계가 그저 하나의 도가니 속에 그 자취를 감추고 마는 것이다. 인간들 속에, 또는 단위집단들 속에 도사렸던 적대의식이나 갈등의식이 극대화되어 표현되는 어마어마한 쟁투와 광란 속에서도 오히려 그 의식들은 정화되고 내일의 사회 질서는 보장되는 것이다.

한국의 경우도 별신굿에 수반된 이른바 '난장판'이, 그리고 성황굿의 열두거리가 그러한 제전의 존재에 대해서 말하여 준다.

이러한 제전들의 '드라마투르기'는 신화 그 자체다. 창세기 전 만물이 분화되기 전의 혼돈을 가정한 바로 그 신화원리의 행동화인 것이다.

'오르페우스Orpheus'가 명부冥府에서 그 아내를 찾아오기 위해 산 사람의 음악으로 죽음의 신을 감복시키는 것도 바로 그 무렵이다.

아니면 삶과 죽음의 교전交轉이 연출되는 것도 바로 그때다. 인간들은 신들의 재강림을 맞아 자신들의 재생을 다짐한 것이다. 자신의 죽음에 습복慴伏하고 그로써 얻어질 새 삶을 향유한 것이다.

「바가바드기타」의 어느 구절에서 '브라만'의 신화가 이르고 있듯이, 삶과 죽음의 교전은 헌 옷과 새 옷을 갈아입듯 친숙한 일상적인 일이었던 것이다.

아니면 깨고 자고, 자고 깨는 것처럼 사는 것과 죽는다는 것이 우리의 삶의 일부, 삶의 과정 그 자체였던 것이다.

장엄하게 떠오르는 바다의 해돋이와 숙연히 저물어 가는 바다의 낙일은 똑같이 황홀한 놀을 지니고 있다.

신화는 무엇보다도 이 바다의 놀이다. 생과 사, 그리고 모든 대립을 하나의 색조로 용해하고 만다.

북구신화와 『에다』

에드바르드 뭉크. 누구나 그의 그림 앞에서 전율하지 않을 수 없다.

오슬로 교외에 있는 뭉크 박물관에 들어서면 사람들은 삽시간에 처절한 공포의 비명, 숨을 거둬 가는 자의 신음에 몸서리치게 되리라. 죽음의 그림자가 드리워진 관능이 스멀대고, 부란腐爛하는 피냄새가 괴어 오르는 전시장은 우리의 숨결을 말살하려 든다. 지옥에서나 떠올라 온 듯한 형체. 자신의 사령死靈을 가불받아다 가면으로 쓰고 있는 듯한 얼굴이 주문을 외며 허위허위 다가든다. 어느 흐린 날 암담한 발트해의 파도가 풍겨 준 여운 같은 우울. 쓸리고 또 쓸리는 빙하가 갈고 다듬은 냉혹들로 우리의 시선이 저려 오고 이내 온몸이 저려 오게 된다.

이것이 뭉크의 그림, 뭉크의 예술이 빚어내는 분위기다. 그것은 북구신화의 전부는 아니라 해도 그 중요한 면모에서 우러나는 분위기이기도 하다.

로마신화에서 '아우로라Aurora'는 새벽의 여신, 찬연한 새벽놀은 그녀의 빛이다. 그러나 같은 이름 '오로라aurora'로 불리면서도 북극의 '오로라'는 너무나 음습하다. 몸서리치리만큼 음산하다. 극지대 가까운 북국北國 땅, 어둠에 덮인 북쪽 수평선에 무수한 빛의 흐름을 더불고 부챗살 모양으로 피어나는 '오로라 보레알리스'는 우리 이방인에게는 충분히 낭만적이다.

그러나 어찌 짐작하였으랴. 그것이 전장에서 쓰러진 자들의 넋을 부르면서 싸움의 여신 '발키리에Valkyrie'들이 하늘을 달리는 모습일 줄이야. 그들이 들고 다니는 방패와 창들이 번쩍이는 빛일 줄이야. 히틀러 암살계획의 암호로 쓰일 만큼 무시무시한 발키리에들이 희번덕거리는 무기의 빛이 북국의 오로라인 것이다.

북구신화의 최고신 '오딘'이 군림하는 신들의 나라 '아스가르드Asgard'에 살고 있는 이 여신들은 '오딘'의 명을 받들어 전장에 달려가 '오딘'의 뜻을 쫓아 승리자를 정한다. 그들은 갑옷에 창을 비껴들고는 말을 달리는 무녀武女들이다. 그들의 이름 '발키리에'란 '전사자들을 선택하는 자'를 의미한다.

북구에서만이 아니다. 북극권에 가까운 여러 나라 민족들에게 '오로라'는 더 전율적이다. 이 세상 땅과 바다 저 끝은 끝없는 심연으로 둘러싸여 있고, 그 심연 위에는 좁고 위험스런 다리가 걸려 있어 하늘나라에 이르게 되어 있다. 하늘은 쇠붙이로 만들어진 아주 단단한 천장과 같은데 그 천장에는 오직 하나 작은 구멍이 뚫려 있다. 영혼들은 이 심연의 다리를 건너고 이 구멍을 통해 하늘에 가는 것이다. 오직 억울하게 죽었거나 무참하게 죽음을 당한 사람들의 혼만이 이 다리와 구멍을 지나갈 수 있을 뿐이다.

새 영혼들이 그곳을 지날 때마다 이미 하늘에 살고 있는 묵은 영혼들이 후배들의 발밑을 밝혀 준다. 이 빛이 바로 '오로라'인 것이다. 그 빛 속에서 이따금 사람들은 그들이 모여 잔치하는 모습, 그들이 해 골바가지를 굴리며 공차기하듯 노는 광경 등을 볼 수 있는 것이다.

이것은 '오로라' 전설의 한 보기에 지나지 않는다. 아니면 미혼인 채 죽은 처녀의 영혼들이 모여서 추는 춤, 혹은 싸움터에서 쓰러진 넋들이 하늘에서 끝없는 싸움을 벌이고 있는 광경이 곧 '오로라'라는 얘기는 북국들에 흔하디흔하다.

북구의 신화와 북국의 전설들에서는 찬연해야 할 '오로라'가 오히려 죽음의 빛이다. 어두운 하늘 아래 빙하와 만년설, 얼음이 끝없이 쌓인 땅 위에 어슴푸레 걸려 있는 귀화鬼火. 괴기하리만큼의 귓불이 북구신화의 '오로라'다. 동시에 이 오로라의 빛은 북구신화가 지닌 빛의 일부이기도 하다.

오늘날 우리가 알고 있는 북구신화는 그 중요한 전거 가운데 일부를 스노리 스튀르들뤼손Snorri Sturluson(Sturlason)의 『에다Edda』에 두고 있다.

북구의 『에다』는 일반적으로 '호메로스'의 서사시들이 그리스문화에서 차지하고 있는 위치를 북구 및 이른바 '게르만'의 문화 속에서 차지하고 있다. 따라서 오늘날 '호메로스' 없는 그리스문화를 생각하기 어렵듯이 『에다』 없는 게르만 내지 북구문화—기독교 수용 이전의—를 생각하기 힘들다. 북구신화는 크게는 '게르만' 사회의 신화다.

계몽주의 시대 전후와 낭만주의 시대를 거치는 세기 이후 게르만의 문화가 인류문화사에 끼친 공적은 매우 크다. 현대사에서도 세계정신을 얘기할 때 좋은 의미에서든 나쁜 의미에서든 게르만적인 것을 간과할 수는 없다. 중세 이후 게르만을 얘기하지 않고서는 유럽적인 의미의 세계를 얘기할 수 없다. 그것은 중세 이후의 새로운 세계였던 것이다.

그리스와 로마신화에 젖줄을 대고 지중해 연안을 따라 자라났던 묵은 세계에 대하여 스칸디나비아 3국과 아이슬란드, 그리고 라인강 일대와 영국 등 유럽 북반에서 배양된 문화들은 전혀 새로운 신화를 가지고 장쾌하게 그 자신을 내세웠던 것이다.

서구를 원천적으로 이해하려 할 때 그리스 · 로마신화를 익히는 것이 필요함은 새삼 재론할 여지가 없다. 그러나 불행히도 이 새로운 세계로서의 유럽을 탐색하려 함에 있어 게르만의 신화가 적어도 가장 요긴한 길잡이의 하나가 되리라는 충고들은 그렇게 자주 되풀이되고 있는 것 같지 않다. 우리들이 『에다』를 읽게 되는 까닭은 바로 이 언저리에 있는 것이다. 『에다』는 그 새로운 세계의 신화로서 받아들여져야 한다. 그것은 단순히 '게르만'의 신화에 그치지 않는다.

게르만적인 것이 더하여져서야 비로소 총일적總一的인 것이 되는 전 유럽적인 의미의 세계, 그것이 지니고 있는 신화인 것이다. 토마스 만이 여타의 모든 유럽적인 것과 맞겨룰 수 있는 또 하나의 유럽적인 것으로 독일적인 것을 얘기할 때 바그너의 음악과 그 음악에 메아리치고 있는 게르만신화를 언급하였음은 당연한 일이라 하겠다. 오늘날 '지크프리트'는 '바그너'와 게르만신화를 넘어서 전 유럽적인 것으로 이해되어야 한다.

'에다'가 무엇을 의미하는가에 대해서는 이견이 많다. 그러나 가장 널리 용인되어 있는 견해에 따르자면 그것은 시를 뜻하는 말과 관계를 맺고 있기에 '시학'을 의미하고 있는 듯하다. 그것은 북구가 낳은 'ars poetica'일 법한 것이다. 『에다』 가운데서도 스노리의 것은 특별히 『산문散文 에다』라고 부르고 있다. 그것은 역시 『에다』로 불리고 있는 다른 시 작품들과 구별하기 위해서다. 후자를 흔히 'Elder Edda'라고 한다.

스노리 스튀르들뤼손은 1179년에 태어나 1241년에 세상을 마친 아이슬란드 사람이다. 그는 몹시 다재다능하였다. 그는 탁월한 사업가였고 외교관이었다. 재력과 정치적 힘을 향유하였고 해박한 지식을 지녔고 수다하게 여행을 즐기기도 했다. 두 번씩이나 아이슬란드 정부의 최고위직에 있기도 했다.

생활인으로서 기술과 명예를 지녔던 그이기도 했지만 그의 가장 큰 관심은 문학에 있었다. 그는 서구적인 의미의 가장 훌륭한 '문인 man of letters' 가운데 하나였다. 그는 『산문 에다』 이외에도 두 권의 전기와 한 편의 노르웨이왕조 기록을 남기고 있다. 그는 가히 만능의 인간이기에 족했다. 그는 대작大爵이었고 정치인이었고 사업가였고 외교관이었다. 그는 학자요, 역사가요, 시인이요, 전설의 편술자였던 것이다.

스노리 자신은 기독교인이었으면서도 그가 생존했던 당시 아이슬란드에 아직도 여맥을 부지하고 있었던 북구의 이교와 그 신들에 관한 전승을 남기고자 결심한 데는 상당한 이유가 있었다. 그것은 잊혀져 가고 있는 아이슬란드의 전승을 살려 가는 데 있었다.

넓게는 게르만, 좁게는 북구가 로마의 붕괴 때와 9, 10 양 세기에 걸친 바이킹의 활동 시대에 지중해문화와 기독교문화에 위협을 가하긴 하였으나 필경 북구의 이교도 11세기에는 그 종언終焉의 시기에 접어들게 된다. 장장 1천여 년에 걸쳐 그들이 믿음을 바쳤던 신들과 신들의 얘기가 기독교의 물결에 의해 쓸려 나가고 있었다.

물론 이 무렵 이전에 이미 로마의 사가史家 타키투스Tacitus의 유명한 『게르마니아』를 비롯해서 북구인 아닌 외국인들에 의한 북구 종교 및 신화에 관한 기록이 존재하고는 있었다. 기독교의 수도원들에도 그 방면의 수다한 기록들이 간직되어 있었다. 그러나 이들은 거개가 1차 자료로서의 신빙성에 문제를 지니고 있었고, 편견과 오해로 점철되어 있게 마련이었다. 더러 그 가운데는 북구의 신들을 한때 실존했던 인물의 악령으로 다루고 있기도 했다. '오딘'과 '토르Thor' 신도 예외일 수가 없었다.

스노리는 이리하여 두 개의 큰 과제를 스스로 감당하여야 했다. 하나는 기독교로 말미암아 사라져 가고 있는 그 자신의 민족의 전승을 살려 내는 일이고, 다른 하나는 그의 민족이 오랫동안 신앙해 왔던 신들을 오해와 편견에서 해방시켜 그들에게 신들 본래의 위엄과 권위를 되찾아 주는 일이었다.

12세기와 13세기의 아이슬란드문학은 초기 게르만족의 생활과 사상을 알아볼 수 있는 가장 중요하고도 순수한 원천일 수가 있었다. 스노리를 말하자면 그의 과업을 위해 좋은 환경 속에 살고 있었던 셈이다. 그가 『산문 에다』를 편술한 것은 1220년 무렵인데, 이때 아이슬란드는 그 전 세기들에 비교해 한결 아이슬란드적인 전승들을 간직하고 있었다. 기독교의 힘 아래에서 오히려 아이슬란드의 전통을 지키려는 반작용의 힘이 커졌기 때문이다. 스노리 자신도 이러한 힘에 영향을 끼친 바 크다.

그러나 스노리가 처해 있던 환경이 좋기만 한 것은 아니었다. 스노리는 유리한 고지에 서 있었던 반면에 그가 살았던 당시에 그의 조국의 시에 가해진 두 가지 위협에도 대처하여야 했다.

편협한 기독교의 성직자들은 북구적인 이교의 자취를 말살하려고 들었다. 그들은 심지어 주일의 명칭에서마저 북구 신들의 이름을 제거하기조차 하였다. 토르 신의 날인 'Thursday'를 '다섯째 주일'로 바꾸어 부르고, 프레이야Freyja 신의 날인 'Friday'를 'Fast Day'로 고쳐 부른 것이 그 일례다. 이것이 첫째 위협이었다.

둘째 위협은 전통적인 시법詩法이 사라져 가고 있는 사실이었다.

이 두 위협 속에서 그는 그의 민족들 사이에서 북구 신의 당의성을 지키고 그의 민족들에게 그 고유의 시법으로 시를 쓰게 하려고 했던 것이다.

이 점에서 그는 독일 낭만주의의 선구자 노릇을 다하게 된다. 신화를 비롯한 민족적 전승의 부활을 기도한 것이 독일 낭만주의의 한 표징이라면 스노리는 그것을 이미 13세기에 나타내 보인 것이다. 같은 게르만족 사이에서 그들의 신화를 빛나게 하려는 노력이 13세기와 낭만주의 시대 그리고 20세기에 각기 한 차례씩 베풀어진 것이다.

스노리는 『산문 에다』의 제1부인 서장에서 그의 과업이 무엇인가를 밝히고 있다. 제3부 격인 '시적 조사措辭'에서 아이슬란드적 전통으로 시작詩作하는 본을 보이면서 그의 다른 또 하나의 과업도 제시하고 있다.

가령 산정山頂을 판다 해도 골짝 얕은 곳을 팔 때와 별로 큰 차 없이 수맥에 가서 닿게 되듯이 금수들의 표피 아래에 피가 흐르고 있는 사실 또는 지표에서 풀과 꽃이 철을 따라 피고 시들고 하듯이 새나 짐승의 깃이나 털이 역시 철을 따라 같은 변화를 보이는 사실 등을 지적하면서 스노리는 우주와 자연 사물 및 조수鳥獸들 사이에 '어낼러지 analogy'가, 곧 유추類推관계가 존재하고 있음을 암시하고 있다. 이때 그는 거인 '이미르'의 시신에서 인간세계가 생겼다는 북구의 개벽신화가 지닌 신화적 은유의 타당성에 대해 말하고 있는 셈이다. 신화에서 신과 인간, 자연 사물과 동물들이 하나의 로고스로 맺어져 있고, 하나의 말을 주고받을 때 그것들은 상호 같을 수 있거나 하나일 수 있는 것이다. 이것이 신화적 은유다. 스노리는 앞의 '어낼러지'에 대해 언급했을 때 이 신화가 지닌 은유적 원리를 통찰하면서 북구의 신화를 변호하고 있었던 것이다.

그리고 스노리는 여기서 한 걸음 더 나아가 현상들 사이에 존재하는 이러한 '어낼러지'를 가능케 하는 절대적인 것에 대해 탐색하고 있다. 이 절대적인 것에 의해 그가 신을 암시하고 있음은 말할 나위도 없다. 절대적인 것에 의해 통어統御되고 조절되고 있는 각종 존재들이 지닌 유기적 연관을 염두에 두고 사람들은 그것들에게 알맞은 이름을 부여하였으나 늘어난 인구의 이동과 다양해진 언어로 말미암아 그 이름들에 변화가 생기고 그 이름들을 낳은 신앙과 생각들에도 변화가 생기게 되었다고 그는 지적하고 있다.

이러한 변화로 그는 기독교와 그 신만이 유일의 것이 아니고, 인종과 언어의 차이를 따라 다른 신앙과 신들이 존재할 수 있음을 시사하고 있는 것이다. 이때 기독교 신도인 그가 기독교적 입장을 버리고 있는 것은 아니다.

인간이 그 타락과 죄악으로 말미암아 에덴동산에서의 축출과 노아의 홍수에 의한 멸망 등을 겪으면서 신에게서 버림을 받았을 때 인간들은 신에 대한 이해나 인식마저 잃게 되었다는 것이다. 이리하여 인간들은 신에 관한 새로운 이해를 얻으려는 노력으로서 앞의 '어낼러지'에 착안하게 된 셈이다. 뿐만 아니라 그 '어낼러지'를 가능케 한 전지전능한 존재를 생각하기에 이르렀을 때 위대한 영웅들을 보고는 그들을 신이라 생각하게 되었고, 따라서 그들에게 신앙을 바치게 된 것이라고 스노리는 설명하고 있다. 실존한 위대한 인물이 거룩한 초월적인 존재로 떠받들어지고 그래서 신이라는 관념이 생겼다고 생각하는 사고방식을 신화론에서는 '유히머리즘euhemerism' 이라고 한다.

이로써 그는 이교적 신과 그 신앙의 당의當宜를 주장했고, 아울러 북구의 신들이 악령이라는 생각에 대해 반격을 가했던 것이다.

그는 이처럼 서장에서 그의 신들을 옹호한 뒤에 그 신들의 계보를 그려 내고 있다. 즉 북구의 여러 신들이 트로이에서 왔고, 특히 토르 신은 프리암Priam 왕의 손자임을 암시하고 있다. 토르 신의 아들의 하나인 오딘은 그의 아내와 함께 독일과 덴마크, 스웨덴 및 노르웨이를 두루 돌아다니면서 그들의 아들들로 하여금 그 나라들을 통치케 하였다는 것이다.

이로써 그는 북구적인 이교를 기독교와 양립시키려던 그의 노력에 더하여 게르만세계를 고전적 유럽과 연관 지으려는 노력도 다한 셈이다. 그는 당시에 이미 범유럽적 이념이었던 기독교에서의 북구 신들의 소외를 극복하고 함께 그리스·로마 이래의 유럽 속에 북구가 하나로 존재케 하고자 했다.

그는 『삼국유사』를 저술한 일연을 연상시켜 주기에 족하다. 그는 제 것을 지키려는 민족주의자였으되 남의 것을 물리치는 배타주의자가 아니었고, 유럽적 의미의 세계 시민이었으되 그의 낙후된 듯한 고향을 저버리지 않았다. 그는 '조화의 인간' 이었다. 세계는 하나이되 여럿이라는 생각, 세계는 다양하되 필경 전일적이라는 생각을 가졌던 그는 '연관聯關의 인간' 이었다.

이것이 『산문 에다』의 서장에서 보인 스노리의 정신이다. 북구의 전승을 채록하고 기술하는 스노리의 정신이다.

한편, 우리 아시아인에게 퍽 흥미로운 기사가 서장 속에 보이고 있다. 즉 지중해를 중심으로 삼아 세계를 아프리카·유럽(혹은 에네아)·아시아의 셋으로 나눈 뒤 이 아시아를 위대한 미와 장엄의 땅이라 부르고 있는 것이 그것이다. 그 땅에는 세계의 중심이 있어서 그곳에 존재하는 모든 것은 여타의 어떤 지역의 것들보다 우수하고 그곳의 사람들 또한 그 지혜·힘·미 등에 걸쳐서 관천하冠天下한다는 것이다. 이 스노리의 아시아 찬미를 읽는 오늘날의 아시아인들은 그들이 서구를 선망하고 동경하는 크기에 비례하여 민망해질 수밖에 없을 것이다.

북구신화를 주제로 할 때 가장 중요한 것이 서장이라고는 할 수 없다. 그것은 스노리가 북구 신들을 보는 눈과 처지에 대해 진술하고 있는 도입부에 지나지 않기 때문이다. 신화가 주제가 될 때 가장 중요한 부분은 제2부인 'Gylfaginning'이다. 그것은 '길피Gylfi의 미혹迷惑'이란 뜻이다. 지금 스웨덴으로 불리고 있는 지역을 다스린 왕이 곧 길피다. 이 '길피' 왕이 '오딘' 및 그 일가들로 이루어진 '에시르'들이 살고 있는 신의 땅 '아스가르드'에서 보고 듣고 한 경험을 진술하면서 신들의 이름이며 그 특징, 세계의 창조며 그 구조 등에 관해 기술하고 있는 것이 바로 '길피의 미혹'이다.

길피 왕은 어느 날 한 걸인 노파에게 그녀가 그에게 베풀어 준 선의에 보답하기 위해 농토를 하사하였다. 그 땅은 네 마리의 황소가 하루 낮, 하룻밤을 꼬박 갈아야 할 만큼의 크기였다. 사실은 '에시르' 가족의 한 사람이었던 이 노파는 거인의 땅에서 네 마리의 황소를 데려다

단숨에 밭을 갈았을 뿐만 아니라 황소들의 거대한 힘으로 가래를 넣은 자리에 광대한 호수를 남기고 바다 속 깊숙이까지 땅을 넓혔다. 이에 놀란 길피 왕은 에시르족이 특별한 힘을 가진 것인지 아니면 전능한 신의 힘으로 은혜를 입고 있는지 알고 싶어서 아스가르드를 향해 길을 떠난다.

아스가르드에 도착한 왕은 고위자高位者・아고위자亞高位者・제삼자第三者 등의 이름을 가진 에시르족과 대화를 주고받으며, 신들과 신들의 나라, 그리고 신들의 행동 등에 대해서 소상한 지식을 갖게 된다. 대화가 다 끝난 뒤 왕이 불시에 일어난 소음으로 주위를 돌아다보니 아스가르드의 궁전은 온데간데없었다. 그는 바람 부는 빈터에 혼자 서 있는 그 자신을 볼 수 있을 뿐이었다. 마침내 그의 옛 영토로 되돌아온 왕은 그가 아스가르드에서 들은 얘기를 엮어서 길이 후세에 전하였다는 것이다. 이 종말부 때문에 '길피의 미혹'이란 이름이 붙어 있다.

'길피의 미혹'은 그 구성이 민담적이다. 주인공이 발심하게 된 동기가 먼저 얘기되고, 그가 민담의 보편적 주지의 하나인 탐색探索의 주인공으로서 길을 떠나는 얘기로 이어져 있다. 드디어 그가 탐색하던 바를 목격하고 경험하였으되 그것이 한순간 환상처럼 그의 시야에서 사라지고 오직 얘기만이 전하여지고 있을 뿐이라고 끝맺어져 있다.

탐색의 대상이 절대적인 것일 때, 일반 인간으로서는 도저히 달성할 길이 없으리라고 생각될 만한 것일 때, 말하자면 찾음의 대상이 초월적이고 피안적인 것일 때 민담은 흔히 이렇게 끝나는 것이다.

오직 한 번 선택받은 인간에게만 기적적으로 계시되는 절대의 진실은 필경 영속할 수 없음을 그 끝맺음은 통찰하고 있는 것이다. 섬광처럼 혜성처럼 순간으로 번쩍이고 마는 것이기에 오히려 찾음의 대상이 될 만한 것임을 끝맺음은 일러 주고 있는 것이다. 사람들이 불꽃놀이에 넋을 잃는 것은 이 때문인지도 모른다. 신들의 구원久遠도 인간에겐 오직 찰나를 통해서만 경험될 수 있을 뿐이다.

그러면 한때의 꿈처럼 길피 왕에게 주어진 절대적인 것, 신들의 나라와 그 얘기는 어떤 것이었을까?

그것은 세계수世界樹의 모습, 천지와 인간이 창조되는 과정, 신들의 영역인 아스가르드의 경관, 그 속에 살고 있는 남신들과 여신들의 이름이며 그 행위들, 아스가르드 밖에 살고 있는 토르 신과 거인들, 신들이었건만 죽음을 면치 못하리라는 여러 신들의 숙명, 그리고 거인들과 요정들, 이 많은 것들이 길피 왕이 보고 들은 것들이다.

그것들은 신들의 영광을 빛내고 있기는 하나 통틀어 전율할 만한 얘기들을 너무도 많이 담고 있다. 빙하를 뚫고 태어난 지상 최초의 생명체인 거인 '이미르'가 학살당한 주검에서 인간세계가 생겨났다는 것은 빙하보다 더 냉엄하다.

"그의 피에서 바다와 호수가, 그의 육신에서 대지가, 그의 뼈에서 산이, 그의 이빨이며 턱뼈, 그 밖의 잔뼈들이 부스러진 것에서 바위며 돌멩이들이 생겨났다"라고 『산문 에다』는 전하고 있다.

뿐만 아니다. 죽음을 당한 거인 이미르의 두개골이 우리가 쳐다보고 우러르는 저 하늘이다. 하늘이 시신의 두개골이라는 그 이미지는 정말 송연하다.

『에다』 속에 등장하는 신들은 주신 '오딘'이 그렇듯 투쟁하고 격투하는 신들이다. 주신 '오딘'은 그 어원이 격노와 관계있을 것으로 추정되어 있을 만큼 무서운 신이다. 그가 그의 천마 '슬레이프니르'를 타고 하늘을 달리면 이내 전쟁이 있고 피가 흐르고 주검이 깔린다. 북구 사람들은 세찬 바람이 불면 그것을 오딘이 말달리는 소리라 하여 두려워하였다.

그는 세계수 뿌리에 있는 지혜의 샘에서 오직 한 방울의 물을 마시기 위해 그의 한쪽 눈을 치른 외눈의 신이다. 그는 예언에 접하기까지 나무에 매달려 불 세례를 받기도 했다. 그는 신비의 지혜를 지닌 불같이 사나운 신이다. 그가 주재하는 아스가르드는 비록 신의 땅이건만 거인들과의 싸움에 항상 대비하지 않으면 안 된다. 그래서 그는 발키리에들로 하여금 전장에서 쓰러진 자들의 영혼을 징집케 한 것이다.

그와 에시르족들은 필경 그들의 숙적 거인들과의 싸움으로 최후의 순간이 올 것을 알고 있다. 마치 길피 왕에게 있어 신들에 관한 경험이 환상이었듯이 신들의 운명도 언젠가는 그러리라는 것을 그와 그의 일족은 예감하고 있는 것이다. 오딘의 아들 '발데르'가 어떻게 해서도 죽음에서 살아날 수 없었던 것처럼…….

살아 있건 죽어 있건
늙은이의 아들이야
내겐 아무 소용도 없었던 것.
사신死神으로 하여금
그가 소유한 것을
간직케 하라.

이것은 잔인한 로키 신이 발데르를 살리려고 발버둥치는 오딘과 그 일족 앞에서 냉혹하게 뇌까린 저주이다. 굳이 발데르가 아니라도 이 저주 속에 그들 스스로도 이미 들어 있음을 북구의 신들은 알고 있는 것이다. 세계의 최종적인 종말의 날에 발데르가 비록 부활하리라 믿어지고 있긴 해도 그는 그날까지 일단은 사신의 포로를 면할 수 없는 것이다.

스노리의 『산문 에다』에는 불과 얼음의 대립이 있다. 얼음에서 생겨난 세계이건만 그 세계는 불 같은 신들의 격노 속에 뒤흔들리고 있다. 얼음과 피비린내가 뒤엉켜 있다. 이 갈등이 세계의 고뇌다. 이 갈등이 신화에 의해 마련된 원천적인 고뇌인 이상, 세계 속의 인간은 물론 신들조차 이 고뇌에서 자유로울 수가 없다.

그리하여 신들마저 불사가 아니다. 불사신 아닌 사신들. 신들도 숙명을 벗어난 존재가 아니다. 그들도 숙명에 매여 있는 존재다. 사슬에 매인 신들. 이것이 북구 만신전萬神殿 속의 신들이다.

그들은 신이건만 끝없이 그들에게 도전하는 불구대천不俱戴天의 원적怨敵을 가지고 있다. 겨루어 싸울 때 반드시 승리만이 보장되지는 못할 그런 싸움을 싸울 수밖에 없는 적들을 지닌 신. '황혼의 신들'이다.

3년에 걸쳐 끝도 없을 성싶은 '위대한 겨울'이 계속되면 갖은 고난과 참변이 꼬리를 문다고 했다. 뒤따라 지진이 일어나고 해가 빛을 잃고 괴물들이 사슬을 풀고 나와 덤빈다고 했다. 뱀들이 바다에서 해일을 일으키고 거인들이 그들의 배를 타고 '아스가르드'에 들이닥치리라고 했다. 그 배는 사신들의 자르지 않은 손톱으로 만들어진 기괴한 배다. 또 다른 한패의 거인들은 육지 쪽으로 와서 덤벼든다고 했다.

'아스가르드'에 이르는 무지개다리를 넘어서 쇄도하리라고 했다.

이때 '아스가르드'의 신들은 마지막 죽음을 눈앞에 두고 거인들과 맞겨루리라고 했다.

그리하여 언제고 어느 날,

태양이 꺼지고 물속에 가라앉을지니. 빛나는 별마저 하늘에서 떨어져 날지니. 안개와 불길이 사납게 엉켜 급기야 하늘마저 삼키고야 말지니.

이런 종말이 오리라고 그들은 예감하고 있는 것이다. 그다음에 비록 신들의 다른 세기가 열린다 해도…….

신들로서도 신들의 세계와 세기는 필경 길피 왕에 의해 경험된 신들의 나라며 세기와 다를 바 없는 것이다. 그리고 우리 인간은 스노리와 그의 『에다』의 주인공 길피와 함께 사라져 갈 신들의 세계와 세기의 증언을 길이 후세에 남기게 될 것이다.

인간들은 흔히 자기 모습으로밖에는 신을 못 본다고 한다. 북구인들과 게르만인들이야말로 신의 모습을 인간의 모습으로 그린 것이다. 제약을 가진 신, 숙명에 매인 신, 싸워 반드시 물리칠 수만은 없는 적의 도전을 받아야 하는 신, 종말을 내다보고 있는 신, 그것은 인간 자신의 존재론일 수밖에 없는 신들이다. 심연에 선 인간의 모습이다.

그러나 신들은 그것을 두려워하지 않는다. 그들은 그들의 제약과 유한을 걸고, 아니 그것들 때문에 격노하고 싸우고 분전奮戰한다. 그것은 심연에 선 인간의 가장 극적인 모습, 순수하게 감동적인 인간의 이상의 모습이다. 인간의 불멸의 위엄威嚴은 이것밖에 없다. 인간 존재의 장엄은 이 신들의 모습밖에는 없다.

『에다』를 읽으며 우리는 신들의 종언을 증언하는 한편, 인간들의 장엄에 대한 증언을 길이 전할 수 있었으면 한다.

제3부 ◉ 한국신화와 일본

왜곡과 진상,
한·일 두 신화론의 처지

"총체적으로 피아彼我(한·일)의 신화전설을 비교한 결과 말할 수 있는 것은 한국의 고전 전승류는 미발달한 상태 그대로 전승되어 왔다는 점이다. 좀 더 깊이 파헤쳐 말하자면 이 점은 한국의 민족문화의 정체적停滯的 성격에서 유래되는 것이어서 비단 신화 분야에만 한정되지 않고 널리 한국의 민족문화 일반에 통하는 과제로서 다방면으로 검토되어야 할 것이다. 생각건대 한국은 일본에 비하여 중국문화의 영향을 보다 더 일찍, 보다 더 직접적으로 받았기 때문에 민족문화의 자율적 발전이 억압되는 결과가 빚어지고 말았다. 특히 중국문화에 대한 동경은 정치적 사대주의의 추진과 함께 더욱더 깊어져 특히 유교사상이 문화적 지배권을 확립하게 됨에 따라 스스로 소중화적小中華的 존재이고자 함을 이상으로 삼아 그에 대한 노력을 아끼지 않았다. 원래 유교는 민족문화, 특히 고유의 신화류의 성장에는 바람직한 문화 환경이 아니었을 뿐만 아니라 신괴적인 것은 오히려 비문화적인 것으로서 부정되지 않으면 안되었다. 일본문화에 비해 중국문화의 수용이란 점에서는 에누리

없이 선진적이었던 한국이 고유의 민족문화에 관하여서는 오히려 후진국으로 정체하지 않을 수 없었던 것이다. 고금의 학계를 전망하여 중국적인 것을 배제하고 자국적인 것을 강조한 일본 국학자류의 고전학자를 한국의 지식인 가운데서는 찾아볼 수가 없는 것이다."

인용이 좀 길어졌다. 이것은 미시나 쇼에이三品彰英의 『일선신화전설日鮮神話傳說의 연구』 가운데의 한 단락이다. 그는 총 6권의 논문집을 발행하였는데 그 가운데 『일선신화전설의 연구』 이외에도 『신라화랑의 연구』가 있다. 뿐만 아니라 나머지 4권에서도 그 논제의 중요 부분을 한국전승이 차지하고 있다. 그만큼 미시나는 한국전승 연구에 있어 한·일 양국을 통틀어 가장 많은 양의 업적을 낸 사람이다. 또 그는 일본 국내에서 '삼국유사연구회'를 조직하고 그 방면 연구에 종사하였다.

한국학계에서 만일 그에게 관심을 둔다면 무엇보다도 신화·전설을 위주로 하는 구술전승과 그 밖에 민간신앙 등에 걸쳐 한국학에 대하여 그가 많은 양의 연구 업적을 남겨 왔기 때문이다.

그리고 그의 그러한 업적이 일본의 학계 일각에서 적잖은 영향력을 가지고 있기에 그의 업적이 계속 일본에 있어서의 한국학 혹은 일본에 있어서의 한·일 민간전승 비교연구에 그 입김을 미칠 것이라는 이유에서도 우리는 그에게 관심을 두게 되는 것이다.

아울러 그의 업적이 현재로서는 부끄러우나마 국내 그 방면 학계의 어떠한 한 개인의 업적보다도 그 양이 많다는 점에서 우리로서는 의례적인 의미에 있어서라도 다소의 경의마저 그에게 표하고 싶은 것이다.

　외국인임에도 우리의 것에 대해 그가 베푼 노고를 허심하게 받아들이고도 싶은 것이다.

　그러나 우리의 이러한 심정이 자칫 감상에 지나지 않았다는 것을 뒤미처 깨닫게 되는 것은 유감스런 일이다. 그 까닭은 바로 앞에서 인용한 그의 글이 말해 줄 것이다. 그 글을 가지고 보는 이상 그의 한국관 내지 한국문화관은 '정체적 성격'·'자율적 발전의 억압'·'사대주의' 등의 어구에 십분 담겨져 있다. 그리고 그러한 한국관 내지 한국문화관은 그 혼자만의 것은 결코 아니다. 과거의 제국주의 내지 군국주의 일본이 한국에 대하여 가지고 있었던 편견이 그 어구들 속에 집약되어 있는 것이다.

　앞의 인용문에서 그가 단정을 내린 한국문화의 '정체성'·'타율성'·'사대성'은 과거의 일본인들이 한국문화의 속성이라고 규정한 것 가운데의 '삼대三大'라 부를 만한 것이다. 이러한 '삼대'를 우선 그는 그 나름대로 한국신화에서 추출한 속성에서 결론짓고 있다. 즉 그는 한국의 신화전설을 미발달한 것이라 전제하고 그것이 마치 한국문화 전반의 미발달성과 함수관계에 있는 것처럼 논단하고 있는 것이다.

　이것은 과거의 일본인처럼 한국문화의 '삼대'를 전제한다 해도 논리의 비약이다. 섬나라 사람다운 '단기短氣', 즉 조급함이 있는 것이다. 신화에 변모나 변화는 있어도 발달은 없다. 일본신화를 두고 미시나가 발달을 말한다지만 그것은 일본신화의 분식粉飾일 뿐이다. 백보를 양보해서, 신화에 발달이란 게 있다 해도 신화의 발달이 곧 문화 전반의 발달과 함수관계에 있지는 않을 것이다. 그가 언급하고 있는 대로 유교가 신화를 배제하였다고 해서 유교문화를 저급이라고 잡아 뗄 뱃심은 그에게도 없을 것이다. 앞의 인용문에서 그가 말하고자 하는 한국신화의 발달 여부가 일본신화를 기준으로 하고 있음은 앞뒤 문맥에서 역력하다. 일본신화가 '아시아'의 다른 민족의 신화에 비해 우월하다는 식의 견해는 그 전례가 있다. 즉 1940년대에 이즈시 요시히코出石誠彦는 그의 『지나상대사상사연구支那上代思想史硏究』라는 책에서 중국신화가 단편적이고 수미首尾가 상응치 못하고 있는 데 비해 일본신화는 "일본황실의 유래를 곡진曲盡하게 설파하여 수미일관된 체재"를 갖고 있다고 주장하였다.

미시나나 이즈시나 할 것 없이 모두 일본신화가 발달한 것이라는 논거는 일본신화가 장편이고 전후가 일관되게 논리 정연하다는 데 있는 것이다. 이러한 일본신화의 정연함이나 장편성이, 말하자면 일본신화의 발달성이나 우월성이 무엇을 뜻하는 것일까? 직접 그 증언을 일본인 학자에게서 빌려 와 보자.

"이처럼 일본고대의 역사서는 6세기의 제기帝記·구사舊辭에서 8세기의 '기기·기紀'(『고사기古事記』 및 『일본서기日本書紀』)에 이르기까지 일관되게 천황의 입장에서 씌어져 있다고 말할 수 있겠다. 천황의 처지에서 볼 때 바람직하지 않은 전승이나 그에 의거한 기록은 고쳐 쓰여지기도 하고 버려지기도 하였을 것이다. 그 작업은 시대가 내려올수록 면밀하게 행하여졌을 것이다. 그렇기 때문에 그러한 작업의 결과로 이루어진 '기기·기紀'의 내용은 간단하게는 신용할 수가 없다."

이것은 이른바 메이지明治시대 이후 잘못된 초국가주의적 역사교육에서의 해방을 요구하면서 '기記·기紀'의 왜곡된 이해를 바로잡기를 주장하고 있는 나오키 고지로直木孝次郎의 『신화와 역사』라는 책에서 뽑은 것이다.

이 글에 의하면 일본신화의 장편성과 정연함은 개작과 임의의 취사선택과 전적으로 무관할 수 없는 것이다. 이 정치성은 일본신화의 불변의 숙명이다. 2차 대전의 종식과 함께 그 고질도 끝나는가 했더니 앞의 나오키의 비판에 의하면 전후에 다시 그 위험성이 드러나기 시작한 듯하다. 그만큼 일본정치 내지 일본문화의 신화에 대한 편집偏執은 큰 것이다. 일본은 그만큼 신화적이다. 일본인을 경제적 짐승이라 한다지만 그들은 그만 못지않게 신화적 짐승인 것이다. 자신들의 상고대의 신화를 국가적 신앙의 제의祭儀 속에 살아 있는 신화로서 끈질기게 지녀 온 민족으로서 일본은 확실히 세계사에서 그리 흔하지 않은 민족의 하나이다. 좀 말투가 비아냥거리게 되는 것 같지만 그들은 문화민족이면서도 원시적 민족인 것이다. 신화를 살아 있는 현실로서 지속하고 있는 것은 원시적 민족에서 흔한 것이기 때문이다. 일본신화의 우월성이란 것을 뒤집어 보면 그만 이런 몰골로 드러나게 된다.

"신화에서는 초자연적인 영격靈格이 중심이 되어 그것의 원고原古에서의 성스러운 행위가 이야기되고, 그것의 행위에 의해 현재의 존재나 질서가 시작되었다고 얘기된다. 그 내용은 진실한 일로 믿어지고 모든 현재의 존재양식이나 질서의 절대적인 규범이라고 간주된다. 또 신성하기 때문에 의례를 수반하고 의례의 의미를 설명하고 또 그 구송□誦은 왕왕 의례의 일부를 구성하여 의례의 주술적 효과를 보증하는 것이라고 받아들여진다. 신화를 구송하는 것은 세속적인 질서를 일시 지양하여 신성한 원고의 질서로 복귀시켜 자연이나 인간사회를 갱신시키고 그 영속성을 보장하기 위해서인 것이다."

라고 마쓰마에 다케시松前健는 그의 글 「일본신화의 세계」에서 신화를 정의한 뒤에 그러한 기능을 다하는 '살아 있는 신화'다운 점이 현전의 일본신화에는 없다고 단정하고 있다. 그리하여 그는 현전의 일본신화가 '관부官府의 문필기록의 자료'라며 '죽은 신화'로 보고 있다. 일반론으로서는 그의 일본신화의 '죽은 신화'관은 옳다. 혹은 화제를 전후의 일본에 한정한다면 타당한 것일지도 모른다.

그러나 화제를 전전의 일본으로 옮긴다면 그때의 일본신화는 결코 '죽은 신화'는 아니었던 것이다. 그것은 정치이념을, 그리고 일본국민들의 행동규범을, 나아가 그 신념체계를 뒷받침하는 현실로서 엄연히 살아 있었던 것이다. 전전의 일본은 무서우리만큼 신화적이었던 것이다. 일본신화는 일본국민에게만 살아 있었던 것이 아니다. 타민족에게까지도 소름끼칠 만한 힘을 미쳤던 것이다. 위협적일 만큼의 주술적인 힘조차 지니고 있었던 것이다.

2차 대전 때까지도 일본인들은 그들의 나라를 '신도국가神道國家'라고 불렀다. 신의 나라란 뜻인데 이와 함께 그들의 소위 천황을 '아라히토가미現人神'라고 일컬었다. 신이 사람이 되어 나타났다는 뜻인데, 이는 한국 상고대신화의 주인공들, 예컨대 혁거세나 수로왕과 환웅과 같은 주인공에서도 볼 수 있다. 고조선과 삼국시대 초기에만 지켜진 한국적인 '신인神人'의 관념을 일본은 근세까지 지켜 온 것이다.

일찍이 쓰다 소우키치津田左右吉에 의해 제시되었던 일본신화의 가공성은 더러는 신명神名 그 자체마저 날조할 만큼 그 도가 심한 것이었다. 그러나 이 가공성은 처음부터 지녔던 어떤 작위성 내지 의도가 변하지 않는 한 오히려 일본신화를 무서운 힘의 근원으로 만드는 데에 힘을 끼친 것이다. 일본황실의 정치적 권위의 연원과 유래를 설득력 있게 전달하려는 그 의도는 곧 일본황실의 힘을 강화하려는 의도와 짝하여 있었던 셈이다. 따라서 신화의 힘은 황실의 힘이고 황실의 힘은 신화의 힘이라는 등식이 성립될 수 있었던 것이다. 이 같은 일본신화의 작위성이 일본국민의 전체주의적 소성素性과 결합했을 때 가공할 만한 힘을 발휘한 것이다. 일본신화의 가공성은 일본신화의 힘의 연원이었던 것이다.

이런 문제와 관련되어 인류학자 클라이드 클럭혼Clyde Kluckhohn은 다음과 같은 흥미로운 사실을 알려 주고 있다.

2차 대전을 계기로 미국의 워싱턴 당국은 대일선전공작에서 일본의 천황제를 어떻게 다룰 것인가를 논란한 적이 있었다. 일부 미국의 자유주의자들이 파쇼국가의 지주인 천황을 비난의 대상으로 삼아야 한다는 의견을 제출하였을 때 인류학자들은 그에 반대하였다. 그 이유는 천황제를 좋아해서가 아니었다. 그것은 천황이 일본인들의 정서구조의 핵심인 이상 그것을 공격하는 것은 오히려 일본군의 저항을 부채질하게 되는 역효과를 초래하리라는 것과 태평양 일대에서부터 아시아대륙에 널리 흩어져 있는 일본군을 한꺼번에 항복시키는 데에는 천황을 이용하는 것만큼 좋은 수단이 없으리라는 이유 때문이었다.

양론이 모두 천황을 일본의 중핵으로 보고 있음에는 차이가 없다. 일본천황을 군국주의적인 힘의 중심으로 보고 있는 점에서는 양론이 다를 바 없는 것이다. 그 일본천황의 힘은 '기記·기紀'의 작위성과 가공성에 의해 만들어진 것인 이상, 그리고 천황이 현실적인 힘으로 작용하고 있는 한, 일본신화는 일본천황과 함께 살아 있었던 것이다. 일본은 세계 미증유의 대전마저 신화적으로 치르려 한 것이다.

일본의 국가종교이던 '신도神道'는 상고대의 샤머니즘에 뿌리를 두고 있다. 무당과 무당신이 국가신으로 섬겨지면서 신도는 범민족적 이데올로기가 되어 갔다. 한편 한국의 상고대 무속신앙은 한때 왕권王權과 밀착되어 있었으나 고려를 거치고 조선조를 거치는 동안, 철저하게 민간신앙으로서 자리 잡아 갔다. 일본에서는 무속신앙이 승격하여 국가의 종교가 되고 한국에서는 뿌리를 민간인 사이에 뻗어 간 것이다.

일본신화가 정치성 짙은 개작과 취사선택 때문에 정연해지고 장편화된 것이라면 오늘날 일본이 가진 신화는 적어도 'fakelore'라는 일모를 벗어던질 수가 없게 된다. 'fakelore'를 번역해 보면 날조민속 내지 날조민간전승이 될 것이다. 흔히 민속학에는 자국문화의 우월성에 집착하거나 그것을 맹신하려 드는 경향이 나타나게 된다. 그러한 경향을 민속학의 낭만주의적 충동이라 부르거니와 이 충동에 의해 날조·왜곡 또는 개작된 민간전승을 리처드 도슨Richard Dorson은 'fakelore'라고 명명한 것이다. 이 술어가 민간전승을 의미하는 'folklore'란 말에 빗대어 만들어진 것임은 두말할 나위 없다.

미시나는 일본신화의 이 같은 fake성, 곧 분식粉飾을 매우 높이 평가하고 있는 것이다. 그 결과 그는 남의 나라의 신화를 해석하는 데 있어서도 모처럼의 folklore 위에 fakelore를 덧붙이는 우를 범하기도 한 것이다.

이미 논급한 바와 같이 2차 대전 전의 일본의 정치성에서 천황을 뺄 수는 없다. 신화의 정치성도 이 천황을 축으로 맴돌고 있었던 것이다. 실제로 일본천황은 앞에서 말한 대로 '현인신現人神', 곧 '신인神人'이라는 신화 고유의 은유적 발상에 의해 명명된 속성을 지니고 있었던 것이다. 그런 의미에서 일본신화는 한 인간의 신화였다. 그리고 그 한 사람의 신화가 대중에게 강요되었던 것이다. 단순히 민족주의적으로만 신화가 이용되는 데 그치지 않고 질 나쁜 전체주의의 도구로 화하기도 한 것이다.

일본의 천황이 신인적 왕자이었음에 비추어 한국의 역대 왕은, 특히 미시나가 언급하고 있는 조선의 역대 왕은 인격의 왕자였던 것이다. 조선 역대 왕의 권위는 왕 스스로가 지닌 왕도정신에 딸려 있었던 것이다. 신화적 분위기는 『용비어천가』의 문면文面을 잠시 장식하고 있는 것뿐이다. 인격과 그에게 연유되는 왕도정신으로 백성들을 교화하는 왕자가 되기를 이상으로 삼았던 한국의 왕들에게 가공적인 신화에 의한 분식은 전적으로 필요 없는 일이었다. 교화의 정치에 힘을 뒷받침한 신화는 더욱 필요한 것이 아니었다. 적어도 정치적으로는 죽은 신화로 충분했던 것이다. 작위적인 날조도 가공적인 정연성도 전혀 필요 없었던 것이다.

한국신화는 일본신화, 즉 "민간의 농경생활의 반영 등이 보이지 않고 있는 것은 아니나, 대강은 작위의 산물이어서 '이자나기'·'이자나미'·'아마테라스' 등마저 탁상의 가공의 신명이고 민간에서 숭배제사된 신이 아닌 신", 그런 등속의 신을 지니고 있는 일본신화와는 다른 것이다. 한국신화는 제의 현실을 아직도 잊지 않고 있을뿐더러 확호하게 제의 현실과 신앙을 하부구조로 삼아 이룩되어 있는 것이다. 한국신화는 구술전승 이전에 현실적 행위로서 시행된 제의와 신앙을 함축한 행위전승이었던 시대마저 명확하게 회고하고 있는 것이다.

한국의 신화 역시, 인류의 여러 신화에서 그렇듯이, 원형이 살아 있는 '감추어진 신화시대'를 간직하고 있다. 따라서 후세에 남겨진 적잖은 수의 신화는 윤색되거나 가필加筆되기도 한 자취를 갖게 되는 것이다. 예를 들어, 중국신화적인 분식, 특히 염제炎帝신화를 연상케 하는 윤색이 없는 것은 아니다. 따라서 캘리포니아대학의 중국학자 W. 에버허드Eberherd 교수처럼 한국신화를 중국신화권의 일부로 보려는 오해도 있음 직한 일인 것이다. 그러나 그러한 분식은 어디까지나 외형적인 화장에 지나지 않는다. 한국신화의 제의나 신앙 현실은 엄연히 한국의 것이다. 그런 점에서 한국신화는 일본신화보다 더 본래적인 의미의 신화인 것이다. 미시나 자신도 신화를 제의나 신앙의 구술로 보아 가는 것이 적어도 신화 해명의 중요한 방편이 됨을 인지하고 있지 않은가 말이다.

가령 일례를 동명왕신화에서 보자. 동명의 부신인 해모수는 유화柳花를 아내로 맞을 때까지는 적잖은 곡절을 겪는다. 궤계詭計를 써서 일단 유화를 소유할 수는 있었으나 유화의 부신인 하백河伯의 반대에 부딪히게 된다. 그 반대를 풀고 장인의 정식 허가를 받고자 한 해모수는 수궁으로 처가를 찾아간다. 거기서 해모수에게 시련이 주어진다. 하백은 그가 부지래처不知來處의 사나이라는 것, 그리고 무단으로 남의 딸을 가로채었다는 것 등을 이유로 내세워 그를 질책한다. 이에 대하여 해모수는 그가 천신인 것을 말한다. 그러나 하백은 그것을 증명하기를 요구한다. 이에서 해모수와 하백 사이에 저 유명한 변신술 경합(둔갑 겨루기)이 벌어지게 된다. 꿩과 매, 물고기와 수달, 사슴과 이리 등으로 변신을 되풀이하여 엎치락뒤치락이 계속되었으나 마침내는 하백이 지고 만다. 드디어 하백은 해모수를 천신으로 인지하고 그의 딸과의 혼인을 승낙해 주게 된다.

이 부분은 단순한 재미뿐인 얘기처럼 보일 것이다. 그리고 미사나 자신도 지적하고 있듯이 불교적 윤색이 있는 듯이 보이기도 한다. 그러나 허구로운 재미와 그 허구에 원용援用된 불교설화적 자취에도 불구하고 이 부분의 얘기 근저에는 현실이 도사리고 있는 것이다. 그것은 다름 아닌 고구려인들의 실제의 결혼식, 그 자체다. 즉 고구려의 신랑들은 누구나 해모수처럼 장가를 든 것이다.

고구려의 신랑은 혼례가 있기 전날 신부 집에 미리 도착한다. 그리고는 장차의 처가 앞에서 그가 어떠한 사람이며 이름이 무엇인가를 재삼 소리 질러 밝힘으로써 부디 신부 집에서 그를 받아 주기를 간청하였다. 이때 이 가엾은 신랑은 꿇어앉기조차 한 것이다. 이것은 중국 사서의 「동이전東夷傳」이 실제로 전해 주고 있는 고구려 혼속의 현실도現實圖다.

전자 동명왕편의 얘기는 후자 고구려 혼속의 이른바 '구술상관물口述相關物'이다. 즉 실제의 어떤 인간 행위가 말로써 표현되어 있는 것이다.

한국의 상고대에 있어 신랑 후보자가 시련을 겪고 아울러 그 신원을 밝혀 그의 존재를 확고히 함으로써 비로소 아내를 맞게 된 실제 풍습은 신화에만 자취를 남기고 있는 것이 아니다. 그것은 전설들의 구조나 줄거리를 결정해 주는 지주 노릇도 다하고 있다. 온달전과 서동

薯童 얘기라면 누구나 다 알고 있을 것이다. 전자는 『삼국사기』 열전에 기록된 역사적 전설이고 후자는 『삼국유사』에 향가 서동요의 창작 유래와 함께 실려 있는 민담이다. 두 얘기에서 신랑이 되는 온달과 서동은 모두 그 신분이 미천하고 보잘것없는 인물로 그려져 있다. 그들은 모두 무명의 총각들로 묘사되어 있다. 그런 점에서 장차의 장인에 의해 그 신원 밝히기를 요구당한 해모수와 같은 입장에 있다. 어떤 과정이나 절차를 거치기까지는 이 세 사람은 모두 무명의 신랑 후보자로 대접받을 자리에 있었던 것이다. 모두 같은 처지를 공유하고 있었던 셈이다.

세 얘기 사이의 공통점은 이에 그치지 않는다. 신부 측에 의해 정식으로 그 결합이 인정되기 이전에 신부·신랑은 미리 맺어져 있었던 것이다. 그런 연후에 신부 측에 의해 신랑이 수용되는 일련의 과정이 베풀어졌던 것이다. 서동은 신부의 힘을 빌려 땅속에 묻혀 있던 황금을 캐내는 데 성공했을 뿐만 아니라 그것을 불력佛力을 빌려 하룻밤 사이에 신라 궁중, 즉 신부 본가에 수송하게 된다. 그는 이로써 그가 비상인非常人임을 입증한 것이다. 무명의 사나이이기를 그만두고 신랑으로서 바람직한 사나이임을 밝혀 보인 것이다. 신라 조정에서 그를 사위로서 대접한 것은 이 일이 있고 난 뒤부터다. 미시나가 불교적 윤색이라고 하였지만 사실은 동북아시아 샤머니즘의 '샤먼의 쟁투'의 윤색일 가능성이 큰 변신 경합에 의해 해모수의 비범성이 밝혀진 것을 이에서 상기하여야 한다.

다 알다시피 온달은 천생한민賤生寒民이었을 뿐만 아니라 그 생긴 몰골마저 매우 흉하였다고 한다. 도저히 공주의 짝이 될 수 없는 사나이였던 것이다. 그는 평강공주의 힘을 빌려서 명마를 골라 사육하고 아울러 무술을 익혀 스스로를 단련하게 된다. 그러다가 후일에 고구려 병사들과 섞여 수렵대회에서 남달리 많은 짐승을 잡아 탁월한 재능을 보이고 나아가 싸움터에서 무공을 세우기에 이른다. 이것이 계기가 되어 왕의 부마駙馬로서의 자격을 인정받게 됨은 두말할 것도 없다. 이처럼 동명왕편의 신화와 온달과 서동의 전설 사이에는 하나의 다리가 놓여 있다. 그 다리는 다름 아닌 실제의 혼속인 것이다. 이처럼 한국신화는 엄연히 현실 위에 서 있다. 신화의 원초형原初型의 하나가 제의祭儀와 신앙에 있다면 한국신화는 그만큼 신화의 원초적인 모습을 순수하게 지니고 있는 것이다. 왜곡과 날조를 모면하고 있어 그만큼 깨끗한 것이다.

기왕 내친 김에 이야기를 최근세까지 이끌어 올 수가 있다. 박정희 정권시대의 이른바 '가정의례준칙'이라는 급조된 그리고 극히 인위적인 준칙이 강요되기까지 우리의 신랑들은 누구나 해모수처럼, 온달처럼, 서동처럼 장가든 것이다.

신화를 제의와의 상관성 아래에서 살펴볼 때 한국신화는 결고 단편적이지도 않고 조각 진 것도 아니다. 한국신화가 이규보의 「동명왕편」을 제외하고는 모두 길이가 짧은 것은 사실이다. 그러나 길이가 짧다고 해서 단편적이라는 단정은 역시 성급하다. 가령 장편소설에 비해 단편소설이 길이가 짧은 것은 사실이나 그것으로써 곧 단편소설을 단편적이라고 단정할 수 없음과 같은 것이다. 한국신화나 중국신화에 대해 일본신화의 장편성을 내세우는 것은 상관없으나 그것을 논거로 해서 한국신화를 단편적이라 논단할 수는 없다. 더욱이 미발달이라 평정하는 것도 언어도단이다.

한국신화는 모두 일정한 '전기적傳記的 유형'을 지니고 있다. 여러 신화의 주인공의 일대기가 비슷한 줄거리를 지니고 있음을 말하는 것이다.

주인공의 신이로운 탄생 혹은 탄생의 비정상적인 경과를 얘기하면서 신화가 시작된다. 이때 신생아의 유원由源이 아울러 얘기되기도 한다. 다음으로 주인공이 결혼하게 되는 '모티브'로 얘기가 옮겨진다. 그 뒤에 주인공의 등극이 서술된다. 끝으로 사후의 신이가 얘기되면서 신화는 마무리된다.

이러한 일정한 유형에서 추출되는 아주 간략한 공식을 흔히 '단원單元' 신화라고 일컫는다. 즉 통과제의의 절차에 대응되는 신화의 중핵적인 줄거리를 그렇게 부르는 것이다.

이 같은 유형을 본다면 한국신화는 주인공의 '탄생·결혼·등극·사망' 등, 그 일생의 중요한 통과제의에 대응되는 구조를 지니고 있는 것이다. 신화의 핵심적인 단원을 간직하고 있는 그것 자체로서 완결된 서사구조를 지니고 있는 것이다. 그것은 완결된 단편임을 잊지 말아야 할 것이다.

이상에서 보아 온 바와 같이 한국신화는 분식도 작위성도 없이 제의적 현실 내지 신앙 현실을 확연히 딛고 서 있는 신화다. 신화의 본원적인, 원초적인 형태를 순수하게 지니고 있는 것이다. 아울러 그 자체로 완결된 단일성을 지닌 서사구조를 지니고 있다.

이러한 한국신화의 속성을 두고 분식과 취사선택, 작위성이 강하게 투영되어 있는 일본신화의 입장에서 미발달한 것이니 혹은 정체적이니 비판하는 것은 너무 아집이 강한 편견임을 면치 못할 것이다. 일본신화의 '베일'을 통해 한국신화를 보았을 때 그런 착각에 빠진 것이다. 총 6권에 이르도록 한국신화의 연구에 정진한 미시나로서 이렇게밖에 달리는 더 한국신화관을 못 가진 것을 유감으로 생각한다. 그것은 한 신화학자가 신화의 속성을 제대로 파악하지 못하고 있음을 의미하기 때문이다.

그가 이러한 견해를 가지게 된 것이 고의적인 것처럼 보이는 것은 더욱 유감이다. 그는 비록 교리체계나 교학敎學 형성이라는 면에서라고 단서를 붙이기는 했으나,

"조선 불교라는 것이 과연 독자적으로 형성되었는가 하는 것은 매우 중요한 문제다. 조선에서는 중국 불교에 대한 의존율이 매우 높아 조선 불교는 미성숙한 상태에 머물러 있다 해도 과언은 아니니……"

라고 감히 확언하고 있는 것 등으로 보아 그 고의성은 명백하다.

그가 한국신화를 가장 집중적으로 또 체계적으로 다루면서 한국신화의 형태론이나 분류론을 기도한 『신화와 문화경역文化境域』이란 책의 결론에 이르러서는 아연해지지 않을 수 없다.

"이상에서 결론지은 조선 시조신화의 복합적 구성은 단지 신화에 관해서만 할 수 있는 것은 아니고, 널리 조선문화 전반의 성격에 관하여서도 말할 수 있는 특징이어서 말하자면 신화의 구성적 특징이 조선문화의 특성을 전형적으로 보여 주는 일호례—好例로서 고찰된 데 지나지 않는다. 역사의 전개와 문화의 구성이 변증법적으로 발전하는 것으로 해석될 수 있을 것인가 하는 여부의 근본 문제는 별도로 하고 적어도 조선사에 있어서는 그 2천여 년의 긴 역

사를 통해 보인 것은 변증법적 발전의 자취가 가장 희박하다는 사실이다. 그들의 역사는 혹은 남방, 혹은 북방, 혹은 중국, 혹은 인도 등 각 방면에서의 강력한 문화와 정치의 물결을 받아들여 타율적으로 구성된 점이 매우 현저하다. 민족의 초기문화의 대표적 소산인 신화에 있어서도 이러한 성격의 일단이 보이고 있다고 할 것이다."

제3부의 서두에서 인용된 글에서 그는 한국신화의 미발달성의 원인을 '한국문화 전반의 정체성'에서 찾더니 이번에는 역으로 한국문화의 미발전의 원인을 신화의 빈약함에서 찾고 있다. 한 학자의 입에서 잘도 이만한 독단이 나올 수 있었다고 생각될 정도다. 한국신화는 몽땅 외래적인 요소들로만 이루어져 있다고 단정하는 말투다. 그가 지적하는 외래요소란 그의 말대로 하면 '남방계'·'만몽滿蒙계'·'불전佛典설화'·'신선神仙전설' 등이다. 이 가운데서도 '남방계'가 가장 고층古層이라고 지적되고 있다. "민족적인 것, 말하자면 조선 고유의 것이라고 일컬을 수 있는 것이 존재한다면, 가장 오래된 남방계 요소를 지적하여야 할 것이다"라고 덧붙이기도 한다. 이 인용문 가운데 방점은 필자가 찍은 것이다. 그 방점 부분이 풍기고 있는 말투에 주목할 만하다. 없는 것을 억지로 있다고 마치 크게 보아주고 있는 듯한 말투다.

그는 말하자면 한국신화, 나아가서는 한국문화의 남방원류설을 주장하고 있는 셈이다. 그러나 오늘날 한국의 고고학·언어학·인류학 혹은 민속학들이 내놓은 자료와 업적으로 보아서, 한국문화 전반에 걸쳐서, 그 남방원류설을 뒷받침할 자료를 충족하게 이끌어 내기는 매우 힘들다. 그의 말투를 빌려 말하자면 그러한 것이 있다 해도 극히 단편적이어서 후래적인 차용의 역城을 벗어날 수 없는 듯이 보이는 것이다. 그에게 불리한 자료가 더 많다. 근자에 일본학자들에 의해 제시된 자료나 논증들도 그에게 그리 유리한 것이 못 된다. 무엇보다도 그의 비교방법과 논증 자체에 약점이 있다.

우리는 미시나가 적어도 『신화와 문화경역』에서 언급하지 않고 있는 단군신화에서 북방아시아대륙의 입사식 절차 중의 '나무 오르기 모티브'에, 그리고 고주몽高朱蒙신화 속의 유리의 태자 책봉에서 역시 북방아시아대륙 쪽의 입사식 절차 중의 '높이뛰기 모티브'에 대응되는 요소를 찾을 수 있는 것이다. 또한 이들 두 신화에서 시베리아 샤머니즘의 저 이름난, '영혼의 우주여행'이라는 주제를 이끌어 내기도 어려운 일이 아니다. 또 단군신화에서는 서부시베리아의 '핀우고르 Finn-Ugor'족에서 나타나고 있는 것과 같이 모계의 조상을 자웅雌熊에 두고 있는 현상을 보게 되는 것이다. 뿐만 아니라 미시나 자신이 남방계의 최적의 자료로 과시하고 있는 탈해신화에서도 부리아트족의 단야무鍛冶巫 및 그러한 성격을 지닌 왕, 곧 '샤먼 킹'의 자취를 보아 낼 수 있을 것이다. 탈해 전승이 이른바 '표류상자형'의 모티브를 지닌 신화인 것은 틀림없다. 그러나 그 분포를 보는 그의 눈은 근시안적이다. 가령 사례를 '오토 랑크'의 『영웅 탄생의 신화』에서 보자.

'바빌로니아'의 창시조 '자르곤', 「출애굽기」의 저 유명한 '모세', 고대 힌두족의 서사시 「마하바라타」의 주인공 '카르나' 그리고 고금희유古今稀有의 비극의 주인공 '오이디푸스', 그 밖에 '페르세우스 Perseus' 등 수다한 신화의 주인공들이 탄생 직후에 상자 내지 그에 버금갈 것에 담겨서 바다 혹은 강에 띄워지는 것이다. 누구나 알다시피 이들 가운데 그 아무도 미시나가 지적한 그 동남태평양 연안과는 관계를 갖고 있지 않다.

물에 띄워지는 상자에다 아이를 버리는 모티브는 오토 랑크의 결론에는 무리가 있다 해도 랑크처럼 혹은 '로드 레글런Lord Raglan' 처럼 신화적 발상법의 보편적 양식의 하나로 다루어 갈 문제인 것이다. 신생아의 일시적 유기遺棄 모티브는 범세계적으로 분포가 클 뿐만 아니라 현재의 한국 민간신앙에도 그대로 남아 있는 것이다.

지역에 따라 유기되는 장소가 산정 · 숲 속 · 해변 등으로 달라지고 산정일 때는 하늘에서 내려온 아이, 해변일 때는 수중 혹은 바다 건너에서 온 아이로서 재수용되는 가능성에 대한 검토가 있어야 할 것이다. 이 가능성이 검증될 수 있다면 탈해 전승은 김알지 전승과 동공이곡同工異曲이라 할 수 있을 것이다. 따라서 바다에서 왔다고 해서 굳이 남방해양계와 결착될 수는 없는 것이다. 하늘에서 온 아이라고 해서 상방천공계上方天空系 따위를 가정할 수 없음과 같은 것이다.

미시나가 남방계로 지목하고 있는 우리 신화의 모티브의 하나에 이른바 '난생'이 있다. 인간 난생 모티브가 그가 지적한 대로 태평양 연안 지역에 많은 것은 사실이다. 그러나 그렇다고 거기에 국한되어 있는 것은 아니다. 중국, 아프리카 일부, 북방 페루, 그 밖에 '지바로'나 '후아마추코' 같은 남미 '인디언'족 사이에도 분포되어 있는 것이다. 뿐만 아니라 '난卵'은 대지로 또는 인간 생명으로 혹은 영혼의 집으로 믿어진 지 오래되고 널리 퍼져 있는 민속자료의 하나임이 지적될 수도 있다. 초자연적인 영격靈格이 곧 '난'의 힘으로 간주되는 속신은 이탈리아 · 아이슬란드 · 아일랜드 · 보헤미아 · 영국 등 유럽의 넓은 지역에 걸쳐 발견될 수 있는 것이다. 기독교에 있어서의 '부활

절란卵'은 누구나 아는 유명 사례다. 이처럼 난이 생명의 원천, 영혼의 집으로 믿어지는 분포가 세계적으로 큰 것이라면 난에서의 인간 탄생도 그러한 보편적 민간신앙에서 유래될 수 있는 것이다. 굳이 전파에 따라 형성될 것이 아니다.

현전하는 한국의 샤머니즘에서는 '난卵'을 기자주구祈子呪具로 삼거니와 바가지가 쓰일 때도 있다. 이것은 혁거세신화에 있어서의 난표卵瓢를 회고하고 있는 사례가 될 수 있는 것이다. 한국신화를 독자성 없는 빈 껍질로 화하게 하려 들었던 미시나의 노력이 어떤 것인가를 '표류상자'와 '난생전승' 그 자체가 보여 주고 있는 것이다. 그의 소론 자체가 빈 껍질일 수 있을지도 모른다는 결론을 이끌어 내는 데 오히려 도움이 되고 있는 자료들이다. 시베리아 원주민 사이에서, 샤먼의 영혼이 새의 알에 담겨서 지상에 내려와서는, 독수리에 의해 부화된다는 믿음이 발견됨은 그를 위해 아주 불리할 것이다.

한국신화를 왜곡하고 곡해하는 것은 그가 아끼고 자랑하고 있는 일본신화 그 자체를 위해서도 불행한 일이다. 무엇보다도 일본신화 자체가 한반도를 회고하면서 한반도를 경유하여 북방 퉁구스계의 전승들과 맺어져 있기 때문이다.

"조선에서 남방에 걸쳐 일련적으로 구성되어 있는 문화경역의 중앙적 위치에 있으면서도 일본의 민족적 시조화始祖話가 독자적 경역을 보이고 있다."

라는 것이 그의 『신화와 문화경역』이 내린 결론의 하나다.

이에서 우리는 2차 대전 당시 일본 군국주의가 내세운 정치적 이념인 이른바 '대동아'라는 관념을 연상시키는 '문화적 대동아'라는 한 관념을 보고 송연해지지 않을 수 없는 것이다. 일본만이 고고하게 독자성을 지니고 그 주변 국가들은 모두 타율성과 정체성에 얽매여 있다는 이 독단이야말로 문화적 정체성과 문화적 미발달성의 소치인 것이다.

그가 기도하는 바인 일본신화의 독자성과 발전성, 따라서 그 우수성을 증명하고자 한다면 그는 한국신화를 왜곡하지 말아야 할 것이다. 우리는 무엇보다도 그의 한국신화에 관련된 막대한 업적에서 일본신화가 한반도를 회고하고 있다는 각종 자료를 얻을 수 있기 때문이다.

일본신화의 한반도 회고

한국신화와 일본신화의 비교연구는 유감스럽게도 현재까지는 그 주도권이 일본학계 쪽에 있는 듯한 인상이 짙다. 그것은 그 방면 연구의 선편先鞭이 그쪽에서 먼저 가하여졌을 뿐만 아니라 그 뒤로도 그 방면에 종사한 학자의 수에 있어서나 연구 업적의 양에 있어서 일본학계가 계속 우세하였다는 것을 뜻하는 것이다.

일본의 비교신화학계는 일본신화를 한반도 및 북방대륙과의 관련하에서 살피는 맥과 남방해양과의 관련하에서 살피는 맥의 둘로 크게 나뉠 수 있다. 한국신화가 주로 전자의 맥에서 일본신화와 비교된 것은 말할 나위도 없다. 그 결과 수로나 단군신화와의 연관 아래에서 일본신화의 핵의 하나인 이른바 '천손강림天孫降臨'을 두고 "그 원형은 어느 씨족의 선조가 무엇인가에 싸여서 하늘에서 높은 산에 내려온다는 것이었을 뿐일 것이다"라는 결론에 도달됨으로써 한국신화가 일본신화의 한 원형일 수 있는 가능성이 십분 시사되기도 했으니, 불행히도 정치적 이유 또는 민족의식 등으로 말미암아 의도적인 왜곡을 겪은 소론所論이 아주 없다고 말할 수는 없었다. 가령 일본 측 사료인 『신대구결神代口訣』의 '소잔명존시개신라국素戔鳴尊始開新羅國'이라는 황당한 기록과 다를 것이 없는 소론들이 근대 및 현대에 있어서조차 끈질기게 나돌았음을 우리는 목격하고 있는 것이다. 이 기록은 '스사노오노미코토'라는 일본 신이 신라를 건국하였다고 주장하고 있는데, 후대의 일본신화학자의 일부는 이 기록과 별반 다를 바 없는 주장을 계속한 것이다.

근대 이후 일본의 한국에 대한 정치적·경제적 우월감과 그들의 한·일 신화 비교연구는 병행되고 있었다. 적어도 일본신화학의 과제의 하나는 어떻게 하면 고대사료로써 일본인의 우월감을 충족시킬 수 있느냐는 것이다. 그럴 때마다 '진구神功'의 이른바 '신라 정벌'은 둘도 없는 근거지 노릇을 해 왔다. 일본 중·고교 교과서에서도 필자는 그 진구 얘기가 적혀 있는 것을 목도하였다.

'진구'란 이름의 일본황실 여인은 신라를 다녀오는 길에 그 아들을 낳는데 그가 뒤에 일본의 왕위에 오르게 된다는 것이 일본 측의 기록이다. 그것이 이른바 '진구 신라 정벌'이라고 일본에서는 일컬어져 있다. 한데 그것은 뜻밖에도 신라 출신 가문에 속한 한 지체 높은 집안의 여인이 모국을 순방하였다가 귀환하는 과정이 아기 출산의 과정과 일치하고 있음을 보여 주고 있다. 한 여인이 성혼하여 출산하기까지의 절차가 모국을 다녀오는 역정과 일치하고 있음을 보여 주고 있다고 일본 측 기록이 해석될 여지를 간과하고 싶지 않다.

이제 우리는 편견 없이 양국 신화를 비교연구해야 할 단계에 있다고 본다. 그리고 한국학자 자신들에 의한 한·일 신화의 비교연구도 진행되어야 할 것이다. 많은 분식과 윤색이 붙기는 했으나 일본신화는 우선 장편이고 양이 많다. 그 가운데에는 길이가 짧은 우리 신화로써는 규명하지 못할 우리 자신의 문제에 대해 좋은 해답을 마련해 줄 자료도 있다. 따라서 우리 자신을 위해서도 그 비교연구는 필요한 것이다.

1970년대에 일본 와카야마和歌山란 데서 한국학 관계의 한 모임이 있었다. 거기에는 그곳 고분에 관한 강연회도 포함되어 있었다. 슬라이드를 수다하게 사용하면서 행해진 그 강연은 마침 무녕왕릉에 대한 언급도 있고 해서 자못 흥미로운 것이었다. 교토京都대학의 이름 있는 고고학자인 강연자는 그의 연구실의 대학원 학생을 일부러 한국에 파견해서 발굴 직후 이곳 신문 지면을 장식했던 유물 사진들을 이용해 슬라이드를 만들었노라고 하면서 필자를 놀라게도 하였다(강연회는 무녕왕릉 발굴 직후에 있었던 것이다).

그의 말인즉, 그가 와카야마 시 근처의 문제의 고분을 발굴하고 있었을 때, 그 스스로 자신이 한국에 와 있는 것이 아닌가 하는 착각을 넘어서서 지금 당장 백제 땅에 와 있는 것이 아닌가 하는 환상에 사로잡혔다는 것이었다. 무덤의 주인인 한 무장武將의 마구며 도검이며 장신구 등이 그만큼 백제적인 것이 아닌 바로 백제의 것이었다는 얘기였다.

이 부분까지에 이르는 동안, 그는 한 시간이 넘도록 꽤 소상하고 실증적으로 논리를 전개시켜 나갔다. 특히 그의 북방유목민과 남방농경민 사이의 등자鐙子 교류에 관한 고증은 문외한인 필자에게는 여간 흥미 있는 것이 아니었다.

그러나 결론이 좀 문제였다. 그는 스스로 "왜 와카야마 현에 있는 고분의 주인공인 무장이 백제의 마구며 장신구며 무구를 가지고 묻혀 있었을까?"라는 문제를 제기하고, 그 모든 것들이 필경 한국 원정의 전리품, 말하자면 약탈품에 지나지 않았으리라는 해답을 마련하는 것이었다.

이때 필자는 자문자답해 보았다. 장례는 통과제의의 마지막 절차가 아닌가? 그 중요한 고비에서 온통 남의 나라 것만으로 치장한 시신을 매장할 수 있을까? 일본식의 마구며 무기며 장신구가 있고 연후에 여분쯤의 의의를 가지고 백제의 것이 있었어야 일본 무장의 무덤답지 않겠는가? 도대체 통과제의가 이방異邦의 것들로 온통 차지된다는 그런 일이 있을 수 있단 말인가?

이것은 민속학에 관심을 두고 있는 필자로서 제기함 직한 의문이었으나 그런 문제를 제쳐 놓고 일방적으로 그 일본인 고고학자의 결론에 좌단左袒할 수는 없었다. 좌단한다는 것은 무엇보다도 무덤의 주인공을 위해 불행한 일이 아닐 수 없는 것이다. 온통 남의 것만을 지니고 영생을 누린다는 것은 아무래도 가엾은 일이 아닐 수 없기 때문이다.

와카야마 일대는 옛 이름으로 '기이紀伊', '기슈紀州' 등으로 불리는, 일본신화 속에서도 한국과의 인연이 적지 않은 땅이다. 일본신화에 의하면 그들의 이른바 '스사노오노미코토須佐之男命'라는 신은 천상에서 강림할 때 일단 신라에 들렀다가 소위 일본의 '이즈모出雲'에 정착한 것으로 되어 있다.

그런데 이 신을 수행하여 신라에서부터 수종樹種을 가지고 간 세 신은 모두 이 기이국紀伊國에 있는 세 신사神社의 주신이 되어 있다. 일본인 학자들의 고증에 의하면 기이 지방에는 백제 이민移民들이 적잖이 살고 있었던 것으로 여겨진다. 심지어 이 지역의 중요 신사의 하나인 구마노熊野신사를 둘러싼 구마노신앙에 관련되어 소위 '귀화인계

歸化人系'인 한해부韓海部라는 바닷사람의 존재도 추정되고 있다. 이기이 지방과 이른바 이즈모 지방이 동일 문화권으로 추정되어 온 것은 오래된 일이거니와 이즈모 지방은 이 지방 풍토기風土記에 한 신이 신라에서 그 해안 돌출부의 일단一端을 끌고 갔다는 얘기가 전해지고 있는 만큼 적어도 신라와의 교통이 의식되어 있던 지역이다. 이타기 伊太氏, 이다치伊達 등의 이름으로 불리는 신도 이즈모와 기이 두 지방에 공존하고 있거니와 이즈모 지방의 이 신 이름 앞에는 가령 '한국 이타기 신' 하는 식으로 한국이라는 관형어가 붙어 있다.

필자로서는 앞에서 언급한 고분의 주인공이 왜 백제의 마구며 장신구를 지니고 묻혀 있는가 하는 문제는 적어도 기이 지방의 위와 같은 신화 내지 민담 또는 신앙 등을 배경으로 하여 재고되어야 할 것이 아닌가 생각이 드는 것이다.

하기는 이 이타기 신이란 것이 일본학자들이 일컫는 바 속칭 '정한 征韓'과 전혀 인연이 없는 것도 아니다. 이 신은 "'오키나가타라시히 메노미코토息長帶比賣命'(진구神功)가 소위 한국을 평정하고자 도해渡海할 때 배 앞에 앉았던 신"으로 되어 있다. 이 진구의 이른바 평한平韓은 "나를 잘 봉제奉祭하면 미녀의 빛나는 눈과 같고 금은金銀 많은 나라를 너희 후손에게 주리라"는 고토시로누시노카미事代主神란 신의 탁선託宣을 따라 행해진 것으로 되어 있는 데다 해당 기록 속에 보이는 그의 소위所爲도 신들린 상태라고 볼 만한 데가 있다. 그의 배 속의 오진應神천황이 움직일까 봐 허리띠 속에 돌을 끼워 넣고 진두에서 배를 탔다는 것이다. 출산이 멀지 않은 임부姙婦로서의 소위치고는 적잖이 광적인 데가 있다.

실제 진구에 관한 이 부분의 기사는 이 순간의 진구가 신탁을 구전하는 무녀다운 모습마저 지니고 있다는 것을 암시하고 있다. 위에서 말한 그 이른바 신탁을 따르지 않음으로써 진구의 남편인 주아이仲哀 천황이 죽게 되었을 때 신탁을 전한 무녀적인 한 여성으로서는 그 신탁을 따르는 의식 절차를 수행하였을 법하되 그것은 다만 상징적 혹은 모의적模擬的으로 행해질 수 있는 것이다. 임부로서도 그것까지는 불가능한 것은 아닌 것이다. 하물며 그 행위가 어떤 필연성을 가지고 있음에 있어서는 더 말할 것이 없다.

더욱 그 남편은 숨지기 직전에 "서쪽을 바라보아도 국토는 보이지 않고 오직 대해뿐이니 신도 거짓을 하는구려"라고 신탁을 불신하였다. 그 불신 때문에 남편이 신의 노여움을 사서 곧 숨을 거두게 되매 진구는 신의 노여움을 풀기 위해서도 어쩔 수 없이 만삭의 임부로서 신탁을 따르는 의식을 행하지 않을 수 없었던 것이다. 그것은 빙신憑神 상태에 있는 무녀적 여성으로서 있을 법한 일이다.

하기는 일본인 학자의 한 사람인 우에다 아키나리上田秋成는 일찍이 그의 『담대소심록瞻大小心錄』이란 저서에서 "진무神武 그 뒤라 할지라도 대체로 보아 14, 15대부터 믿어 쓸 만하다. 그러나 이때에도 진구황후의 삼한三韓 퇴치는 망설이 많다"라고 단정하고 있지만 최근 일본학계에서도 오진천황 이전은 허구일 가능성에 대해서 언급하고 있는 것이 참고가 될 것이다. 이른바 신라 정벌은 허구인 것이다.

한편 이 이타기 신은 한韓에서 도래한 스사노오노미코토와 동행한 이소타케루노카미五十猛神와 동격의 신이라 한다. 적어도 한을 거쳐 간 것으로 되어 있는 신이다.

스사노오노미코토와 동행한 이소타케루노카미를 포함한 일행은 그들의 일본에서의 정착지 선정 이유를 그곳이 바로 '한토韓土'를 향해 있다는 데에다 두고 있다. 그러므로 적어도 이 신들이 숭앙되어 있는 지역에서 한은 워낙 그들이 거쳐온 땅, 금은보화가 넘치는 아름다운 나라, 후손으로 하여금 거기 돌아가게 하고 싶은 땅, 워낙 그들의 땅이 거기 소속되어 있던 땅 등으로 의식되어 있었던 것이다. 그러나 무엇보다도 중요한 것은 한토가 이즈모 지방 여러 신의 원토原土로 의식되고 있다는 사실이다.

여기에서 일본신화 발상의 한 원점이 인정될 수 있을 것 같다. 일본신화의 또 하나의 주맥인 휴가계日向系 신화에서도 이른바 천손강림의 양상이 단군신화나 수로신화의 천신하강을 반영하고 있을 뿐만 아니라, 강림 장소인 산봉山峰이 지닌 이름인 '구지후루久士布流'와 '소호리添'가 각기 'Kusihuru'와 'Sohori'로서 한국신화 및 고기古記의 '구지龜旨' 및 '서벌舒伐'과 대응되고 있다고 일본학계에서 추정하고 있는 사실을 고려에 넣는다면 그러한 원점은 더욱 뚜렷한 것이 될 듯하다. 이것을 잠정적으로 일본신화가 지닌 한반도 회고성 내지 한반도 지향성이라 불러 두기로 하자. 그것이 적어도 일본신화의 원형의 하나일 것이라는 추정을 해 두고 싶다.

또 하나의 예를 들어 보자. 세토나이카이瀨戶內海의 수군이 봉제奉祭하던 오야마즈미노카미大山積神는 산신임에도 불구하고 그는 백제에서 도래하였다는 해신이기도 하다. 백제에서 건너와 먼저 셋쓰攝津 지방의 미지마三島에 이르렀다가 뒤에 오치군越智郡에 봉안된 것으로 전해지고 있는 것이다. 이런 전해진 기록에 의거하여 일부 일본인 학자는 일본민속에 있어서의 선령船靈신앙과 산신신앙의 습합을 한국 현전민속인 선왕제船王祭에 대비시키고 있는 것이다. 신라 왕자라고 전해지고 있는 천일창天日槍이 해회창海檜槍이라고 적혀지기도 하는 한편, 그가 파도와 바람을 다스리는 주물呪物을 지니고 바다를 건너는 신으로 묘사되어 있기도 한 것을 참고할 수 있겠다.

워낙 섬나라인 일본에 있어서 해양항해의 주구呪具를 지닌 신이나 항해의 안전을 맡은 신(앞의 이타기 같은)이 한결같이 한반도에서 도래해 간 것으로 전해지고 있음은 무엇을 말하는 것일까? 또 전술한 기이 지방에서 항해술에 능해 그 방면의 특별한 직분을 지녔던 사람들이 한반도계 이주민이었음은 아울러 무엇을 의미하고 있을까?

이 문제를 두고 마쓰마에 다케시는

"이소타케루노카미나 오미시마노카미大三島神가 해인海人의 신이면서 아울러 한토에서 도래한 신이라고 전해지고 있는 것으로, 실제로 그러한 번신蕃神(외래신이라는 뜻―필자 주)에서 말미암은 것이라고 생각하지 못할 것도 없으나 달리는 그들 해인 가운데는 상당수의 한인계의 사람들이 있었던 데다 또 그들이 한토까지 항해하게 됨에 미쳐서 왕왕 한인과 교섭을 가졌다든가 하는 데서 그 신들까지도 이국풍으로 윤색된 것이 아닐까 생각된다. 한국이타기신사韓國伊太氏神社라든가 하는 것도 그러한 이국풍의 제사의 양식을 지닌 신이었을 것이다."

라고 결론짓고 있다. 그러나 이 결론에는 난점이 있다. 한 민족에게 고유한 신이 그 민족이 외래문화에 접하였다고 하여 쉽사리 외래문화에서 인연된 신으로 둔갑할 수 있을지 매우 미심쩍은 것이다. 외래적인 것이 수용될 때도 오히려 내재적인 것에 매개되어서야 가능하게 되는 것이 종교나 신앙의 세계란 것을 생각할 때 더욱더 미심쩍어

지지 않을 수 없다. 한반도계의 한 '귀화인'에게 사성賜姓을 하되 진
훈신珍勳臣이라 하였다는 기록조차 있다. 도래한 것이 사람일 때도 진
귀하고 낯선 것으로 의식이 되는데 본래 자국의 것을 애써 낯선 것으
로 만들어 버리기는 힘들 것이다.

　이것은 항해술에 능하여 한반도에서 건너간 일군의 사람들의 민간
전승이 지녔을 한반도 지향성에서 그 해답을 찾아야 하지 않을까 한
다. 그들의 항해술이 섬나라에 이미 있었던 항해술보다 우월하였다
는 것을 의미할 가능성조차 있다.

　일본의 신화 · 전설 · 신앙 등 자체가 한반도를 그 신들의 원토로
삼고 있는 것에 대응하여 우리 자신의 전설에는 일본으로 건너간 신
의 얘기를 지니고 있는 것이 지적되어야겠다. 이것은 한 · 일 신화 또
는 전설이 지닌 주요한 대응관계의 하나다. 『삼국유사』 소재의 연오
랑延烏郎 세오녀細烏女 얘기가 바로 그 전설이다. 『삼국유사』의 기록으
로는 이 둘이 일월日月신앙에 관련된 주술사였을 가능성을 암시하고
있는 것이다.

　이 점에서 진구 얘기를 재검토할 필요가 있다.

　진구는 오키나가타라시히메노미코토息長帶比賣命란 이름을 가지고
있거니와 『고사기古事記』에서 추출된 계보에 의하면 그는 한반도에서
건너간 천일창의 후예다. 천일창의 후예인 미야케三宅씨 일가의 한
여인인 것이다. 천일창의 아내인 아카루히메노카미阿加流比賣神가 도
래하였다는 전설이 있는 지역의 신사에는 '가라쿠니오키나가오히메
오메노미코토辛國息長大姫大目命'란 신격이 있거니와 이 '辛國'이란 다
름 아닌 'karakuni', 곧 '한국'의 일본음 전사轉寫인 것이다. 그 '息長
大姫' 운운한 것이 앞에 살펴본 진구의 '息長帶比'와 상통하고 있음

에 유념한다면 오키나가타라시히메노미코토 자신이 지닌 한반도와의 친연성이 커질 것이다.

그러한 진구가 한반도에서 돌아오는 것으로 전해지고 있는 일련의 과정에서 보면, 그는 돌아오자 이내 쓰쿠시築柴의 해안에서 황태자를 낳고 이어서 세토나이카이의 수로를 거쳐 동상東上하여 야마토大和 땅에 다다르게 된다. 그는 아이를 출산하자 곧 바닷가 모래 속에 일주일 동안 묻었다가 다시 끌어낸다. 이것은 탈해가 바다를 건너와 신라에 닿은 뒤 토함산에 올라 석총을 만들어 그 속에서 일주일을 머물렀다가 다시 하산하였다는 기록과 대응하고 있어 매우 흥미롭다. 일본 기록이나 탈해 기록은 다 함께 탄생의례나 통과제의의 한 절차를 반영하고 있는 것이다.

이 황태자가 다름 아닌 뒤의 오진천황이거니와 그는 '신라에서 바다를 건너온 아이'로서 출산된 것이다. 그것은 그의 조상신의 도래를 신성모형 삼아 재연한 것이다. 일본의 '스쿠나히코나노미코토少彦名命'란 신이 바다 위를 떠도는 작은 동자로서 이른바 일본의 국조國造에 참여했다는 것도 이에서 상기할 필요가 있다. 어린 동자 오진천황은 스사노오노미코토가 그랬듯이 또는 그의 모계의 조신인 '천일창'이 그랬듯이, 또는 신라에서 도래하여 현지의 신이 되었다는 가와라노카미香春神가 그랬듯이 '신라에서 도래한 아이'로서 탄생한 것이다. 조령들의 신화를 재현함으로써 그 자신을 신격화하거나 왕권의 권위를 확보하고자 한 것이다.

이 같은 신성모방에 의지한 일련의 의례적 절차로써 진구는 일단 신라에 다녀오는 과정을 상징적으로 수행해야 했던 것이다. 신탁이 신성모방에 의한 신라 왕래에 선행되었던 것은 그 신탁으로 왕래가 더욱 신적인 것이 될 수 있었기 때문이다. 신탁은 그것을 어긴 진구의 부군의 죽음까지도 재래할 만큼 위엄 있는 것이었던 것이다. 그것은 꼭 지켜져야 할 당의성을 갖고 있는 것이다. 신탁을 따르지 않음으로써 신이 품은 노여움을 푼다는 뜻에서만 신탁에의 순종이 필연적인 것은 아니다. 그 신탁은 임부의 장차 출산될 아이를 '신라에서 도래한 아이'가 되게 하기 위한 한 필연적인 전제였던 것이다.

『고사기』에는 진구의 혈통이 여계女系만 밝혀져 있다. 따라서 오진 천황 자신도 그 계보가 여계 위주로만 세워질 수 있는 것이다. 『일본서기』 쪽에서는 거꾸로 부계 위주로 오진의 혈통을 꾸미고 있다. "진구황후를 여제에 가까운 섭정태후로서 천황에 준하여 취급하고 있는 『서기』"의 입장으로 보면 황후의 부계를 밝히는 것은 무엇보다도 필요했던 것이다. 그와 함께 황후가 모계상으로 이민移民인 천일창에 계보를 잇대고 있는 것을 바람직하지 못하다고 생각했기 때문인지도 알 수 없는 일이겠다. 이것은 한 일본인 학자의 추정이다. 그리고 이 학자는 『고사기』 쪽이 보다 더 오래된 전승이리라고 아울러 추정하고 있다.

이러한 진구의 계보의 특색—부계가 뒤로 물러서고 여계가 존중되면서 '여조신과 젊은(어린) 남손'의 짝이 앞으로 나서게 되는 특색은 고구려왕실에서 유화와 주몽의 짝이 신격화되고 부계조가 탈락한 사례와 대응될 수 있을 듯하다.

이처럼 모계가 존중되는 계보에 의한 왕권의 확립에는 무엇보다도 모계의 조신을 본으로 삼는 일련의 통과제의 절차가 필요했던 것이다.

미시나 쇼에이가 작성한 도표에 의하면 천일창이 신라를 떠난 뒤 일본 국내에서 행한 편력遍歷 경로, 진구의 '이른바 신라 원정'과 귀국 후의 통행 경로는 일치하고 있다. 오진천황은 신라에서 도래한 것으로서, 일본 땅에 나타나서는 천일창과 같은 경로를 거친 끝에 황태자가 되고 드디어는 천황이 된 것이다.

만일 앞에 서술한 바와 같은 추정이 옳다고 한다면 일본인 학자들에 의해 일본의 한국에 대한 신화적 우월성을 말해 주는 사례인 양 다루어진 진구의 이른바 '정한征韓' 전승조차도 일본신화가 지닌 한반도 회고성 내지 한반도 지향성의 단적인 증거가 될 것이다.

그러나 일본사에 대한 이해가 없고 일본신화에 대한 연구가 일천한 필자에 있어서는 이 추정은 어디까지나 있을 법한 가설일 뿐이다.

진구의 '정한' 모티브는 역사적 현실로서는 전술한 바 우에다 아키나리의 말처럼, 그리고 그것을 인용하고 있는 나오키 고지로의 암시에서 그러한 것처럼 망설에 지나지 않을 것이다. 그러나 그 모티브가 제의적 현실과 관련될 때에는 당의성 있는 것, 필연성 있는 것이 될 것이다. 무엇보다도 현전 진구 전승이 각종 의례로 점철되어 있다는 데에 유념하여야 할 것이다. 즉 신탁→무녀의 빙의憑依 상태 시현示現→주석呪石을 품에 품음으로써 태아의 무사를 기축祈祝→왕의 죽음→출산된 영아를 모래 속에 묻었다가 다시 들어내는 탄생의례→상선喪船의 야마토에의 항행 등 일련의 의례적 행위로 진구 전승은 이어져 있는 것이다.

그러므로 그 중간의 한 모티브인 '신라 원정'도 이 의례의 맥락 속에서 그 본체를 파악해야 할 것이다. 부질없이 그 부분만 역사적 현실로서 유리시킬 일이 못 된다. 더욱이 미시나처럼 문제된 신탁이 천황의 죽음에 관한 것이기보다 진구의 회임懷妊에 더 중점을 둔 것이라면, 그리고 "황후의 회임은……신령의 빙의의 결과다. 이렇게 본다면 황후의 회임은 전적으로 신혼神婚 형식으로 얘기되고 있는 것, 즉 거기에는 미와노오카미三輪大神 혹은 해신이 바다에서 빙래憑來하는 신령적 존재로서 얘기되고 있는 것……등이 주목을 끈다"는 것이 옳다면 진구 전승 전체는 오진천황 탄생제의의 시종을 구조로 삼아 엮어져 있는 것이 될 것이다.

여기서 우리는 다음과 같이 전체적으로 가설을 하나 설정해 볼 수 있다. 진구 전승은 모계의 권위에 의한 왕권 확립을 위한 방편으로 태아를 '상세常世'(일본신화학의 술어術語로서의)의 나라인 신라의 신들의 아이, 또는 조상신의 원토이던 신라에서 도래한 아이로서 탄생케 하려는 일련의 의례절차에 대응될 얘기인 것이라고……. 아니면 그같이 탄생한 아이인 것으로 합리화하기 위해 허구화된 얘기라고……. 그래서 그 전승이야말로 어떤 다른 일본전승보다도 더 강력하게 일본신화·전설의 한반도 지향성 내지 한반도 회고성을 시현하고 있다고…….

물론 이런 가설에는 '신라 정벌' 운운에서 소위 정벌이 문제로 남을 것이다. 이에 대해서는 몇 가지 해결의 방법이 있을 수 있다. 일본의 이른바 하치만노카미八幡神의 연기緣起전승에는 신라 태자신太子神과 일본신의 갈등의 모티브가 담겨 있다. 즉 태자신이 일본으로 도해하여 일본의 여러 신을 물병 속에 가두려 들었을 때 하치만노카미도 자칫 갇힐 뻔하였다가 겨우 위난을 면하였다는 얘기다.

한편 이 하치만노카미는 여러 면에 걸쳐 오진천황과 겹쳐져 있다. 이러한 둘의 중첩에서 신라와의 갈등이 진구 전승에도 비쳐질 수 있다고 보인다.

또 다르게는 오진이 단순히 조령들의 원토에서 도래한 것 이상으로 그 원토의 지배자로서 도래하는 것으로 되었다면 더욱 바람직했기 때문이라고도 생각될 수 있겠다.

한편 일본신화 아닌 일본전설에도 한반도 회고성 내지 지향성은 비쳐져 있다.

『일본서기』의 긴메이欽明·비다쓰敏達 두 천황 간의 기록에 고구려 사신 얘기가 보인다. 그 당시 일본과는 국교가 없었던 고구려 사신선이 '에쓰노국越の國'에 표착하였다는 것이다. 일본 조정에서는 이를 크게 환영하기 위해 야마시로국山城國 소라쿠군相樂郡에 객관客館을 세우고 두 영접사迎接使를 급송하였다. 이에 고구려 사신들은 현지 군사郡司의 전비前非를 크게 질책하고 그 군사가 빼앗아 갔던 선물(『일본서기』에서는 공물이란 뜻의 '조調'란 말을 썼다)과 서장書狀(역시 일본 기록에는 상계上啓란 뜻의 '표表'란 말을 쓰고 있다)을 되찾았다. 그 선물과 서장을 천황에게 전하였을 때 천황은 신하로 하여금 서장의 내용을 읽게 하였으나 3일이 지나도록 아무도 그것을 풀 수 없었다.

그러나 요행히 후네노후비토船史의 선조인 진이辰爾가 이를 푸는 데 성공하였다. 그러나 서장은 다름 아닌 검은 새깃〔鳥羽〕에 검은 먹으로 적혀 있어 우선 아무도 그 글씨조차 판독할 수 없었던 것이다. 이에 진이는 그 새깃을 밥솥의 김에 쐬어서는 그것을 비단 깁에 찍어 글씨를 읽어 낼 수 있었던 것이다. 이에 천황은 진이를 치하하되 그 호학好學을 기리고 아울러 시전侍殿 속에 들게 하였다는 것이다. 그 뒤 고구려 사신들이 귀국 도중 해로에서 파선을 당하자 일본황실은 이를 구하여서는 그들의 본국에까지 전송하려고 하였다. 송사선送使船을 함께 보내어 수로의 안전을 도모하였다. 동시에 일본 송사들의 배

반을 막으려고 고구려인 둘을 그 배에 같이 태웠다. 그러나 도중에 파랑이 높아지자 송사선의 일본인들은 고구려인들을 살해하고는 일본으로 되돌아가 버렸다.

이듬해 다시 고구려에서 사신이 와서 이에 대해 항의했다. 즉 전년의 일본 측 송사선이 고구려에 도착하지 못한 까닭과 그 배에 탔던 두 사람의 고구려인의 생존 여부를 따지고 든 것이다. 이에 일본천황은 전송사餞送使를 처형하여 사죄하였다는 것이다.

우리나라의 민담에는 이 일본전승과 같은 유형의 것이 있다. 즉 중국에서 온 사신이 한국 조정에다 어려운 수수께끼 등속의 난문제를 내어 조정이 곤경에 빠지게 된다. 그때 조정에서는 방을 내어 사람을 구한다. 누구든 중국 사신의 수수께끼를 푼 사람에겐 후히 상을 줄 뿐만 아니라 왕녀를 아내로 주리라는 조건이 따르게 된다. 이 방에 응한 주인공(더러는 바보인 때도 있다)이 기지로써 수수께끼를 풀고 입신한다는 줄거리의 얘기다. 우리의 민담에서는 우리 측에서 중국 사신의 간담을 서늘케 하는 명답을 댄다는 모티브를 찾을 수 있을 때도 있다. 상처받은 민족적 자존심을 허구 속에서 대상代償한 얘기라 보인다.

한국민담에 있어서의 한국과 중국의 관계가 일본민담에서는 일본과 한국의 관계로 대체되어 있을 뿐 유형이 꼭 같은 두 개의 얘기다. 한국민담이 중국문화 내지 그 힘의 우월성을 전제로 한 얘기인 것처럼 일본민담도 고구려문화의 우월성을 전제로 하고 있는 것이다.

한국의 민담이 한 원형이 되되 그것이 일본과 한국 관계로 변형될 때를 가정하면 일본민담은 생겨날 수 있는 것이다. 더욱이 이 일본민담은 이른바 '귀화인'의 민담이다.

일본의 『신찬성씨록新撰姓氏錄』 가운데 '제번諸蕃'에 속하는 성씨, 즉 외래이민의 성씨는 모두 324성이고, 그것은 당대 일본 전체 성씨의 약 30%이다. 이 '귀화인' 가운데 귀화인전승을 남기고 있는 것은 약 40여 성으로 헤아려지고 있다. 이 '귀화인' 가운데서도 한반도계 이주민의 전승이 일본신화의 한 원점인 것은 앞에서 본 바와 같다.

위에서 다루어진 민담의 주인공 진이도 '귀화인'의 하나고, 후네노 후비토船史 성의 시조다. 이주민 진이가 '사史' 성을 받아 입신하게 된 과정을 말하고 있는 한 민담이 『일본서기』 편찬에 즈음하여 그 속에 편입된 것이다.

한·일 양국 신화 및 전승의 비교연구는 위에서 논란된 외에도 더 광범위하게 다루어질 수 있다.

가령 이른바 일본의 '미와산형三輪山型'과 한국의 '이물혼異物婚'의 경우를 비롯해서 일본의 '주적呪的 도주'·'흐르는 섬'·'스미야키 고고로炭燒小五郎'·'해행海幸·산행山幸' 등에 대응될 한국 측 전승의 경우 등을 들 수 있겠다. 또 일본신화의 모태가 되었을 한국의 민속신앙의 사례를 들 수도 있는 한편, 한·일 두 나라 사이에서 적잖은 사례의 민속신앙의 친근성을 예로 들 수도 있다. 그러나 이러한 친근성이 있다고 해서 그 모든 경우 한국의 것이 일본의 것의 원형이 되었다고 단정할 수는 없다. 문화의 친근성이 전파만으로 이루어지는 것은 아니기 때문이다.

그런 단정을 내릴 때 무엇보다도 바람직한 것의 하나는 신화·전설을 낳는 근거로서의 제의祭儀의 특성과 그 친근성을 추적하는 일이다. 필자는 말썽 많은 진구 전승을 예로 들어 그 같은 작업을 시도해 본 셈이나 앞서 말한 바와 같이 그것은 어디까지나 가설일 뿐이다. 또 그러한 가설을 내릴 때 원용된 자료들도 모두 일본학자들의 업적들에 의한 것이다. 무엇보다도 필자 자신이 고구考究한 자료로 좀 더 짜임새 있는 논고를 후일에 기하고 싶다.

한국인의 신화

저 너머, 저 속, 저 심연으로

1판 1쇄 펴낸날 2005년 4월 20일
2쇄 펴낸날 2023년 10월 2일

지은이 | 김열규
펴낸이 | 김시연

펴낸곳 | (주)일조각
등록 | 1953년 9월 3일 제300-1953-1호(구 : 제1-298호)
주소 | 03176 서울시 종로구 경희궁길 39
전화 | 02-734-3545 / 02-733-8811(편집부)
02-733-5430 / 02-733-5431(영업부)
팩스 | 02-735-9994(편집부) / 02-738-5857(영업부)
이메일 | ilchokak@hanmail.net
홈페이지 | www.ilchokak.co.kr

ISBN 978-89-337-0472-1 03210
값 16,000원

* 저자와 협의하여 인지를 생략합니다.